人 文 通 识

复旦大学思想史论坛

化身万千

开 放 的 思 想 史

复旦大学文史研究院 编

社会科学文献出版社
SOCIAL SCIENCES ACADEMIC PRESS (CHINA)

· 目 录 ·

葛兆光　当思想史"化身万千"

　　　　——思想史高端论坛之缘起 /1

思想与历史

桑　兵　思想如何成为历史 /7

罗志田　思想史中名相的模棱 /34

王汎森　跨学科的思想史

　　　　——以"废科举"的讨论为例 /55

思想史中的文学与社会

大木康　从思想史的角度看晚明白话文学 /81

李孝悌　二十世纪上海戏曲演出中的思想与社会 /104

郑培凯　文学经典与昆曲雅化 /115

思想史中的人物与派别

叶文心　传记与时空：我读列文森 /151

李焯然　从《圣朝破邪集》看晚明佛教与天主教的论辩 /179

艾尔曼　十八世纪的西学与考证学 /217

思想史中的东方与西方

钟鸣旦　十八世纪进入全球公共领域的中国《邸报》/259

张隆溪　温故知新：重审十七、十八世纪欧洲人所理解的中国 /301

思想史中的中国与东亚

白永瑞　东亚文明论述的使用方法 /323

黄克武　从"文明"论述到"文化"论述
　　　　——清末民初中国思想界的一个重要转折 /340

后　记 /363

当思想史"化身万千"
——思想史高端论坛之缘起

葛兆光 *

在 2007 年之前,我的主要兴趣是中国思想史,在 2007 年文史研究院建立之后,我才把重心逐渐转向"从周边看中国",于是,东亚和中国,疆域、族群、信仰、国家与认同问题,成为我的主要研究领域。十二年之后,我放下文史研究院的工作,所以,还是想回到思想史研究领域。刚好之前在"双一流"建设会议上,许宁生校长曾提及,要重视思想史研究的意义,在上海市高峰计划中,历史系设置了一个课题,就是思想史高端论坛。

思想史在中国很重要。传统中国,常常会讨论究竟什么是末,什么是本,什么是器,什么是道,什么是用,什么是体。在中国传统思想世界里

* 葛兆光,复旦大学文史研究院。

面，总是要打破砂锅问到底，如果不搞清楚本、道、体，只抓住末、器、用就不成。所以，即使在传统向现代的转型时代，中国知识人也不太愿意采取实用方式，把知识技术简单抄来抄去，把时装穿上一件脱去一件，好像总要追问个"什么道理"。所以，宋初宰相赵普的一句名言就是"道理最大"，而现代学者林毓生先生也说，中国习惯于"通过思想文化来解决问题"。

所以，思想史很重要。思想史就是研究道理在历史上是怎么变化的，它为什么会变化。历史学家何炳棣在晚年就引用冯友兰的话说，思想史在历史研究里面是"画龙点睛"，只有点了眼睛，历史这条龙才活了起来。所以，连研究社会经济史的何炳棣，晚年也要在思想史上插一脚。

不过，思想史研究在西方曾经很没落。这次没能来的老朋友黄进兴就引用美国老帅麦克阿瑟的名言说，思想史研究就像"老兵不死，只是逐渐凋零"。

可思想史在 21 世纪的中国却很兴盛。很多学者都说过这个学术界的反常现象。并不是我研究思想史，就说思想史繁荣和重要，其实大家数数，在中国这几十年影响最大的人文学者——李泽厚先生、余英时先生，都可以说是思想史学者，而在座的好些学者，也都是思想史研究者。所以，我 2010 年担任普林斯顿访问学人，在普大做的第一次公开演讲，题目就是《思想史为什么在中国很重要》。原因就在于前面讲的，中国面对复杂变化的世界，习惯于"从思想文化解决问题"。说实在话，我从来没看到过世界上哪一个国家的知识界，像中国知识界那么喜欢讨论体用、道器、本末这些大道理。

但是，近来思想史研究遇到一些曲折——我不用"困境"、"挫折"或者"衰落"这样丧气的词眼——只是曲折，"道路是曲折的，前途是光明的"。大家可以注意到，现在思想史似乎被"五马分尸"，除了传统的政治思想史、学术思想史、文学思想史等，什么领域都说自己在讨论思想史，研究边疆的人说有"边疆思想史"，研究地理的人说有"地理思想史"，研究制度的人说有"制度思想史"。这就好像以前谜语里面讲大蒜，兄弟七八个，围着柱子坐，一旦站起来，衣服就扯破，思想史好像被"五马分尸"了。用"五马分尸"这个词不好，我觉得还是"化身万千"这个词好一点儿，所以这次论坛的题目就用了"化身万千"。其实，我们也赞成化身万千，毕竟各个领域都讨论思想史是好事，所以，我们又加了个副标题叫"开放的思想史"。

问题是，开放了的思想史，它还能守住自己的领地，写出明确的脉络，划出清晰的边界吗？

国内如此，国外也有冲击。现在，国际学界的思想史又有一点儿"复苏"，但这个复苏，好像特别表现在所谓"国际思想史"领域，就像入江昭提倡的国际史一样，重点是研究超越国境的、跨区域的思想观念，所以，传播、变形，日语里面说的"受容"和"变容"成了相当引人瞩目的话题。可是，中国思想史呢？我曾经回应哈佛大学大卫·阿米蒂奇（David Amitage）教授，就是那个写了轰动一时的《历史学宣言》的教授所提出的"国际思想史"说法，希望他们也考虑历史上的"王朝"、"帝国"和"国家"对思想史的影响，不要忽略那些不那么跨越国家和区域的思想观念，毕竟在中国传统里，国家对思想、王朝对文化的政治影响还是比较大的。

那么，现在思想史研究里面，什么是中国的思想史，什么是中国思想史的关注重心，什么是中国思想史的特别脉络，就成了需要讨论的问题。过去，大家知道，思想史在很大程度上是依傍哲学史来建立自己的主轴和脉络的，那么，在化身万千之后，开放的思想史，怎样提出问题、站稳脚跟、呈现立场和划清边界？

　　这就是我们办第一届思想史高端论坛的缘故。

思想与历史

思想如何成为历史

桑　兵[*]

包括哲学史在内的思想史，有着与生俱来的内在紧张。一般而言，所谓思想，当然要有系统，没有系统则只有零碎片断，不成其为思想。而系统往往后出，据此条理出来的思想，与被条理的前人的思想多少有些不相吻合，甚至完全不相凿枘。尤其是近代的思想，系统往往是输入的域外新知，没有这些后出外来的系统，很难将所有的片断连缀为思想。不过，被条理化纳入系统的片断，虽然组成看似一脉相通的思想，却脱离原来的时空联系，失去了本来的意涵，变成一种外在的附加认识。回到原来的时空联系状态，又会导致思想断裂，恢复了历史，却失去了思想。一个人的思想如此，一类人

* 桑兵，浙江大学历史学院（筹）。

的思想也是如此。思想史如何在思想与历史之间寻求平衡，在原有的时空联系之下找出内在的固有系统，至关重要，却相当困难。

一　中国本没有所谓哲学

但凡思想都有一定的体系，而哲学无疑是其中最具系统性的部分。没有系统，肯定不成其为哲学，但是能否用哲学的观念将其他思想都解读成特定的系统，却令人疑惑。站在哲学的圈子里面，这非但不成问题，而且觉得天经地义，可是一旦越出哲学的范围，情况就会变得复杂起来。除非先验地将所有的思想装入哲学的口袋，否则这些思想能否成为哲学的问题，本身就有待解决。尤其是在中国谈论哲学，因为思维方式好譬喻类比，缺少逻辑，所以哲学似乎可以融会所有的思想及学术分支，反而导致内涵、外延的模糊不清。

在后人看来，胡适的中国哲学史著述树立了新的学术典范。这一典范确立的标准之一，就是建立起一套哲学化的体系，将中国古代的思想学说编成系统。胡适在哥伦比亚大学的博士学位论文，后来翻译成《先秦名学史》，出版了中译本。他自称"最重要而又最困难的任务，当然就是关于哲学体系的解释、建立或重建"。他有幸"从欧洲哲学史的研究中得到了许多有益的启示。只有那些在比较研究中（例如在比较语言学中）有类似经验的人，才能真正领会西方哲学在帮助我解释中国古代思想体系时的价值"。[1]

---

[1] 《先秦名学史·前言》，欧阳哲生编《胡适文集》第6册，北京大学出版社，1998，第4页。

胡适关于哲学体系的解释、建立或重建，就是借助西方哲学条理和解释中国古代思想体系的价值。他虽然并不完全否认中国古代的思想自有一套体系，可是认为时过境迁，后来人已经无法了解，因而不得不与其他比较参考的材料相互参证发明。《先秦名学史》译成中文，显然受到之前胡适写的《中国哲学史大纲》（卷上）出版后大为畅销的鼓励。蔡元培所作序言称，编中国古代哲学史有两难，一是材料问题，真伪难辨，二是形式问题，"中国古代学术从没有编成系统的记载。……我们要编成系统，古人的著作没有可依傍的，不能不依傍西洋人的哲学史。所以非研究过西洋哲学史的人不能构成适当的形式"。胡适恰好于西洋哲学史很有心得，"所以编中国古代哲学史的难处，一到先生手里，就比较的容易多了"。该书的特长之一，正是"系统的研究"。[1]

胡适提出关于整理哲学史料的办法，共有三种，校勘、训诂之外，就是贯通。"贯通便是把每一部书的内容要旨融会贯串，寻出一个脉络条理，演成一家有头绪有条理的学说。"宋儒注重贯通，但不明校勘、训诂，所以流于空疏臆说。清代汉学家精于校勘、训诂，但不肯做贯通的功夫，所以流于支离琐碎。到了章太炎，才别出一种有条理系统的诸子学。而章太炎的《原名》《明见》《齐物论释》所以如此精到，"正因太炎精于佛学，先有佛家的因明学、心理学、纯粹哲学，作为比较印证的材料，故能融会贯通，于墨翟、庄周、惠施、荀卿的学说里面，寻出一个条理系统"。中国古代的哲学，去今太远，不明其意，必须比较别国的哲学史，才能相互印证发明。"我做这部

哲学史的最大奢望，在于把各家的哲学融会贯通，要使他们各成有头绪条理的学说。我所用的比较参证的材料，便是西洋的哲学。……故本书的主张，但以为我们若想贯通整理中国哲学史的史料，不可不借用别系的哲学，作一种解释演述的工具。"[1]其实章太炎并非精于佛学，参与支那内学院事务后，晚年他嘱咐门下编文集时将所有涉及佛学的文章统统删去，显然还是觉得不过附会而已。

中国古代的思想，各有其条理系统，只是属于金岳霖所说的"实架子"。对于这些实架子不明其意，希望借助西洋哲学的空架子来理解，只能导致套用西洋哲学的系统，削足适履地强古人以就我，所得出的条理以及与之相应的解读，看似符合西洋哲学的系统，却距古人的本意越来越远。

留学欧洲之前的傅斯年，也是西洋系统的信仰者，留学期间广泛阅读，又与陈寅恪等人交流，幡然猛醒。1926年，仍在欧洲的傅斯年听说胡适要重写《中国古代哲学史》，表示自己将来可能写"中国古代思想集叙"，而且提出若干"教条"，首要的就是不用近代哲学观看中国的方术论，"如把后一时期，或别个民族的名词及方式来解它，不是割离，便是添加。故不用任何后一时期、印度的、西洋的名词和方式"。[2]稍后他与顾颉刚论古史，又说："我不赞成适之先生把记载老子、孔子、墨子等等之书呼作哲学史。中国本没有所谓哲学。多谢上帝，给我们民族这么一个健康的习惯。我们中国所有的哲学，尽多到苏格拉底那样子而止，就是柏拉图的也尚不全有，更不必论到

1　《中国古代哲学史》，欧阳哲生编《胡适文集》第6册，第181~182页。
2　《傅斯年致胡适》，1926年8月17日、18日，杜春和、韩荣芳、耿来金编《胡适论学往来书信选》下册，河北人民出版社，1998，第1264~1265页。

近代学院中的专技哲学，自贷嘉、来卜尼兹以来的。我们若呼子家为哲学家，大有误会之可能。大凡用新名词称旧物事，物质的东西是可以的，因为相同；人文上的物事是每每不可以的，因为多是似同而异。现在我们姑称这些人们（子家）为方术家。"[1]

其实，在此之前，胡适对于用哲学的观念解读经学和理学可能产生的似是而非，已经一定程度地有所自觉。1923 年 12 月至 1925 年 8 月间，他撰写改订《戴东原的哲学》，关于如何研究清代的经学与理学，说过一段很值得玩味的话：

> 清代考据之学有两种涵义：一是认明文字的声音与训诂往往有时代的不同；一是深信比较归纳的方法可以寻出古音与古义来。前者是历史的眼光，后者是科学的方法。这种态度本与哲学无甚关系。但宋明的理学皆自托于儒家的古经典，理学都挂着经学的招牌；所以后人若想打倒宋明的理学，不能不先建立一种科学的新经学；他们若想建立新哲学，也就不能不从这种新经学下手。所以戴震，焦循，阮元都是从经学走上哲学路上去的。然而，我们不要忘记，经学与哲学究竟不同：经学家只要寻出古经典的原来意义；哲学家却不应该限于这种历史的考据，应该独立地发挥自己的见解，建立自己的系统。经学与哲学的疆界不分明，这是中国思想史上的一大毛病。经学家来讲哲学，哲学便不能不费许多心思日力去讨论许多无用的死问题，并且不容易脱离传统思想的束缚。哲学家来治古经，

1 欧阳哲生主编《傅斯年全集》第 1 卷，湖南教育出版社，2003，第 459 页。

也决不会完全破除主观的成见，所以往往容易把自己的见
解读到古书里去。"格物"两个字可以有七十几种说法。
名为解经，实是各人说他自己的哲学见解。各人说他自己
的哲学，却又都不肯老实说，都要挂上说经的大帽子。所
以近古的哲学便都显出一种不老实的样子。所以经学与哲
学，合之则两伤，分之则两受其益。[1]

这番话用来说明清代经学和理学的关系，未必吻合，用于
批评后来研究经学和理学的偏蔽，则不无可取之处。因为中国
其实没有所谓哲学，但凡用哲学的观念解读经学、理学，都不
可避免地加入许多后出外来的见解，一方面使得原来看似散乱
的思想系统化，另一方面则可能扭曲了本来的意思，变成另外
的东西。

金岳霖的冯友兰《中国哲学史》上册《审查报告》，对于
用西洋哲学的观念架构来讲中国哲学的问题，有过如下评论：

欧洲各国的哲学问题，因为有同一来源，所以很一
致。现在的趋势，是把欧洲的哲学问题当做普通的哲学
问题。如果先秦诸子所讨论的问题与欧洲哲学问题一致，
那么他们所讨论的问题也是哲学问题。以欧洲的哲学问
题为普遍的哲学问题当然有武断的地方，但是这种趋势
不容易中止。既然如此，先秦诸子所讨论的问题，或者
整个的是，或者整个的不是哲学问题，或者部分的是，
或者部分的不是哲学问题；这是写中国哲学史的先决条

---

1 《戴东原的哲学》，欧阳哲生编《胡适文集》第 7 册，第 313~314 页。

件。这个问题是否是一重要问题，要看写哲学史的人的意见如何。如果他注重思想的实质，这个问题比较的要紧；如果他注重思想的架格，这个问题比较的不甚要紧。若是一个人完全注重思想的架格，则所有的问题都可以是哲学问题；先秦诸子所讨论的问题也都可以是哲学问题。至于他究竟是哲学问题与否？就不得不看思想的架格如何。……哲学有实质也有形式，有问题也有方法。如果一种思想的实质与形式均与普遍哲学的实质与形式相同，那种思想当然是哲学。如果一种思想的实质与形式都异于普遍哲学，那种思想是否是一种哲学，颇是一问题。有哲学的实质而无哲学的形式，或有哲学的形式而无哲学的实质的思想，都给哲学史家一种困难。"中国哲学"这名称就有这个困难问题。所谓中国哲学史是中国哲学的史呢？还是在中国的哲学史呢？如果一个人写一本英国物理学史，他所写的实在是在英国的物理学史，而不是英国物理学的史；因为严格地说起来，没有英国物理学。哲学没有进步到物理学的地步，所以这个问题比较复杂。写中国哲学史就有根本态度的问题。这根本的态度至少有两个：一个态度是把中国哲学当做中国国学中之一种特别学问，与普遍哲学不必发生异同的程度问题；另一态度是把中国哲学当做发现于中国的哲学。[1]

这是非常哲学化的论辩，透过繁复的推理，主旨就是否定

---

1 金岳霖：《审查报告二》，冯友兰：《中国哲学史》（全二册），中华书局，1961，附录，第2~5页。

"中国哲学"的哲学属性。

　　清季王国维是哲学的爱好者，坚决主张办大学应设哲学科，后来反省早年的论断，认为用西洋哲学观念不能理解古人之说："如执近世之哲学以述古人之说，谓之弥缝古人之说，则可；谓之忠于古人，则恐未必也。夫古人之说，固未必悉有条理也。往往一篇之中时而说天道，时而说人事；岂独一篇中而已，一章之中，亦复如此。幸而其所用之语，意义甚为广莫，无论说天说人时，皆可用此语，故不觉其不贯串耳。若译之为他国语，则他国语之与此语相当者，其意义不必若是之广；即令其意义等于此语，然其所得应用之处不必尽同。故不贯串不统一之病，自不能免。而欲求其贯串统一，势不能不用意义更广之语。然语意愈广者，其语愈虚，于是古人之说之特质，渐不可见，所存者其肤廓耳。译古书之难，全在于是。"[1]虽然说的是西文翻译中国古籍，道理却与用西洋系统述古人之说完全一致。

　　把中国古代的思想哲学化，在胡适的解释框架内，还有未能言明之处，即中国古代究竟有没有哲学。如果中国古代本来就有哲学，只是因为年代久远，后人无法解读，那么借助西洋等别系的哲学作为解释演述的工具，就仅仅是帮助理解；如果中国古代有哲学，后来中断，变得没有哲学，就要重建；如果中国本来没有哲学，要借助西洋哲学来构建中国古代哲学，则是建立。尽管程度有别，无论哪一种情形，似乎都要借助西洋哲学。可是这样的借助有一个假定的前提，即哲学无论在中国

1　王国维：《书辜氏汤生英译〈中庸〉后》，《静庵文集》，辽宁教育出版社，1997，第150~151页。

还是西洋，都有相似相通性，并且可以视为同一至少是同一类事物。如果这样的假定不成立，无论解释、重建还是建立，都有是否吻合中国古代思想本意的问题。用了西洋哲学的观念看中国古代的思想，难免看朱成碧。

傅斯年根本反对中国有所谓哲学，他认为哲学是很特别的，不能到处适用，尤其是不能拿着不同文化系统的东西与之对应，加以比附。欧洲留学回国后他在中山大学任教，写了《战国子家叙论》，开篇即"论哲学乃语言之副产品，西洋哲学即印度日耳曼语言之副产品，汉语实非哲学的语言，战国诸子亦非哲学家"。他认为："拿诸子名家理学各题目与希腊和西洋近代哲学各题目比，不相干者如彼之多，相干者如此之少，则知汉土思想中原无严意的斐洛苏非一科。"[1]

二　"思想一个名词也以少用为是"

傅斯年反对中国哲学，主要是不赞成用哲学的概念系统来条理解释中国的各种学说。胡适乍听之下虽然觉得逆耳，仔细想过还是接受了傅斯年的意见。从欧洲归来，胡适即不动声色地放弃了"中国哲学史"的名称，改用"中国思想史"。1929年6月3日，胡适在上海大同中学以《哲学的将来》为题发表演讲，其主旨是："过去的哲学只是幼稚的、错误的或失败了的科学。""过去的哲学学派只可在人类知识史与思想史上占一个位置，如此而已。"至于将来，则"只有思想家，而无哲学家：他们的思想，已证实的便成为科学的一部分，未证实的

1　欧阳哲生主编《傅斯年全集》第 2 卷，第 253 页。

叫做待证的假设"。所以"哲学家自然消灭，变成普通思想的一部分"。[1] 与此前大讲哲学的重要适相反对，胡适到处劝人将哲学系关门。他接着《中国哲学史大纲》上卷写的书，都改用"中国思想史"的名目，所以胡适的《中国哲学史》只能终于上卷，不可能再有中卷、下卷，因为中国哲学在胡适心中已经"寿终正寝"。

名不正则言不顺，但是正名未必就万事大吉，将"哲学"改成"思想"，并不意味着就能够使所有问题都迎刃而解。1928年张荫麟撰文评冯友兰的《儒家对于婚丧祭礼之理论》，就是从思想史的角度立论，他说："以现代自觉的统系比附古代断片的思想，此乃近今治中国思想史者之通病。此种比附，实预断一无法证明之大前提，即谓凡古人之思想皆有自觉的统系及一致的组织。然从思想发达之历程观之，此实极晚近之事也。在不与原来之断片思想冲突之范围内，每可构成数多种统系。以统系化之方法治古代思想，适足以愈治而愈梦耳。"[2] 照此看来，即使改用思想史的名目，现代的系统与古代的断片是否兼容，仍是一大棘手问题。因为"中国哲学"的不当，主要是用哲学的系统来条理解释中国古代思想难免牵强附会，似是而非。或许已经预见这样的可能性，所以傅斯年在反对"把记载老子、孔子、墨子等等之书呼作哲学史"的同时，还提出"思想一个名词也以少用为是"。"研究方术论、玄学、佛学、理学，各用不同的方法和材料，而且不以二千年的思想为一线而集论之"，"一面不使之与当时的史分，一面亦不越俎去使与别一时期之同

---

1 《哲学的将来》，欧阳哲生编《胡适文集》第12册，第294~295页。
2 张荫麟：《评冯友兰〈儒家对于婚丧祭礼之理论〉》，《大公报·文学副刊》1928年7月9日。

一史合"。[1]

　　凡是思想，大抵都有系统，不用现代的观念，很难显示这些系统，也无法用来解释古人旧籍的本意，甚至表达不了概括一类物事的意思。主张少用"思想"这一名词的傅斯年，拟作之书还是只能叫《中国古代思想集叙》。这样的问题，绝不仅仅出现于古代的部分，近代史领域更加普遍。自中西学乾坤颠倒之后，西学以及东学大量涌入，近代中国的思想学说，大都是从东西两洋输入的域外新知，因为来得太多太快，令人目不暇接，各式各样的科学、学说、主义、思想，你方唱罢我登场，层出不穷，一时间中学根本无力吸收内化。近代中国学人普遍感到，外洋的学说有系统，而中国的学说太散漫。开始时中学与西学、东学各自独立，问题还不大，后来因为难以兼通，必须熔为一炉。科举兼容西学不成，改为纳科举于学堂，中学的架构不得不退居其次。由中学与西学及东学融合而来的新学体系中，实际上西学占据了主导地位，以至于形同西学为体中学为用。如此一来，中学有无系统以及以什么为系统的问题，就成为人们关注的焦点。

　　最早被视为西洋学问有系统的表征，就是学术分科，并一度被普遍认为是科学的体现（其实科学的意涵之一，就是分科之学）。清季推行学堂，西式分科成为教学的主导，与之相应，论学也开始用西学架构来条理中国学问。进入民国，分科的西学不仅被视为科学化的象征，中学还失去了与西学平等对话的地位，更加下沉为被批判的对象。1916年，顾颉刚为计划编辑

1 《傅斯年致胡适》，1926年8月17日、18日，杜春和、韩荣芳、耿来金编《胡适论学往来书信选》下册，第1264~1265页。

的《学览》一书作序，批评"旧时士夫之学，动称经史词章。此其所谓统系乃经籍之统系，非科学之统系也。惟其不明于科学之统系，故鄙视比较会合之事，以为浅人之见，各守其家学之壁垒而不肯察事物之会通。夫学术者与天下共之，不可以一国一家自私。凡以国与家标识其学者，止可谓之学史，不可谓之学。执学史而以为学，则其心志囿拘于古书，古书不变，学亦不进矣。为家学者未尝不曰家学所以求一贯，为学而不一贯，是滋其纷乱也。然一贯者当于事实求之，不当于一家之言求之。今以家学相高，有化而无观，徒令后生择学莫知所从，以为师之所言即理之所在，至于宁违理而不敢背师。是故，学术之不明，经籍之不理，皆家学为之也。今既有科学之成法矣，则此后之学术应直接取材于事物，岂犹有家学为之障乎！敢告为家学者，学所以辨于然否也；既知其非理而仍坚守其家说，则狂妄之流耳；若家说为当理，则虽舍其家派而仍必为不可夺之公言，又何必自缚而不肯观其通也"。[1]中国的家派之学非但不成其为学，而且是学术发展的障碍。

　　这样的判定，在那一时代的新进青年当中颇具共识。顾颉刚的同学傅斯年也表达了类似的看法。两年后的1918年4月，傅斯年在《新青年》第4卷第4号撰文《中国学术思想界之基本误谬》，第一条就是：

　　　　中国学术，以学为单位者至少，以人为单位者转多，前者谓之科学，后者谓之家学；家学者，所以学人，非所以学学也。历来号称学派者，无虑数百，其名其实，皆

---

1 《古史辨第一册自序》，《顾颉刚古史论文集》第1册，中华书局，1988，第30~31页。

以人为基本，绝少以学科之分别，而分宗派者。纵有以学科不同而立宗派，犹是以人为本，以学隶之。未尝以学为本，以人隶之。弟子之于师，私淑者之于前修，必尽其师或前修之所学，求其具体。师所不学，弟子亦不学；师学数科，弟子亦学数科；师学文学，则但就师所习之文学而学之，师外之文学不学也；师学玄学，则但就师所习之玄学而学之，师外之玄学不学也。无论何种学派，数传之后，必至黯然寡色，枯槁以死。诚以人为单位之学术，人存学举，人亡学息，万不能孳衍发展，求其进步。学术所以能致其深微者，端在分疆之清；分疆严明，然后造诣有独至。西洋近代学术，全以科学为单位，苟中国人本其"学人"之成心以习之，必若枘凿之不相容也。[1]

在尊奉科学的前提下，这两位北大同学的共同看法是，中国本来没有分科，也就缺少学问的系统。人学家派都不是真正的学术系统，因而学问不能发展进步。顾颉刚后来说：

从前的时候，对于中国学问和书籍不能有适当的分类；学问只是各家各派，书籍只是经、史、子、集，从没有精神上的融和……他们对于分类的观念只是"罗列不兼容的东西在一处地方"罢了；至于为学的方法，必得奉一宗主，力求统一，破坏异类，并不要在分类上寻个"通观"，所以弄成了是非的寇仇，尊卑的阶级……纵是极博，总没有彻底的解悟。自从章实斋出，拿这种"遮眼的鬼

1　傅斯年：《中国学术思想界之基本误谬》，《新青年》第 4 卷第 4 号，1918 年 4 月。

墙"一概打破，说学问在自己，不在他人；圣贤不过因缘时会而生，并非永久可以支配学问界的；我们当观学问于学问，不当定学问于圣贤。又说学问的归宿是一样的，学问的状态是因时而异，分类不过是个"假定"，没有彼是此非。可说在在使读书者有旷观遐瞩的机会，不至画地为牢的坐守着；有博观约取的方法，不至作四顾无归的穷途之哭。这功劳实在不小，中国所以能容受科学的缘故，他的学说很有赞助的力量。中国学问能够整理一通成为"国故"，也是导源于此。[1]

不过，新进青年的看法，未必就是事实。在余嘉锡等人看来，中国学问自有统系，经籍的分别之中，蕴含着学术的条理脉络，只是二者未必重合。如史学之书分散于经史子集各类，而不仅仅限于乙部。昔人读书，以目录为门径，即因为"凡目录之书，实兼学术之史，账簿式之书目，盖所不取也"。其实仅仅编撰书目，不附解题，同样可以有益于学术。读其书而知学问之门径的目录书，唯《四库提要》和《书目答问》"差足以当之"。[2] 所以宋育仁批评胡适的《国学季刊发刊宣言》道：

> 古学是书中有学，不是书就为学，所言皆是认书作学，真真庄子所笑的糟粕矣乎。今之自命学者流，多喜盘旋于咬文嚼字，所谓旁搜博采，亦不过是类书目录的本

1 顾颉刚：《中国近来学术思想界的变迁观》，《中国哲学》第 11 辑，人民出版社，1984。顾颉刚自称当时记载于日记之中，实则日记的相关文字，与此差别较大。
2 余嘉锡：《目录学发微》，刘梦溪主编《中国现代学术经典·余嘉锡 杨树达卷》，河北教育出版社，1996，第 13~24 页。

领，尚不知学为何物。动即斥人以陋，殊不知自己即陋。
纵使其所谓旁搜博采，非目录类书的本领，亦只可谓之书
箧而已。学者有大义，有微言，施之于一身，则立身行
道，施之于世，则泽众教民。故子夏曰：贤贤易色，事父
母能竭其力，事君能致其身，与朋友交，言而有信，虽曰
未学，吾必谓之学矣。[1]

　　中国有学无学的问题，归根到底，还是有无体系化学问的
问题。换言之，如果把分科等同于体系，或是认定唯有分科才
是体系，则中国学问的系统自然难以把握。为顾颉刚所推崇的
章学诚所主张的"辨章学术，考镜源流"，同样受到西学分科
编目影响下近代学人的异议，认为目录即簿记之学，与"辨章
学术，考镜源流"无关，或主要是纲纪群籍范围，略涉辨章学
术。[2] 实则"即类求书，因书究学"，大体可以概括目录学之下
典籍与学问的关系。只不过中国讲究通学，而没有所谓分科治
学，尤其不主张畛域自囿的专门，学有分类，人无界域，用后
来分科的观念看待中国固有学问及治学之道，对于学与书的关
系，只能是愈理愈乱。

　　进而言之，为学因人而异，固然主观，分科治学的所谓
科学，未必就是客观。好分科治学源自欧洲历史文化的共同
性，缘何而分以及如何分，说到底还是因缘各异，导致学科
形态千差万别的，仍是各自不同的历史文化。其实，分科治
学在欧洲的历史也并不长，其起因和进程究竟如何，迄今为

1　问琴（宋育仁）：《评胡适国学季刊宣言书》，《国学月刊》第 16 期，1924 年，第 41 页。
2　严佐之：《中国目录学史导读》，姚名达：《中国目录学史》，上海古籍出版社，2002，第
　　21 页。

止有限的说法并不统一，而且深受不同民族、不同文化系统
甚至不同学派的影响，在许多层面纠缠不清，不了解背后的
渊源流别，看起来清晰的分界与边际，具体把握起来往往似
是而非，出入矛盾。对于林林总总的分门别类，认识越是表
浅外在，感觉反而越是清晰明确，待到深入场景，却陷入剪
不断理还乱的困惑。到法国进修留学的杨成志，便对社会学、
人类学相关派系之间因由历史而来的争论水火不容感到莫名
所以，甚至觉得大可不必。实则分科背后，不仅有学理的讲
究，更有人事的缠绕。因为教育体制和输入新知的关系，清
季以来中国的学科分类观念受日本和美国的影响尤其大。作
为相对后发展的先进国，两国对于欧洲错综复杂的知识系统
已经进行了看似条理清晰，实则疏通渊源流变的改造，使之
整体上更加适合非原创异文化系统的移植，同时也模糊了原
有的分梳，留下了格义的空间，增加了误会的可能。

批评中国传统学术不分科而分派的傅斯年直到留学欧洲，
才认识到当时中国人所谓"这是某科学""我学某科学"之类的
说法，都是些半通不通不完全的话。

　　一种科学的名称，只是一些多多少少相关连的，或当
说多多少少不相关连的问题，暂时合起来之方便名词；一
种科学的名称，多不是一个逻辑的名词，"我学某科学"，
实在应该说"我去研究某套或某某几套问题"。但现在的
中国人每每忽略这件事实，误以为一种科学也好比一个哲
学的系统，周体上近于一个逻辑的完成，其中的部分是相
连环扣结的。在很长进的科学实在给我们这么一种印象，
为理论物理学等；但我们不要忘这样的情形是经多年进化

的结果，初几步的情形全不这样，即为电磁一面的事，和光一面的事，早年并不通气，通了气是 19 世纪下半的事。现在的物理学像单体，当年的物理学是不相关的支节；虽说现在以沟通成体的结果，所得极多，所去的不允处最有力，然在一种科学的早年，没有这样的福运，只好安于一种实际主义的逻辑，去认清楚一个一个的问题，且不去问摆布的系统。这和有机体一样，先有细胞，后成机体，不是先创机体，后造细胞。但不幸哲学家的余毒在不少科学中是潜伏得很利害的。如在近来心理学社会学各科里，很露些固执系统不守问题的毛病。我们把社会学当做包含单个社会问题，就此分来研究，岂不很好？若去跟着都尔罕等去办〔辩〕论某种是社会事实，综合的意思谓什么……等等，是白费气力，不得问题解决之益处的。这些"玄谈的"社会学家，和瓦得臣干干净净行为学派的心理学，都是牺牲了问题，迁就系统，改换字号的德国哲学家。但以我所见，此时在国外的人，囫囵去接一种科学的多，分来去弄单个问题的少。[1]

也就是说，即使科学的系统，也是相当晚出，不应该固执系统，忽略了与之有关的问题的相关联与不相关联，尤其是不能将科学视为哲学的系统，所有问题都是逻辑的连环相扣。顾颉刚批评中国的分类"罗列不兼容的东西在一处地方"，其实与欧洲将相关联不相关联的问题暂时合起来以图方便的科学，大同小异。强调系统而忽略问题，不仅本末倒置，而且似是而

---

1 《刘复〈四声实验录〉序》，欧阳哲生主编《傅斯年全集》第 1 卷，第 419 页。

非，都是牺牲问题以迁就系统。

在中西学乾坤颠倒的大背景下接触西学以及东学的近代中国人，对于欧洲各国学科发源的复杂过程和相互缠绕并不了解，他们直接看到的是各种学问分门别类、井井有条的系统，受西学即公理的思想主导，于是将这样的系统当作放之四海而皆准的轨则，相比之下，对中国固有学问的混沌状态的不满油然而生。在他们看来，中国学问的条理简直就是不成体统。清季兴学，新式学堂教育要分科教学，各级各类学堂所用各种分科的教科书，大都直接取自日本或模仿日本的著述改编而成。而在尝试分科治学的过程中，包括各种杂志开辟学术栏目，也有如何分别才能妥当的问题。这时的梁启超、章太炎、王国维、刘师培等人，不同程度地受西学的影响，试图用分科的观念重新条理本国的学术。刘师培的《周末学术史序》，就明确表示要"采集诸家之言，依类排列，较前儒学案之例，稍有别矣"。[1]而且其变化绝不仅仅是略有不同，原有的学案体以人为主，其书则以学为主，用分析的眼光，刘师培具体分为心理、伦理、论理、社会、宗教、政法、计、兵、教育、理科、哲理、术数、文字、工艺、法律、文章等 16 种学史。这显然已经开启附会套用西洋系统的风气。只不过他们所受中国学问的熏陶相对较深，所以不如后来者更加彻底而且毫无违和感。

清季担任京师大学堂史学教习的陈黻宸，是提倡分科治学的先行者之一，在他看来，"无史学则一切科学不能成，无一切科学则史学亦不能立。故无辨析科学之识解者，不足与言史学，无振厉科学之能力者，尤不足与兴史学"。而"古

1　刘师培：《周末学术史序》，《国粹学报》第 1 期，1905 年 2 月 23 日。

中国学者之知此罕矣","故读史而兼及法律学、教育学、心理学、伦理学、物理学、舆地学、兵政学、财政学、术数学、农工商学者,史家之分法也;读史而首重政治学、社会学者,史家之总法也。是固不可与不解科学者道矣。盖史一科学也,而史学者又合一切科学而自为一科者也"。[1] 这些话听起来颇有些今天跨学科的意味。尽管他认为指中国无史太过,可是照此标准,没有这些分科的古代中国,史又从何而来呢?

要不要分科,以及是否没有分科就没有系统、不够科学的问题,一直持续到民国时期的整理国故和国学运动。虽然西式学校已经普及,分科教学已成事实,本来因为意识到西式分科难以妥当安放中学而被独立提出的国学,再次面临如何才能科学的考验,等于认为仍是通向分科的过渡。"所谓国学云者,中国某某学某某学之共名而已。""国学"既然为新旧过渡时期的将就兼容,便体现出两面性,"所谓中国的古学,固可以扩充为较广的意义,固可以适用较新的态度与方法;同时,传统的见解与传统的方法,却也不会一时丧坠他的地位。学术固应该有时代性,然而假使有人以曲学阿世为耻辱,以抱残守阙为得计,那也是各人的自由。守经乐道,是多么好听的名词;说得时髦一些,提倡东方文化,恢复中国旧道德,也不失为动听的口号。在此种旗帜掩护之下,可以使国学成为所谓'国粹',可以使国学的研究,仅仅以儒家为中心,以经典为本位"。这种国粹式的国学有其时代性,"最明显的,是旧时所认汉学宋学之称。汉人宗经,成其文字训诂之学;唐人宗经,成其文学;

---

1 《京师大学堂中国史讲义》,陈德溥编《陈黻宸集》下册,中华书局,1995,第676~677页。

宋人宗经，成其性理之学；明人宗经，以六经为注脚，成其心学；清人宗经，一方面实事求是，成考据之学，一方面以六经为史，成为史学。这都可以说一代有一代之学。然而正因其范围过窄，对象相同，所以可以创为经学即理学之论：汉宋可以沟通，文道可以合一，那么，所谓一代有一代之学，其分别之点，也就很有限了"。正因为如此，《国学论文索引》里面，才不得不"既有文学科学之类，复具群经诸子之名"。

　　混杂古今中外的不同系统，是过渡时期不可避免的现象，而且事实所限，又不能不沿用已经约定俗成的名称，所以所谓国学，又不能不说是中国传统的古学研究的意思。不过，凡此种种的不得已，"也许将来，渐渐走上科学的路，于是所谓群经诸子之学，便只同文选学一样，于是所谓'国学'，便只是中国某某学某某学之共名，于是刘女士所编的论文索引，其分类标准也比较地可以单纯了"。[1]如此说来，国学难逃再度被肢解的命运，以便迁就外来的系统。

三　具有系统与不涉附会

　　更为深入一层的问题是，不用后出外来的观念条理中国历代的思想，因为缺少系统，很容易流于支离破碎。而用后出外来的观念条理中国的思想，虽然具有系统，却可能去古人的思想越来越远。思想史的叙述，没有系统，不成思想，具有系统，则难免成见，往往偏离甚至失去古人思想的本意，变成作者自己的思想。历史研究中一般人所谓理论，主要显现于表述

1　以上引文出自郭绍虞《序》,《国学论文索引四编》,中华图书馆协会,1936,第1~4页。

过程而非研究过程中，说到底也是为了显得有系统，而不惜牺牲史事。要将思想还原为历史，或由历史呈现思想，必须具有系统与不涉附会二者相辅相成。

1931 年清华大学 20 周年纪念，陈寅恪写了题为《吾国学术之现状及清华之职责》的文章，对当时中国的各科学术均有所批评，其中专门谈道："近年中国古代及近代史料发现虽多，而具有统系与不涉傅会之整理，犹待今后之努力。"[1] 关于热极一时的文化史研究，陈寅恪也有中肯而深切的批评，他说：

> 以往研究文化史有二失：（一）旧派失之滞。旧派所作中国文化史……不过钞钞而已，其缺点是只有死材料而没有解释。读后不能使为了解人民精神生活与社会制度的关系。（二）新派失之诬。新派留学生，所谓"以科学方法整理国故"者。新派书有解释，看上去似很有条理，然甚危险。他们以外国的社会科学理论解释中国的材料。此种理论，不过是假设的理论。而其所以成立的原因，是由研究西洋历史、政治、社会的材料，归纳而得的结论。结论如果正确，对于我们的材料，也有适用之处。因为人类活动本有其共同之处，所以"以科学方法整理国故"是很有可能性的。不过也有时不适用，因中国的材料有时在其范围之外。所以讲大概似乎对，讲到精细处则不够准确，而讲历史重在准确，功夫所至，不嫌琐细。[2]

---

1 《吾国学术之现状及清华之职责》，陈美延编《陈寅恪集·金明馆丛稿二编》，生活·读书·新知三联书店，2001，第 361 页。

2 卞僧慧：《陈寅恪先生年谱长编（初稿）》，中华书局，2010，第 146 页。

文化史不过是变换视角和概念，包括哲学史在内的思想史，如何平衡具有系统又不涉附会，至关重要，同时也是对学人的一大考验。

要破解这一难题，首先应当明确，中国的古人是在没有外来后出的系统的语境下思维行事，其思想本来就具有自己的系统，不必借用外来后出的架构去重新建构。凡是套用外来后出的系统，无论如何自我辩解或巧妙运用，都不可避免地流于穿凿附会。假定域外系统具有普适性的前提，肯定是不能成立的。其次，要摒弃后来的观念，从材料与事实的普遍联系中发明、揭示并重现本来的系统。熟悉域外中国研究状况的余英时教授断言：

> 我可以负责地说一句：20世纪以来，中国学人有关中国学术的著作，其最有价值的都是最少以西方观念作比附的。如果治中国史者先有外国框框，则势必不能细心体会中国史籍的"本意"，而是把他当报纸一样的翻检，从字面上找自己所需要的东西（你们千万不要误信有些浅人的话，以为"本意"是找不到的，理由在此无法详说）。[1]

近代以来，中国的概念多来自明治后新汉语，系统多采用欧洲近代重新构建且经过美国、日本再条理的架构，如果以余英时教授的上述说法为准则，检讨近代以来治中国思想学术历史的著作，"最有价值"的恐怕为数不多，能够自觉不以挟洋自重，已经难能可贵。尤其是在教科书和一般通论的影响下，没

1　余英时：《论士衡史》，上海文艺出版社，1999，第459页。

有后出外来框架就读不出前人本意，已经是极为普遍的情形。而不用西方观念作比附，不是先有外国框框，反倒成为例外。

被后人誉为树立了新学术典范的胡适的《中国哲学史大纲》，在金岳霖看来就是根据一种哲学的主张写出来的，而且觉得作者像是一个研究中国思想的美国人。"胡先生不知不觉间所流露出来的成见，是多数美国人的成见。"工商业发达的美国，"竞争是生活的常态，多数人民不免以动作为生命，以变迁为进步，以一件事体之完了为成功，而思想与汽车一样，也就是后来居上。胡先生既有此成见，所以注重效果；既注重效果，则经他的眼光看来，乐天安命的人难免变成一种达观的废物。对于他所最得意的思想，让他们保存古色，他总觉得不行，一定要把他们安插到近代学说里面，他才觉得舒服。同时西洋哲学与名学又非胡先生之所长，所以在他兼论中西学说的时候，就不免牵强附会。哲学要成见，而哲学史不要成见，哲学既离不了成见，若再以一种哲学主张去写哲学史，等于以一种成见去形容其他的成见，所写出来的书无论从别的观点看起来价值如何，总不会是一本好的哲学史"。[1]

受金岳霖评点的激励，抗战期间冯友兰撰写了贞元六书，试图建构自己的中国哲学。朱光潜的《冯友兰先生的〈新理学〉》一文论道："中国哲学旧籍里那一盘散沙，在冯先生的手里，居然成为一座门窗户牖俱全底高楼大厦，一种条理井然底系统。这是奇迹，它显示我们：中国哲学家也各有各的特殊系统，这系统也许是潜在底，不足为外人道底，但是如果要使它显现出来，为外人道，也并非不可能。看到冯先生的书以后，

1　金岳霖：《审查报告二》，冯友兰：《中国哲学史》（全二册），附录，第6~7页。

我和一位国学大师偶然提到它，就趁便询取意见，他回答说，'好倒是好，只是不是先儒的意思，是另一套东西'。他言下有些谦然。这一点我倒以为不能为原书减色。冯先生开章明义就说：'我们现在所讲之系统，大体上是承接宋明道学中之理学一派。……我们说"承接"，因为我们是"接着"而不是"照着"宋明以来理学讲底。因此我们自号我们的系统为新理学。'他在书中引用旧书语句时尝郑重地声明他的解释不必是作者的原意，他的说法与前人的怎样不同。这些地方最足见冯先生治学忠实底态度，他没有牵强附会底恶习。他'接着'先儒讲而不是'照着'先儒讲，犹如亚里士多德'接着'柏拉图讲而不是'照着'他讲，康德'接着'休谟讲而不'照着'他讲，哲学家继往以开来，他有这种权利。"[1]

朱光潜的辩解不无道理，冯友兰的确是接着宋儒的路子讲，所谓"新理学"，已经不是中国哲学史。所以金岳霖关于冯友兰《中国哲学史》的批评意见不再适用。问题在于，尽管宋儒上承道统，声言辟佛，其实已经天竺为体，华夏为用，利用儒家心性说谈论佛教性理，以沟通儒释，使得谈心说性与济世安民相反相成，然后再避名居实，取珠还椟，以免数典忘祖，可是形式上仍然在儒学的系统之中，不能离开孔子和经学的脉络。冯友兰的新理学却是在哲学的观念里重构自我的理学世界，也就是说，所要建立的其实并非新理学，而是中国哲学。这与陈寅恪所说"一方面吸收输入外来之学说，一方面不忘本来民族之地位"，相反相成的"道教之真精神，新儒家之

1　朱光潜：《冯友兰先生的〈新理学〉》，《文史杂志》第 1 卷第 2 期，1941 年 1 月。

旧途径"相符合，因而"真能于思想上自成系统，有所创获"，[1]
还是凭借旧籍建构起新哲学大厦，条理井然的系统名为理学，
实为哲学，只不过西式风格的建筑使用了中国固有的材料，两
种可能形似而实不同。在皇权统治一去不复返的时代，又经过
晚清到新文化运动的冲击，承接先儒以继往开来，难以收到正
统的实效。

关于用思想来考证古书的方法问题，胡适多少也有一些自
觉。在《中国哲学史大纲》（卷上）中，他提出了一些基本原
则，例如："凡能著书立说成一家言的人，他的思想学说，总有
一个系统可寻，决不致有大相矛盾冲突之处。故看一部书里的
学说是否能连络贯串，也可帮助证明那书是否真的。""大凡思
想进化有一定的次序，一个时代有一个时代的问题，即有那个
时代的思想。""不但如此，大凡一种重要的新学说发生以后决
不会完全没有影响。"[2] 这些原则，泛泛而论大体不错，仔细追
究，则问题不少。

中国人很少形而上的抽象思想，所有的言论文字，大都
有具体的时间空间由来对象，一个人的思想非但前后变化，而
且往往因时因地因人而异。一般人很难对自己的所有言辞深思
熟虑，更不会在意前后是否一贯。即使被视为有系统性思想的
人，包括今日所谓学者这一层次，所写文字有时难免为写而
写，能在同一著作中避免自相抵牾，已经难得。至于自设出来
自娱自乐的伪学问，以及本不是学问，做的人多了自然成了学
问的东西，虽然不无附庸蔚为大国者，多半目的也不在学问本

---

1 《冯友兰中国哲学史下册审查报告》，陈美延编《陈寅恪集·金明馆丛稿二编》，第
    282~285 页。
2 《中国古代哲学史》，欧阳哲生编《胡适文集》第 6 册，第 175~176 页。

身，自相矛盾之处所在多有。何况还有如梁启超一样的人，将以今日之我与昨日之我战看成一种与时俱进的荣耀。同一人关于同一事，在不同场合面对不同的对象，所表达的意思不仅千差万别，有时甚至可能截然相反，令人难以捉摸其究竟看法如何。思想进化固然有其次序，但在古代，一方面思想进化较为缓慢，另一方面，书写材料有限，留下来的记录很少，因而显得秩序井然。可是近代以来，社会日新月异，思想进化一日千里，时代分界交错重叠，根据一般常识的判断往往不大可靠。如清季所说的共产主义，与无政府主义大体相同，若是套用现行的观念，很难判别具体相关人事次序的先后，更无法依据影响的大小来探究学说的有无。

近代中国的自由主义是典型事例之一。中国固有的自由，只是自由自在，不受约束，没有所谓群己权界，所以严复甚至用不同的"由"字来标明。陈寅恪说的自由思想，很大程度便是在这一意义上使用。而作为翻译名词，对应自由的西文词语却有好几个。由于对自由主义的认识指称太过随意，言人人殊，俗称的自由主义知识分子群体，其实里面形形色色，有的观念主张大相径庭，非但没有上升到主义的高度，连能否划入自由的圈子也很成问题。而有的主张自由之人，却因为其他因素，似乎不符合后认的自由主义准则，被排除在自由主义的群体之外。用一个"自由主义"将看似趋新的知识人划归一类，以示与国共两党有别，除了方便自以为是，对于认识历史反而会产生误导和歧义。

不能著书立说的人有没有自己的思想，如何才能研究并且重现他们的思想，是一个更大的难题。从行为的规律看思想的轨迹以求其系统，不失为一个可以尝试的办法。如果套用现成的系统以求其轨迹，则毫无意义。

　　思想史的内在紧张，说到底就是系统与史实的矛盾。欧洲的字母文字是逻辑语言，中国的象形文字则是非逻辑或模糊逻辑语言，按照语言说人的规则，思维方式受制于语言，逻辑语言自然好用逻辑性的系统。中国虽然唐宋以后吸纳佛学，受语言差异的制约，所谓思想系统，也不以逻辑性为主。近代以来，中外文化乾坤颠倒，吸收内化变为整体外向，西体中用，以逻辑语言生成的系统，条理非逻辑语言发生的故实，结果越有条理系统，去前人本意越远。要调适中外思维的差异，将思想还原为历史，避免外来系统条理中国思想的穿凿附会，消解思想史的内在紧张，还有待于学人持续不断的努力。

思想史中名相的模棱

罗志田 *

葛兆光老师多年前曾明确提出"新思想史研究"的口号，主张"回到历史场景，在知识史、思想史、社会史和政治史之间，不必画地为牢"。对这样一种"回到历史场景的思想史研究"，[1] 我是非常赞同的。自己也有一些相关的想法，一直希望能就教于同人，惟总觉应等到想得较为"成熟"才好见人，实不知何时会说出。恰遇《探索与争鸣》要在"宏观的视野"下探讨"现代中国思想文化史研究"，尽管我的眼光向来微观，然这是不能推辞的

* 罗志田，四川大学历史文化学院。
1 葛兆光：《道统、系谱与历史——关于中国思想史脉络的来源与确立》，《文史哲》2006 年第 3 期。

机缘；[1] 又想起梁启超对学人的鼓励，[2] 故权且写出，以呼应葛老师的卓见。

一 思想史的包容性和主体性

中国古人虽也曾言及"思想"二字，但今日意义的"思想"，大致是个外来词。[3] 古人也不主张把学问分而治之，今天流行的分门别类研究，基本是外来的影响。在这样语境中出现的思想史，是一个带有外来色彩且资历不深的学科。至少在中国，思想史的地位有些特别——它一向表现出相对宽广的包容倾向，如早年不少人是把学术和思想连起来表述为"学术思想史"，近年则许多人又常将思想与文化连起来表述为"思想文化史"。然而若换个视角看，这样与他学能够融会的亲和力，也表现出思想史的主体性不够强，似乎总要依附他学才能为人所亲近。

在很长时间里，学术、思想和文化这些名相以及学术史、思想史和文化史，一直有着剪不断理还乱的关联。[4] 章锡琛在

---

1 《探索与争鸣》在 2018 年为瞿骏教授的《天下为学说裂：清末民初的思想革命与文化运动》（社会科学文献出版社，2017）出一评论专辑，本文即为是辑而作。今略作修订，与《天下为学说裂》相关的段落已删去。

2 梁启超曾说，不甚成熟的个人研究，一种办法是"坚镯之以俟他日之改定"，另一种办法是以孟子所说"取人为善"的态度，刊布出来，"引起世人之研究"，进而"因世人之研究以是正吾之研究"，则所得或更多。梁启超：《中国历史研究法·自序》（1922 年），《饮冰室合集·专集之七十三》，中华书局，1989，第 2 页。

3 钱穆即曾明言："'思想'二字，实近代中国接触西方以后所兴起之一新名词。"钱穆：《中国历史研究法》，生活·读书·新知三联书店，2001，第 77 页。

4 参见罗志田《史无定向：思想史的社会视角稗说》，《开放时代》2003 年第 5 期；《经典淡出之后：过渡时代的读书人与学术思想》，《中华文史论丛》2008 年第 4 期。

1920 年注意到，"一年以前，'新思想'之名词，颇流行于吾国之一般社会"，但最近则"'新思想'三字已鲜有人道及，而'新文化'之一语，乃代之而兴"。[1] 可知"文化"和"思想"至少是近义词，所以"思想"才能被"文化"取代。钱穆在论及"思想"实为新名词时说，"中国旧传统只言'学术'，或言'学问'，不言'思想'"。[2] 这意味着至少在"思想"这一新名词引进后，"学术"和"思想"大概也是近义词。

把"思想"和"学术"混为一谈，大致以梁启超为始作俑者（或有他人先说，然影响不广）。梁先生在清季写的《论中国学术思想变迁之大势》，当时即广为传播，后来更有持续的影响。胡适后来就说，他自己曾经"受了梁先生无穷恩惠"，那篇《论中国学术思想变迁之大势》"给我开辟了一个新世界，使我知道'四书'、'五经'之外中国还有学术思想"。[3] 注意胡适把"四书""五经"作为"学术思想"的对比参照物，提示出近代经典淡出之后，作为一个整体的"学术思想"，部分填补了社会无所指引的空白，其涵盖一度相当宽广。

惟就一般意义言，尤其在民初提倡"学术独立"且学科意识日渐明显以后，"学术"的范围似较"思想"狭窄一些——最典型的是现在一些学校的师生，常把"学术史"一词放在论文的序论之中，列举相关的先行研究，似不知世上本

1　君实（章锡琛）：《新文化之内容》，《东方杂志》第 17 卷第 19 号，1920 年 10 月 10 日，第 1 页。

2　钱穆：《中国历史研究法》，第 77 页。

3　关于胡适认知中梁启超对他的影响，参见罗志田《再造文明之梦：胡适传》，社会科学文献出版社，2015，第 61~63 页。

有"学术史"在。[1] 而"文化"则比"思想"宽泛许多——西方所谓"新文化史",便与通常所说的思想史大不相同。其中的心态史,尽管也被认为"有助于思想史的研究",[2] 其实是客气地表述了纠正和超越思想史的意思。[3]

在我孤陋的"常识"里,"学术"似偏于形而上,而"文化"更能容纳形而下。[4] 从这一视角看,今天的"学术思想史"已比梁启超当年提倡时大幅缩水;而"思想文化史"或拜全球"文化扩张"[5] 和"文化转向"[6] 之赐,更能借助"文化"那并吞八荒之势。但从长远些的眼光看,或许这些名相的定位和赢缩,都还处于未定的转型过渡之中。不过八十年前,陈垣便认为"什么思想史、文化史等,颇空泛而弘廓,不成一专门学问",

---

1　当然也有较宽泛的,如在 20 世纪 90 年代,相当一些人眼中的"学术史"就是不"以政治为中心"的"学术的历史"。参见罗志田《探索学术与思想之间的历史》,《四川大学学报》2002 年第 3 期;《学术史:学人的隐去与回归》,《读书》2012 年第 11 期。

2　雅克·勒戈夫(Jacques Le Goff):《心态:一种模糊史学》,雅克·勒戈夫、皮埃尔·诺拉(Pierre Nora)主编《史学研究的新问题、新方法、新对象——法国新史学发展趋势》,郝名玮译,社会科学文献出版社,1988,第 272~276 页。

3　因为思想史一般偏重上层精英经过反思而精心建构出的逻辑连贯的理性思维,而心态史则偏向日常生活层面不经意流露出的非理性意态。参见郑智鸿《雅克·勒高大的法式新史学》,台北:唐山出版社,2007,第 91~92 页。

4　文化部所管辖的"文化"种类,最能体现这一特性,即使是图书馆和博物馆一类与"学术"关联密切者也不例外。这些门类,恐怕也是比较趋新的"文化史"研究者才会关注。

5　"文化"的扩张是雷蒙·威廉斯(Raymond Williams)在其《文化与社会,1780~1950》(*Culture and Society, 1780-1950*)中的一个主题,他以为,现代用法的文化观念从工业革命时期进入英语思想,并在 19 世纪和 20 世纪不断扩张。此书至少有三个中译本:一是彭淮栋译,台北:联经出版公司,1985;一是吴松江、张文定译,北京大学出版社,1991;一是高晓玲译,吉林出版集团,2011(多一篇 1987 年版前言)。

6　参见 Fredric Jameson, *The Cultural Turn: Selected Writings on the Postmodern, 1983-1998*, London & New York: Verso, 1998; Victoria E. Bonnell and Lynn Hunt, eds., *Beyond the Cultural Turn: New Directions in the Study of Society and Culture*, Berkeley and Los Angeles: University of California Press, 1999。

也"无当于名山之业"，但"可以得名，可以啖饭"。[1] 可知那时思想史和文化史既是独立的，又是相关的；其研究者已可得名，也能找到工作，惟在眼光稍"旧"的学人眼里，其实还不是真正的学问。

从那以后，思想史、学术史和文化史之间的关联互渗一直在延续。我自己就蒙一些同人抬爱，被归入"思想文化史"学人的范围。但也有相当一些人认为我是研究"学术思想史"甚或"学术史"的。[2] 2018 年过年期间有幸见到一位有商业眼光的艺术家，已颇有些成功的创业实践，他说现在已到文化有市场价值也可以兑现的时候了。我旁边就坐着一位被认为很"有文化"的学长，深受鼓舞的我对他说，看来老兄就要"发财"了。但这位艺术家马上纠正说，你们那是学术，不是文化，怕还不能卖钱。

用现在流行的话说，分享改革红利的可能性已经延伸到文化领域，但尚未及学术。这虽有些让我们扫兴，却揭示出一个重要的问题：既然学术不是文化，那先后出现的"学术思想史"和"思想文化史"究竟是相似更多还是不同更多？这其实关涉到上面所说思想史的主体性问题：在这不同的搭配中，思想史究竟是主角还是配角呢？

这个问题的答案，估计也是见仁见智。民初马叙伦为北京大学研究所起草的整理国学计划，曾明言"学术本于思

1　陈垣：《致蔡尚思》，1933 年 6 月 24 日，陈智超编《陈垣来往书信集》，上海古籍出版社，1990，第 355 页。

2　如孙江教授在川大的研讨会上，就承认我在"学术史"方面还起过一些推动作用，但对我提倡从地方视角看历史的做法不甚以为然，暗示我已经思出其位了。

想"，[1]或可代表当时一些人的看法，却并非定论。大约同时，当少年中国学会的上海同人提出"多研究'学理'，少叙述'主义'"时，[2]巴黎同人就认为"学理、主义并非截然两事"，主义"即学理之结论"，而"学理即主义之原则"。[3]这里的学理和主义，大体即马叙伦所说的学术与思想（其间容有小异）。前者视其为对立的，后者则认为几乎是一事之两面，但少年中国学会的人显然都不同意学术本于思想，巴黎同人甚至有些倾向于思想本于学术。

回到前述的形上和形下的视角，尽管"学术思想史"在发展上有些内敛，但思想在其中至少与学术平分秋色；而在"思想文化史"中，思想固然搭上了文化的顺风车，却也可能因文化含义的扩展而失去了自身的矜持，无意中转换了认同。经济学家对"发展是硬道理"最感亲切，他们给各地方小吃开的"发展"方剂就是开连锁店。不过早年也听意大利人说必胜客做的披萨只是号称"意大利"，与意大利本地的披萨（当然也各有风味）很不一样。有时候，主体性的坚持或就在于矜持。如果肉夹馍像麦当劳一样营运，老陕们会不会和意大利人的感触相类，还真不可知（不过，也有年轻朋友提醒我，魏家凉皮的运作跟麦当劳很像，在北京的陕西人也认可它味道"正宗"）。

当年梁启超提出"学术思想"，可以说是振臂一呼，天下影从。而今日"思想文化"的流行，基本是众人拾柴火焰高

1　马叙伦：《北京大学研究所整理国学计画》，《新教育》第 3 卷第 4 期，1921 年 4 月，第491 页。这份计划先以不署名的方式刊发于《北京大学日刊》1920 年 10 月 19 日第 2~3 版、10 月 20 日第 1~2 版。

2　《上海同人致北京同人》，《少年中国》第 1 卷第 1 期，1919 年 7 月，第 38 页。

3　《巴黎同人致京沪同志》（1919 年 9 月 27 日），《少年中国》第 1 卷第 7 期，1920 年 1 月，第 57 页。

的成就。或许可以说，清末民初还是卡莱尔（Thomas Carlyle）影响广远的时代，他那本《英雄与英雄崇拜》，说出了许多人的心头话，故梁先生能一呼百应。如今世无英雄，却更能体现众人的力量。一种称谓的流行，可以形成于有意无意中；往往在使用者不知不觉、亦知亦觉的状态下就已众志成城，因而也不那么容易找出具体的"创始人"。

流行称谓的时代转变只是一个解码的提示，近代中国本是一个"过渡时代"，[1]其典型特征就是包括政治、社会、生活、思想、学问等各方面都乱而不定，总在一个紧张的状态中，没有整合出一个稳固的秩序。这样的全方位转化，今日或仍在延续之中。前述思想史、学术史和文化史之间的相关相异，就很能表现多元多歧而又互渗互动的过渡状态。

治史离不开名相，思想史、学术史和文化史更甚。名相的变幻虽可能产生乱花迷眼的效果，却并不掩盖其本身的重要性。惟既处过渡时代，尤其需要留意名相的惰性和时空变易性。因为近代中国方方面面的难以定型，很大程度上是因受外力冲击，古今中外的关联互竞，可以说无处不在，名相亦然。

二　名相的惰性和时空变易性

胡适一向看重文化的"惰性"，以为在多种文化的竞争和冲突中，不能采取折中的态度。如面临西方文化冲击的中国文化，就不宜强调自身的本位，而只能"努力全盘接受这个新世界的新文明。全盘接受了，旧文化的'惰性'自然会使他成为

---

[1]　梁启超：《过渡时代论》（1901年），《饮冰室合集·文集之六》，第27~30页。

一个折衷调和的中国本位新文化"。[1]

文化惰性的作用当然不必是直线性的，还有其灵动辩证的一面。在某种程度上，"传统有惰性，不肯变，而事物的演化又迫使它以变应变"，结果出现某种未必有意识的妥协，即传统"一方面把规律定得严，抑遏新风气的发生；而另一方面把规律解释得宽，可以收容新风气，免于因对抗而地位摇动"。从长远看，这样一种"相反相成的现象"或许还是常态。用钱锺书的话说，"传统愈悠久，妥协愈多"；而传统"愈不肯变，变的需要愈迫切"。一旦双方"不再能委曲求全"，妥协破裂，那就会出现根本性的大变。[2]

然即使经历这样的巨变，传统的惰性仍在起作用。据钱穆的观察，辛亥鼎革后，由于"历史惰性"的作用，不重主权争持而看重道义互勉的中国政治精神，"并不因辛亥革命而消失。革命后的社会民众，并不曾有一种积极兴趣来监视政府。其受传统文化陶冶较深的知识分子，还都想束身自好，在期待状态下准备献身于政治"（当然也有一些"受传统文化陶冶较浅的人"，更"易于接受新潮流"，遂投入政党以"争攫政权"）。[3]

故勒高夫特别强调，传统的延续性、终结性和间断性都是"社会本身在心理上再现的一种方式"。历史的惰性产生自"心理结构对变革的缓慢顺应性"，更多体现人的心理方面，而非物质方面。于是"驾驶汽车的人仍使用骑马者的词汇；19世纪

1 《一四二号编辑后记》（1935 年 3 月），季羡林主编《胡适全集》第 22 卷，安徽教育出版社，2003，第 255~256 页。并参见《试评所谓"中国本位的文化建设"》《充分世界化与全盘西化》（1935 年），季羡林主编《胡适全集》第 4 卷，第 578~583、584~587 页。
2 钱锺书：《中国诗与中国画》，《七缀集》，上海古籍出版社，1994，第 2 页。
3 钱穆：《国史新论》，生活·读书·新知三联书店，2001，第 114~115 页。

的工厂工人仍具有其农民祖先的心态"——"人们在使用自己发明的机器时，却仍然保持着较早时期的心理状态"。换言之，心理对变化的顺应不一定与物质层面同步，因为"心态的变化比什么都慢"。[1]

过去多把胡适所说的惰性视为一种消极意味的认知，但罗荣渠先生认为那是一种文化人类学视角中"颇有独到之见的文化'涵化'（acculturation）理论"，[2]在一定程度上实际化解了外来文化征服的威胁。而钱穆和勒高夫更是从积极意义看待惰性。他们都注意到特定时代根本性变革的发生（或可能发生），不过胡适关注的更多是空间的，而其他两位看到的则是时间的。其实正如马克思所说，"过时的东西总是力图在新生的形式中得到恢复和巩固"。[3]不论是时间还是空间，当根本性变革出现或可能出现时，传统不仅能以其本来面目延续，同样会以各种新的形式表现自己。

历史和文化有惰性，名相亦然。所谓"驾驶汽车的人仍使用骑马者的词汇"，就是一个显例。词汇本身是直白的，但使用者的指谓却可能是一种无意识的指鹿为马，仿佛模棱两可的隐喻。解读者若仅据字面义理解，而忽视名相背后惰性的作用，就可能形成真正的指鹿为马。

实际上，即使在所谓的承平时代，名相的多义也较为常

1　雅克·勒戈夫：《心态：一种模糊史学》，雅克·勒戈夫、皮埃尔·诺拉主编《史学研究的新问题、新方法、新对象——法国新史学发展趋势》，第272页。

2　罗荣渠：《中国近百年来现代化思潮演变的反思（代序）》，《从"西化"到现代化——五四以来有关中国的文化趋向和发展道路论争文选》，北京大学出版社，1990，第17~18页。

3　《马克思致弗里德里希·波尔特》，1871年11月23日，《马克思恩格斯选集》第4卷，人民出版社，2012，第496页。

见。刘知幾早就注意到：

> 同说一事，而分为两家，盖言之者彼此有殊，故书之者是非无定。况古今路阻，视听壤隔，而谈者或以前为后，或以有为无；泾渭一乱，莫之能辨。而后来穿凿，喜出异同。[1]

　　一个故事（此取本义）的产生本身，已经有口说和书写的两次歧异；而立言者和解读者的时空差异，也可能使言说本身出现被认知的时空异同，所以中国古人向来重视见闻、传闻和所传闻的差别，把言说的可知建立在区分其产生和流传渊源的基础上（详另文）。简言之，不仅著书立说者受其"所处之环境，所受之背景"的影响，读者同样容易"依其自身所遭际之时代，所居处之环境，所熏染之学说，以推测解释古人之意志"。[2]

　　熊十力就指出，乡下蒙师教《论语》，"字字讲得来，经师则以为不通"。而"经师自负讲得好，程朱陆王诸老先生又必以为未通"。于是读经讲经之事表现出明显的层次——"乡塾穷竖不通训诂，而经师非之；经师无神解，无理趣，不得言外意，而理学诸大师又非之"。同样的文字，"各人随其见地，以为领会"，实则"千差万别"。[3]

1　刘知幾著，浦起龙释《史通通释》，王煦华整理，上海古籍出版社，2009，第108~109页。

2　《冯友兰中国哲学史上册审查报告》，陈美延编《陈寅恪集·金明馆丛稿二编》，生活·读书·新知三联书店，2001，第279~280页。

3　《十力语要·答周生》，《熊十力全集》第4卷，湖北教育出版社，2001，第149页。

从更基本的意义言，如胡适所说：

> 古代哲学去今太远，久成了绝学。当时发生那些学说
> 的特别时势，特别原因，现在都没有了。当时讨论最激烈
> 的问题，现在都不成问题了。当时通行的学术名词，现在
> 也都失了原意了。[1]

过去的学说之所以成为"绝学"，是因为时势、原因、问
题和名相等皆已今非昔比，这是了不得的卓见。胡适提到的每
一项，都是治思想史、学术史和文化史必须考究而不能放过的
要素。只有回到学说发生当时的特别时势，认识到学说发生的
特别原因，关注那些现在以为不成问题而在当时曾讨论激烈
的"问题"，才有可能真正理解远去的"绝学"。同样重要的
是，胡适已明确点出：往昔通行的名相，后来可能已经失去原
意了。

陈寅恪已提醒我们，"一时代之名词，有一时代之界说。其
涵义之广狭，随政治社会之变迁而不同"。有时很大的"纠纷
讹谬"，即因这样的"细故而起"。[2] 故蒙文通先生指出："读中
国哲学，切不可执着于名相。因各人所用名词术语，常有名同
而实异者，故必细心体会各家所用名词术语的涵义，才能进行
分析比较。"若不清楚这样的含义，仅就名相字面义进行分析，

1　按，一向乐观的胡适认为，"别国的哲学史上，有时也曾发生那些问题，也曾用过那些
　名词，也曾产出大同小异或小同大异的学说。我们有了这种比较参考的材料，往往能
　互相印证，互相发明"。胡适：《中国哲学史大纲》卷上，商务印书馆，1987 年影印本，
　第 30~31 页。
2　《元代汉人译名考》，陈美延编《陈寅恪集·金明馆丛稿二编》，第 105 页。

所得只能是"皮毛",而"不着实际",[1]甚至可能出现上面所说的指鹿为马。

这是见道之识。同一名相在共时性的语境中已可能有异义,若在时代变更之后,"名同而实异"的可能性就大大增加。胡适也认为,"一个时代有一个时代的问题,即有那个时代的思想"。[2]何定生进而建议,研究历史要注意时空的"意识之流",即"一个地域(空间)、一个时代(时间)的某种文字结构或用法的大意识",而"其地域之人、其时代之人之意识——无论其为显在、其为潜在(即下意识)——皆于某种条件上取同一之倾向"。[3]

何定生的讨论虽仍侧重时空的限定,却强调了意识的流动性。而胡适更明确了只有思考和讨论那个时代的问题,才是"那个时代的思想"。由于"种种不同的时代发生种种不同的文学见解,也发生种种不同的文学作物",故"不懂得南宋的时代,便不懂得宋江等三十六人的故事何以发生;不懂得宋元之际的时代,便不懂得'水浒'故事何以发达变化",而"不懂得明末流贼的大乱,便不懂得金圣叹的《水浒》见解何以那样迂腐"。[4]

且不论胡适对《水浒传》故事及其相关认知的时代定位是否准确,历史上的"故事"或名相因时代变迁而产生某些"适应性"的转变,却是不可不留意的。通常所谓"时代的烙印",

---

1　蒙文通:《治学杂语》,蒙默编《蒙文通学记(增补本)》,生活·读书·新知三联书店,2006,第5页。

2　胡适:《中国哲学史大纲》卷上,第21页。

3　何定生:《答卫聚贤先生》,1928年10月18日,《国立中山大学语言历史学研究所周刊》第2集第22期,1928年3月27日,"学术通讯"栏,第75~76页。

4　《〈水浒传〉考证》(1920年7月),季羡林主编《胡适全集》第1卷,第516~517页。

很可能是无意之中打下的。如梁启超所说：

> 凡史迹之传于今者，大率皆经过若干年若干人之口碑
> 或笔述而识其概者也。各时代人心理不同，观察点亦随之
> 而异。各种史迹，每一度从某新时代之人之脑中滤过，则
> 不知不觉间辄微变其质。[1]

换言之，一个时代的思想不必是立言者有意要立异，甚至
可能完全无意想要异于其他时代，但名相的传播和传承都是通
过人来进行的，人各不一，而多少皆有其"个性"。一个名相
被特定的人接收和传播，便可能在"不知不觉间辄微变其质"。
遇到"个性"强的人，所变还会更大。名相流传中这样一种因
个性而成的微妙更易，不能不予以充分的注意。惟所谓时代思
想的特色，一方面同样具有上述受人人个性影响的异质性，另
一方面更有因思考和讨论所在时代的问题而形成的思想同质
性。一时代的思想异于其他时代，更可能因后者而凸显。

中国古代最重记录，[2]且一向看重对言与事的历史记载。[3]但
所记的不仅是已结束的"事实"之"本相"（reality），更多的
是要再现行进中的言与事（两者都以人为本）。盖过程永远是
重要的，时间的推移，可能影响甚至改变"事实"之"本相"。[4]

---

1 梁启超：《中国历史研究法》，《饮冰室合集·专集之七十三》，第 71~72 页。

2 参见罗志田《守先待后：史学在中国的地位及演变》，《中华文史论丛》2013 年第 1 期。

3 虽然史籍有"左史记言，右史记事"或"右史记言，左史记事"的不同记载，但特别
　重视言与事的记载则是肯定的。

4 参见 Joseph R. Levenson, "Liao P'ing and the Confucian Departure from History," in Arthur F.
　Wright and Denis Twitchett, eds., *Confucian Personalities*, Stanford, Calif.: Stanford University
　Press, 1962, pp. 320-321。

在主张温故知新、向有述而不作传统的中国，名相在沿用中意义的转变，尤其要予以特别的重视。

很多时候，观念或思绪的流行可以改变时风，也可能改变政治。反过来，生产、生活和政治的变化也改变思想。傅斯年说过，"在生活方式未改变"时，"传统是不死的"；"但若生产方式改了，则生活方式必然改；生活方式既改，传统也要大受折磨"。[1] 在社会发生变化尤其是根本性巨变时，普通意义的思想和具体的名相，都在这大受折磨的传统之中。相较而言，政治脉络是一时的，而思想自身的脉络是长远的。稍微高远一点的名相，如"道"在中国，永远有超时空的意义，同时也有在具体时空中的意义。

思想总在时空脉络中。所谓美丑，置于所在脉络中则美自美，丑自丑；时代不同，美丑各异，甚至可能颠倒。例如历史上有名的环肥燕瘦，表面看可能是汉、唐审美标准的转变，实则更多是因为看的人所欲看和所看的，以及看的和被看的角度、位置等发生了变化。不同的时代所欲看和所看的不一样，美丑也因那个时代而产生不同的意义。另一个例子是我们今天说的"景点"，如有名的滕王阁，那物质的阁基本是不变的，被看到的阁却是变化的——不同时代的人，以及同一时代不同的人，眼中的阁或许是不一样的。时风和世风都会影响看的人，仿佛不变的景点因而也可能呈现出千姿百态。

在某种程度上，时代的关注也是一种时代的表述，至少影响着时代的表述，使一个相对固定或稳定的事物有了可能

---

1 《中国学校制度之批评》（1950年），《傅斯年全集》第6册，台北：联经出版公司，1980，第124页。

非常不同的表现，也就有了不同的意义。且如钱穆所说，"世运与人物总是相随而来的。时代不同，人物也跟着不同"。[1]思想需要交换，也始终处于碰撞之中。特定名相的出现，尤其是引人注目的出现，不仅有其相应的场域，往往还有配套的名相跟着一起出现、走红、衰微……就像天才常常一群群地来，[2]其繁盛如此，其衰微亦然。

从发展的眼光看，所谓一时的脉络也是复数的，可能有多个"一时"，或"一时"又"一时"。一个名相在特定脉络中出现，就已经有了某种超时空的意义；而在每一个"一时"的脉络中，它虽全部或部分地反映着超时空的意义，却仍有其"一时"的意义。在每一个"一时"的脉络中，同一名相在共时性的语境中其实常有异义，这类"名同而实异"的现象，很大程度上就产生于德里克（Arif Dirlik）所谓不同"社会实践"所致的"在地化"。[3]

而且名相的每一次使用和再现可能都是一次创造。在一个新的或不同的脉络中，原初的动机（所欲言）就不一定有意义，或已转换意义了。可以说，名相后面的时间层次是多重的，它不仅有过去性、当时性，而且有（含带期待的）未来性；它不仅在（in）时间中，而且透过（through）时间发生，其使用也始终在当时和历时的竞争中。空间亦然。这或许就是葛兆

1　钱穆：《国史新论》，第 299 页。

2　参见王汎森《天才为何成群地来》，《南方周末》2008 年 12 月 3 日。

3　Arif Dirlik, "Ideology and Organization in the May Fourth Movement: Some Problems in the Intellectual Historiography of the May Fourth Period," *Republican China*, Vol.12, No.1 (Nov.1986), pp. 6~7. 此文中译本为阿理夫·德利克《五四运动中的意识与组织：五四思想史新探》，王跃、高力克编《五四：文化的阐释与评价——西方学者论五四》，山西人民出版社，1989，第 52~54 页。

光老师所谓思想史研究的"历史场景"。

名相不仅因时空不同而转换指谓，也因时空不同而改变其运用。怎样使用和表述名相，同样影响着其所指。故即使同一词语，在不同的时空场景中为不同的人使用，其指谓可能就很不相同。同理，解读的人因为时空的阻隔，也可能产生郢书燕说的效果。这样，名相的固定抽象意谓就大大减弱，其具体指谓则随时处于某种转变之中。甚至可以说，当名相被使用时，它就成为使用者在一定时空和文化之中用以表述自己、说服他人，或借以与不同意见者竞争的手段，而其意义也与这类有目的之"使用"直接相关。

朱自清便注意到，"文学批评里的许多术语沿用日久，像滚雪球似的，意义越来越多。沿用的人有时取这个意义，有时取那个意义；或依照一般习惯，或依照行文方便，极其错综复杂"。[1] 既然如此，很多词语的确切意义，其实取决于使用者及其使用本身。这就大大强化了解读的难度，但循此去理解，也可以深化我们对名相的认识。

一方面，名词术语可以说永远是时代的，故对一些类似"关键词"的基本名相，必须尽量回到其所在的"当时当地"去认识（因为随时空的转换，同样的东西可能有不同的含义）。另一方面，后人又往往援用前代的某些名词术语。后人既使用前人提出的名词术语，必然有接受继承的一面；而他们或多或少总是赋予其某些新的含义，以适应和因应其时代的要求，或

---

1 《诗文评的发展——评罗根泽〈中国文学批评史〉与朱东润〈中国文学批评史大纲〉》
（1946 年），朱乔森编《朱自清全集》第 3 卷，江苏教育出版社，1996，第 30 页。

借其表达自己想要树立的新义。[1] 故解读者又须遵循"随时随地"的取向，通过一次次具体的使用，仔细考察各种不同的人认知中特定观念的异同。

凡可能进入行动的名相都不仅是抽象的，更是可转化的，并经常在实践中因当事人的不同理解和活动转化为多种带社会性的概念。当名相所指称的事物处于能动状态时，在地情形对名相的影响更大。特定名相一旦在社会实践中被"在地化"为各种具体的内容，便不复为一个具有普遍意义的概念。故对于参与到社会实践中的名相，在尊重其普遍意义的同时，更要关注其在应用中发展出的"地方性"特色。[2] 由于这种实践中的转化，名相的指谓往往很难在纸面界定，需要从当事人的互动中挖掘和理解。

进而言之，名相的意义不仅在时间脉络中延续、固化、更易、增添、简化，也可能淡出甚或消逝。时代的更易可能促进人们"集体健忘"，留存在记忆中的，或不过"千头万绪简化为二三大事"。钱锺书担心的是，"旧传统里若干复杂问题"，新人"也许并非不屑注意，而是根本没想到它们一度存在过"。[3] 这是一个重要的提醒——如果想都不往某一方面想，就非常容易"以不知为不有"。[4] 然若本开放的意态，存探索的意向，则

1　依我的陋见，两者更多都处于有意无意之间，即使是有意地因应或创新，也在无意之中受其所处时空的限制，更不必说很多时候确是无意之中就表述出其所在时代的声音了。

2　这类在地情形对名相指谓的影响，或也是一种人类学看重的"地方性知识"。参见 Clifford Geertz, *Local Knowledge: Further Essays in Interpretive Anthropology*, New York: Basic Books, 1983。

3　钱锺书：《中国诗与中国画》，《七缀集》，第 3 页。

4　傅斯年曾强调："以不知为不有，是谈史学者极大的罪恶。"《战国子家叙论》，《傅斯年全集》第 2 册，第 435 页。

尽管"一种风尚每每有其扩衍太过之处，尤其是日久不免机械化，原意浸失，只余形式"，在梁漱溟看来，这些僵化的形式虽"不再是一种可贵的精神，然而却是当初有这种精神的证据"。[1]

从历史遗留的僵化形式中看到原初可贵的精神，首先要有想看的意愿。所谓人的"主观能动性"，有时可以起到关键的作用。史家和普通人的区别，或正在于是否去"想"那一度存在的已逝往昔，特别是前引胡适所说当时当地的时势、原因、问题和通行名相背后那已失的"原意"。

更进而言之，新眼光的出现有时也会发现、发展甚或发明旧事物的意义。如过去为科举考试所编的参考书，向为真正的学者所轻视，却甚得胡适的青睐，以为这反映了一种系统的"整理"观念，[2]真可以说是"化腐朽为神奇"了。同样，明末清初顾炎武、黄宗羲关于地方士治的言说，到清末就被不同程度地发现、发展或发明出了特定的新意（详另文）。

从梁启超开始，黄宗羲的《明夷待访录》就被附会以卢梭的《民约论》[3]或美国的《人权宣言》。直到今天，言《明夷待访录》必称启蒙思想（当然是西方意义的）者仍大有人在。黄宗羲其实不知道恐怕也不在乎什么启蒙思想，故这类新见或已有点过度诠释的意味。但看重文本独立性和读者主体性的人会

1 《中国文化要义》（1949 年），《梁漱溟全集》第 3 卷，山东人民出版社，1990，第137~138 页。

2 《〈国学季刊〉发刊宣言》（1922 年 11 月），季羨林主编《胡适全集》第 2 卷，第 11 页。

3 梁启超：《论中国学术思想变迁之大势》（1902 年），《饮冰室合集·文集之七》，第 82 页；梁启超：《清代学术概论》（1920 年），朱维铮校订，上海古籍出版社，1998，第 18 页；梁启超：《中国近三百年学术史》（1923~1924 年），《饮冰室合集·专集之七十五》，第46~47 页。

认为，解读永远是个别的，带有时代性和空间性。经典的历久弥新，自有其超越时空的意义，一定程度上也表现在不同时空的读者总能有体现自身特色的领悟。

余论：习惯名相的模棱

一般而言，能说得上经典，总要多少超越于时空。如果它们的含义都不能定于一，其他时空属性更强的文本和名相，就更不容易得出说一不二的确解。若承认名相的模棱本是一种常态，便允许解读者发挥"不求甚解"的精神。面对特定的史事、具体的名相，或不如放弃对斩钉截铁般"定论"的追求。娜塔莉·戴维斯（Natalie Z. Davis）在与芬莱（Robert Finlay）辩论何为历史真相时说：

> 我处处看见复杂和多歧的现象；在继续寻求更确切的知识和真相时，我愿意先接受推想出来的知识和可能得出的真相；……而罗伯特·芬莱以简单明晰的线条来看待事物；他希望得到绝对的真相，以直白而一目了然的言辞建立起来的真相，没有任何含混模棱之意。[1]

历史本身其实充满了繁复、多歧和不确定的现象，遗存的史料亦然。在搜集到较多史料并试图据此说明史事的"所以然"时，稍深入的研究者常会发现史料提示着不止一种解

---

1 Natalie Z. Davis, "On the Lame," *The American Historical Review*, Vol. 93, No. 3（June 1988）, p. 574；Robert Finlay, "The Refashioning of Martin Guerre," *The American Historical Review*, Vol. 93, No. 3（June 1988）, pp. 553−571.

释，且可能没有一种达到所谓"绝对真相"的程度。在这样的情形下，是追求以直白而一目了然的言辞表述出一种没有任何含混模棱之意的绝对"真相"，还是在继续寻求更确切的知识和真相时，先接受据史料推想出的知识和可能得出的真相，并将其微妙之处和不确定性展现给读者，是所谓"新史学"和"旧史学"的一个重要差异。

　　前引胡适所说经典淡出后"学术思想"代"四书五经"而兴起，便有些"道亡而后思想作"[1]的意味。思想固然总在时空脉络中，却也有着超越时空的意义（如前述中国过去的"道"）。治思想史者，既需要探求名相那超时空的意义，也可以借径于时空，就时空脉络解读名相。而且我们可能不仅需要习惯于名相的模棱，还要容忍对史事不那么"系统全面"的认知。

　　对那些喜欢据字面义说肯定话的学者来说，以"过渡"为特征的中国近代或是一个不幸的时代——满汉的紧张尚在淡出，中西的对立已飘然而至。[2]再加上天下崩散所带来的世界与中国的错位、国家（state）与社会的紧张，以及城市兴起而导致的城与乡的对立，[3]那时名相的混杂多义尤为显著——不仅有历时性的惰性延续，还有不同空间的文化碰撞，表现为古今中外的多重混搭。不论旧有的还是外来的名相，往往带有难以"定于

1　这是套用孟子所说的"《诗》亡然后《春秋》作"。

2　在中西碰撞之初，那些汉人士大夫明明视西人为夷狄，在奏折和公文中却又非常谨慎地尽量回避夷狄字眼，实即不得不用非夷狄的名相来述说他们心目中的夷狄，甚难将息。

3　近代"天下"发生了多重演变和转化，至少可以说向外转化成了"世界"与"中国"，向内转化成了"国家"与"社会"。这是具有根本性的大问题，当另文探讨。一些初步的看法，可参见罗志田《把"天下"带回历史叙述：换个视角看五四》，《社会科学研究》2019 年第 2 期。

一"的多义，也常因解读者的因素而出现不同的认知。在思想史、学术史和文化史中，名相的模棱恐怕是过渡时代一个极为常见的现象。在这样语境下的学问表述，若套改陈寅恪的话，很可能"言论愈斩钉截铁，去昔人之真相愈远"。[1]

同理，这样语境下的思想史研究，也很难做到今人喜欢的"系统全面"。[2] 彭慕兰（Kenneth Pomeranz）教授在芝加哥大学 2015 年毕业典礼的演讲中说，那些"完整"的历史著述常常通过聚焦一个国家，赋予其一个单一、普遍和永续的特性，以整合成为故事。其实各国内部情形并非同质化，也都不曾孤立而不受外部影响。若史家以为自己对史事已足够了解便下定论，最容易"把寻常的新线索拒之门外"，恐怕"不完整性"才是应当追求的。[3] 他所说的针对性更为宽泛，但也适用于名相的模棱。在思想史的研究中，或许我们可以考虑彭老师对芝大学生的号召——"为追求不完整性而奋斗"（striving for incompleteness）。

1　陈寅恪的原话是："言论愈有条理统系，则去古人学说之真相愈远。"《冯友兰中国哲学史上册审查报告》，陈美延编《陈寅恪集·金明馆丛稿二编》，第 247 页。

2　在各级机构的学术创新要求压力下，现在连很多学生的论文都喜欢把"首次系统全面"地做了什么什么列为创新点，尽管"系统全面"似乎更适宜让那些较资深的学人去尝试。

3　芝加哥大学网站上有彭慕兰演讲的全文，https://convocation.uchicago.edu/page/speakers_2010.shtml。

跨学科的思想史[*]

——以"废科举"的讨论为例

王汎森[**]

2005 年，当废科举百年时，我曾在中研院近史所做过一次发言，其中以"传讯系统"（signaling system）的观念来说明"废科举"使得行诸久远的一套识拔人才的"传讯系统"失灵了。因此，在本文一开始，我要强调"人的现象"包含各个方面，可以从历史学、心理学、社会学、哲学、经济学等各种方面来了解。许多历史现象可以从其他学科得到"说理的资源"，社会科学便是其中一种。在比较深入地考虑废科举与传讯系统这个问题后，我认为这个主题所要讨论的主要有两点：第一是人群学

---

* 本文是我在复旦大学文史研究院"第一届思想史高端论坛"上的报告，因为是演讲稿，所以未能详细作注，敬请读者谅察。

** 王汎森，台湾中研院历史语言研究所。

（prosopography）的问题。凡涉及人群与人群之间的事务时，不管是人才的选拔、好坏的评价制度等，因为人们无法一一直接接触，加上"真理"不会从天而降，所以往往有以下将会讲到的种种特质（譬如"相互不透明性"），故需要一套"第三者机制"。第二，我个人以为经济学的"传讯机制"是一种"第三者机制"，可以借用来解释晚清废科举事件，而上述两者是密切相关的。在本文中，我将先讨论"人群学"中的五种特质及"第三者机制"的形成，我个人认为这五种现象及"第三者机制"是了解许多制度或现象的一个辅助。接着，我以"科举"与"传讯机制"为例来说明之。

一

首先，我想要花费一些笔墨讨论数目较大的人群与人群之间所会产生的五种现象。

第一，人们习惯从"全知全能"的角度来理解事物，然而许许多多的事物其实在相当程度上是未知的。当人群之间产生交涉时，相互之间基本上是不透明的，所以人才的识拔也一样应从相互不透明的想象出发。

第二，任何"呈现"基本上都只是部分的，不是全部的。以对人才的识拔为例，任何时代被认为好的人才，都只是所有关于好的人才定义中的一部分，被人们所识认的才能也是某人的部分才能，而不是一种笼统的所谓"全方位"的能力。

第三，既然在实际上没有全知全能，没有全方位，一切都只是部分的，那么便有"什么是什么"或"什么等于什么"的问题。这条思路使我想起17~18世纪的圣公会教师巴特勒（Joseph Butler）的话：自由即是自由，自由不"等于"其他东西。20 世纪的政治思想家以赛亚·伯林（Isaiah Berlin）便常常引用他的话，拒绝为自由再作定义。[1]而美国思想家伯克（Kenneth Burke）表述"什么是什么"，[2]便也在这个时候悄悄走进我们的思维世界，在什么"等于"什么之下，有许多可能性，而且它的定义经常随着时代环境而改变，譬如什么时候人们觉得"德"等于"才"，什么时候"美丽"等于白胖，什么时候"美丽"等于棕褐色的皮肤，又如什么是"人才"。在西方，"人才"是能操办各种事务的干才。在清朝，所谓"人才"是指擅长八股考试的人。

在涉及人群与人群之间的实务时，"什么"等于"什么"便是经常要面对的挑战。每年我都要为一个基金会审查数以百计的申请补助计划书，顾名思义，我的责任是要选出值得补助的研究计划。但是，如果问什么主题等于是"好"的历史研究计划时，我注意到，包括我在内的委员们，每每会受到史学新潮的影响，通常很容易被计划书中出现的一些概念或字眼所吸引，如"新文化史""医疗史"等。计划审查如此，日常生活亦如此。以前人们崇拜理性与科学的力量，所谓的"好"是指尽量改变自然（如以真皮皮箱换一个塑料做的箱子）；现在所谓的"好"则往往是尽量保持自然、偏好有机。以前偏好化工产品，现在则偏好天然、无添加物的产品。

1　叶浩：《以撒·柏林》，台北：联经出版公司，2018，第 177 页。巴特勒的原文见引于 Isaiah Berlin, *Four Essays on Liberty* (Oxford: Oxford University Press, 1969), pp.49, 125。

2　伯克说"我们总是用一个别的东西来定义一个东西"（We necessarily define a thing in term of something else）。见 Greig E. Henderson, *Kenneth Burk: Literature and Language as Symbolic Action* (University of Georgia Press,1988), p.25。

　　第四，"未来"是不透明的，人们通常在思考未来该做什么、该怎么做时，往往需要依靠各种符码的暗示。正如哈耶克所说的，人在无垠的道路上摸索前进时，对规则不是事事思考而决定是否跟随，往往是先服膺再想。[1] 因为事情往往具有"部分性"，所以每个时代在不同的情境中选拔人才时，往往会突出几个特质，并将它们作为传讯的符码。譬如在东汉魏晋乡举里选的时代，人们评鉴人才时，要依靠许多"名目"。譬如《晋书·武帝纪》载，晋武帝"令诸郡中正以六条举淹滞"，这六条分别是忠恪匪躬、孝敬尽礼、友于兄弟、洁身劳谦、信义可复、学以为己。这些"名目"便是人群与人群沟通的"符码"。在这些"符码"的传讯下，官方尽量依这些"名目"选人，而百姓也尽量表现出符合这些"名目"的行为以求中选。以今天的眼光看来，这些"名目"与政府或公司所希望征求的人才特质是有不小出入的。人群与人群沟通的"符码"或"传讯符号"都有形成的过程，有些可能是偶然出现的，有些则是顺应时代现实而刻意设计的，但它们总是带着"部分性"。

　　第五，人群与人群之间基本上是相互不透明的，所以任何评价的确立，往往需要一个"参照系"。这就好像在网络评价尚未出现之前，一群游客初次走进风景区的老街，要如何在无数烤香肠的摊贩中选择较好的一家？如何在一个满是温泉的区域选择一家汤屋？除了装潢的好坏之外，初来乍到的人要透过什么沟通"符码"进行选择？是 ISO 认证，是执照，

1　"Notes on the Evolution of System of Rules of Conduct," Friedrich August von Hayek, *Studies in Philosophy, Politics and Economics* (Chicago : University of Chicago Press, 1967), pp.66-81.

还是悬挂的名人照片、电视台报道，或是依靠排队人龙的长短，或是按招牌的新旧程度来选择？

由于在人群与人群的互动中，经常出现上述五种特质——相互不透明及未知性、部分性、什么等于什么、传讯符码、参照框架，所以涉及"第一者"与"第二者"之间，譬如政府与广大人民、雇主与求职的人潮等，既不能靠着古书中所说的逐一"貌阅"来进行，[1] 再加上其他复杂的因素，则往往要靠"第三者"，即一套机制（set-up）来沟联。"评价"、"选择"、"制度"（或非制度性的机制），[2] 乃至一般人所认可的"真理""好坏"等，也不必然都是"从天而降"的，它们往往要经过一套"机制"来产生。不过这里要强调一点，第三者机制通常不是由上述五个人群学的特质所派生，但是在形成过程中却与它们有相当密切的关系。

第三者机制有各式各样的形式，有时是一套制度，有时是福柯所说的"真理产生的机制"（regime of truth）。福柯认为"真理"不是从天而降的，在"我"与"物"之间有一套"机制"（set-up），经过这套"机制"，也就是"论述"（discourse）才产生所谓"真理"（truth）。[3] "机制"往往需要镶嵌在特定的社会脉络里才能成立，而不是完全随机的。而它并不是我

1　隋朝政府针对广泛的不实人口及规免租赋的现象而实行"大索貌阅"。"大索"是大搜索，"貌阅"是对人口当面审税。

2　譬如对明清时代税收的研究，有人便发现在图甲图表中有一些总户的户名，从明代万历年间直至清末皆保持不变。总户和子户都不是现实生活中的一个家庭单位，族人透过子户和总户的关系向官府纳税。参见片山刚、陈志和记录整理《明清时代的王朝统治与民间社会——关于两者接点的户之问题》，《广州研究》1986 年第 6 期，第 63~64 页。

3　Paul Veyne, *Foucault: His Thought, His Character* (Cambridge: Polity Press, 2003)，pp.93，59.

们所能完全掌握的。[1] 所以"什么等于什么"之间要经过"机制"的媒介，真理不是从天上自然而降的，只有根据"论述"才能 tell the truth，或是他称之为 truth game。人们在一个特定的时刻说某些东西，而对其他的却又从不说起，在某一特定时间，则有某些事可能被想看、想说的，它们是稀有的，是无形状的。福柯说，正因为所谓真理有一个运作机制，所以宣扬仁爱的古代基督教却从未想过废奴这件事。[2] 正如沃尔夫林（Heinrich Wölfflin）所说："不是所有的东西在任何时间都是可能的（Not absolutely everything is possible at absolutely any time）。"[3] 政治学者詹姆斯·斯科特（James C. Scott）在《国家的视角：那些试图改善人类状况的项目是如何失败的》（*Seeing Like a State: How Certain Schemes to Improve the Human Condition Have Failed*）一书中讲到，政府是透过各种"指标"来了解、治理国家。各种"指标"即是一组组"机制"，它们梳理或简化事实，[4] 经济预测、景气灯号、教育评鉴等指标使得复杂的状态可被观察。指标只是实际事物的部分表征。然而没有各种指标，人们还真不知道有什么立即有效的办法描述一个国家的经济状况。从各式各样的人群现象中，几乎都可以看到不同样态的"第三者机制"。

"沟通理论"（communication theory）的研究也在讨论"中介性机制"，讨论人们如何透过这些中介性机制来治理国家

---

1 Paul Veyne, *Foucault: His Thought, His Character*, p.99.

2 Paul Veyne, *Foucault: His Thought, His Character*, pp.57, 95.

3 Paul Veyne, *Foucault: His Thought, His Character*, p.102.

4 James C. Scott, *Seeing Like a State: How Certain Schemes to Improve the Human Condition Have Failed* (New Haven: Yale University Press, 1998).

等，也出现"第三者机制"的现象。譬如伯恩哈德·西格特（Bernhard Siegert）提到了"第三序"（the third order），作者认为在"第一序"与"第二序"进行沟通之时，需要有一个"第三序"。"第一序"可能是"俗"，"第二序"可能是"圣"，而"第三序"则是沟通它们的"机制"。在一段关于人类学的调查中，作者发现"闲话"其实经常是两个人开始正式进入沟通时必要的。先以一段"闲话"表示沟通的开始，就像沟通两端的电报，经常是以一段噪声开始，所以"第三序"发挥沟通第一、二序的作用。又如门，它对沟通门里（第一序）、门外（第二序）起着非常重要的作用。此外，作者还举出了其他许多所谓的"文化技艺"来说明。[1]

在 *Files: Law and Media Technology* 一书中，作者讨论 File 这种管理信息的文件形式的出现如何帮助德意志帝国的治理。[2] 如书中所显示的，法官、律师是靠着法律"案卷"（files）来治理广大的司法事务。案卷中固定的格式甚至限定或筛选了什么要被记录在案的数据。而且在"案卷"中记录的不一定就是真正发生的事，譬如一个青年学生骑摩托车超速，向警察求情之后，被开了一个罚款更少的罚单（譬如摩托车误入人行道），而这就变成了此后处理这类案件的依据。

我个人所得到的印象是，沟通理论中所讨论的"文化技艺"或"第三序"，往往在人群"沟通"中起着重要的中介作用，这与我前面所提的第三者的"机制"有关却不尽相同。我

---

1 Bernhard Siegert, *Cultural Techniques : Grids, Filters, Doors, and Other Articulations of the Real* (New York : Fordham University Press, 2015), pp.20-22,192-205.

2 Cornelia Vismann, *Files : Law and Media Technology* (Stanford, Calif.: Stanford University Press, 2008).

要讲的是一种在万人对万人的格局之下，没有从天而降的"真理"或一眼即可望穿的"才具"，要靠第三者"机制"才能"传讯"出所谓的"真理"或精英的"才具"。

二

萧伯纳认为，政治说到底不过是一种"量人"的工作，[1] 而许多时代却发展出不同的"量人"的办法，"科举"是隋唐开始形成的一套量人取才的制度。从广大的人民中选取人才，涉及广大人群与人群之间的事，不可避免地会有前述讨论的五个特质。由于人的才能是不透明的，没有一个人具有"全方位"的才能，人才不是可以直面的，所以要用一套第三者"机制"及"参照系"来选拔，在传统中国是科举考试，而不同时代的科举考试需要一套套沟通符码以鉴别考生的才能。同时，考生们也极力想趋近这些标准，这些符码的变化往往带动了士风与文风。

上述特色都使人想到经济学中的"传讯机制"。"传讯机制"是在一个市场情境中，人们传达关于自己的讯息（people transmit information about themselves in a market like situation），讯息是以指针或讯号的形式传递的（information is transmitted via indices and signals）。[2] 我的第一个设想是，显然涉及人群学的，

1　George Bernard Shaw, "Government presents only one problem: the discovery of a trustworthy anthropometric method," George Bernard Shaw, *Man and Superman: A Comedy and a Philosophy* (Westminster: Archibald Constable & Co. Ltd.,1903), p. 228.

2　Michael Spence, *Market Signaling: Informational Transfer in Hiring and Related Screening Processes* (Cambridge : Harvard University Press, 1974), p.107.

在无名大众之中的制度、"筛选"（人才、道理）或其他所谓的文化技艺（cultural technique），是不是可以用这五个前题来考虑。它们不一定是天然的，有些现实形成的时代成因、过程，以及更迭的历史，而"科举"是其中一个好例子。

"传讯系统"是经济学理论。20世纪60年代，贝克尔（Gary Becker）提出"人力资本论"，论教育培养人才的能力；而斯宾塞（Michael Spence）则认为人才是靠"传讯机制"来识拔。我个人以为传讯系统是一套"机制"，它也具有前面所提到的五个元素。识拔的标准是片面而主观的，没有人能"真正"了解成千上万人的能力，甚至所谓"真正了解"一语到底是不是一个正确的表达方式，也值得考虑。而且所谓某某人有没有能力也是部分的，没有一种可以对个人的"全部"才能、德性一览无遗的判断机制。[1]

就像朱敬一教授所说的，"传讯"源于交易双方所拥有的讯息不对称，既然无法直接沟通，只好求助于"传讯"。譬如商人或劳工皆须透过讯息的传递，让别人知道谁是"优质"的。常用的例子是如医疗保险市场或二手车市场，如果一部二手车外表打理得非常光鲜，则它的车况包括是不是在台风来袭时泡过水，基本上从外表是看不出来的，这时如果祭出"半年免费维修"，则可以"传讯"车况。[2]

斯宾塞的传讯理论已经应用到许多方面，如劳动市场、教

---

[1] 历史上有些即是在一般人眼里最不能视为才能的，在特定的情境下，可能发挥正面的作用，在其他情境下却是微不足道的。譬如，清代皇帝见臣下时每每留下"考语"，每个时代认为可以大用的"考语"多有不同。见冯尔康《清代人物传记史料研究》，商务印书馆，2000，第489~494页。

[2] 朱敬一、林全：《人力资本论与教育传讯论》，《经济学的新视野》，台北：联经出版公司，2010，第77~82页。

育理论、契约订定、竞争行为、产业发展乃至公共政策之形成，远远超出我的能力所能掌握的范围。在这里我仅以他的经典名著 *Market Signaling: Informational Transfer in Hiring and Related Screening Processes* 一书中所举的市场中的传讯机制为例，谈市场的传讯机制经常要问的几个问题。而如果我们把书中讨论市场中征人与应征者的种种关系，想象成是科举考试中考官与考生的关系，则有相当程度的仿佛性。以雇佣市场为例，如雇主用什么"符码"来传讯他们所偏好的人才？而这些"符码"由什么决定，符合他们的需要吗？"符码"何以一直改变？它们有完成传讯的需求吗？人们了解雇用者或政府不想传讯的东西吗？在市场中，雇用者用什么"符码"展示其对人才的优劣判断，而应征者如何理解？应征者如何努力以符合那些"符码"的特质（譬如考科举时，把八股文写好一点）？以公共政策为例，如果政府将长照纳入健保，这即是一个重要的信号，那么人们的理财规划（如存老本）便会有所不同。如果政府将买房的贷款利率降低或提高，即显示政府想要鼓励房市或打压房市。一个环评委员会的组成中，如果政府将生态派环评委员换掉，代之以产业派委员，这也等于送出一个讯息，表示政府想以产业为重，而这则讯息也将改变投资者的计划。

如果用"传讯"来解释科举，在一个广土众民、人才不知散在哪个角落的帝国，用什么方式来"量人"，决定一个人可以进入仕途或判定一个人是"忠"或"奸"？凭着"科举"，这个帝国似乎得到一个并不一定让所有人满意，但是相对稳定、公平、便利的解决办法。借用斯宾塞的"传讯系统"的观念，则"科举"是一套识认人才的"传讯机制"。有些时代是以对经书解释程度的高超与否作为传讯符码，有些时候是以"八股文"的好坏作为传讯符码，好似认为八股文做得愈好就表示他愈有聪明才智，愈为忠诚，愈有资格成为精英。

如果把科举想成一套传讯机制，那我们可以考虑以下问题：正如"传讯"系统有声望高低之别，不同时代的科举系统的信赖程度亦有所不同，政府如何维持科举的信赖度？考官对抡才大典的可能结果随时在揣想着，考官也想从各种表征中去区别出人才的优劣，一如公司征才时，雇主们想从应征者的履历、举止、态度、衣着中看出一些端倪。[1] 而考生也会依据当时文风所显现的传讯符码（commutative code），尽量改善自己，尽量"投其所好"。考官会渐渐形成一些沟通符码，而这往往受时代风气的影响。在某一个时代，人们认为边疆的知识重要，在其他时代，人们认为金石学的知识重要，正如《凌霄汉阁谈荟》一书中所说："壬寅（1902）、癸卯（1903）、甲辰（1904）乡会试，着重时事、经济、科学、西方政俗，皆生员所未曾学得。"[2] 上述四种"沟通符码"——时事、经济、科学、西方政俗，成为考官的偏好，若连续一两科获取的都是这一类的文章，则广大的考生便会尽量设法趋近它们，尽可能增进或改变自己可被观察的表现，使自己看起来更吸引人，造成士人风气的变化。沟通符码的形成很值得探讨，譬如一样都考八股文，但八股文中的许多细节甚至字体的差异都是不同的传讯符码。正因为才能是不透明的，所以前前后后才会发展出许多考试的方式，这些考试方式即"沟通符码"，让人们知道在哪些方面表现才能

1　*Market Signaling: Informational Transfer in Hiring and Related Screening Processes*, pp.5–13. 我把斯宾塞书中讲到市场中征人与应征者之间的传讯设计改换成科举中的考官与考生。

2　徐凌霄：《凌霄汉阁谈荟》，徐凌霄、徐一士著，徐泽昱、徐禾整理《凌霄汉阁谈荟　曾胡谈荟》，中华书局，2018，第176页。

获得考官青睐。明清科举制度的八股文是其中之一，在明清时代，考官们透过八股文的好坏"钓"出考生的才能。考官之所以用八股文来"钓"出考生的才能，是因为当时人们或多或少相信八股文的好坏，即可大致看出一个人的才能、性情。一如买者在买的当时，不完全知道所买之物的真正品质，所以可能依赖名牌来做选择。

从传讯机制出发来了解清末废科举，可以把我们的注意力引向几个重点。首先，废科举可以理解为传讯系统的崩溃，而在经济学中对传讯系统崩溃所进行的研究很多，可以借鉴。清代末年科举与新式学校之间的竞争，就好像贝克尔与斯宾塞的争论的翻版。科举理解人才的方式，比较接近斯宾塞；而清末新式学校的逻辑，则比较接近贝克尔人力资本的说法，把人化为可以直接应用于生产的资本，而不是像传讯系统透过一种不一定跟"内容"相关的传讯来进行。

我对"传讯机制"的了解是很少的，而且其中有许多是我的扩大想象。不过无论如何，提到跨学科的研究，不是要成为那一科的专家，而是想借此打开一个比较宽的视野，提醒我们问一些原先不一定会去问的问题。接着我想以它为引子讨论与废科举有关的几个值得关注的现象。

三

废科举是将行之千年的一套仕学合一的传统切断。虽然之前经过不短时间的酝酿，是一株已经被反复推、摇了不短时间而终于枯死的大树，但当科举被正式废止时，仍然是一件惊天动地的大事，许多人都惊慌失措、如丧考妣。废科举在思想文化上之影响很大，目前已有的研究十分丰富（如艾尔曼、罗志田、关晓红等，无法在此一一列举），大致而言都倾向同意自科举这条大动脉被斩断之后，旧文化、社会、政治的传统失所依恃，许多原来的社会系统崩溃，许多原先处于边缘的或新加入的分子得以成为主流，或是成为主流之一。仕学合一传统之中断、四民秩序之崩溃、上层与下层社会沟通机制之中断、"自然知识"压过"规范知识"、士的"自我边缘化"、思想文学的解放、多元价值观之出现、新知识分子之产生、新式职业社会之出现、乡绅社会之解体等都是比较明显的现象。

个人以为在废科举之后，如果以"传讯机制"理论为引子，下面几点是值得注意的。

第一，由于科举是一个行之千年的选拔精英的传讯机制，它的中断使得谁可以成为精英成为一个暧昧、可疑的问题，因而产生了各式各样传讯机制，有的是旧制度的，有的是多元叠合，或者是各种花样。在传讯中断时，买方与卖方，也就是官方与百姓都在寻找对方的存在，猜测有限讯息或谣言到处横行。由于没有讯息被传达出来，人们只能用先验猜测的平均值来当作和政府互动的基础。

第二，"沟通符码"的问题，也就是质问"什么等于什么"的变化，但这并不意味着这些传讯符码都是在上位者或某些人可以任意决定的，事实上"什么"等于"什么"，总是受时代氛围或风气的形塑，而且它有产生有利结果的一面。有时候某种氛围或某种风气是由居于领导地位者所引起，譬如君主的爱憎影响一代学术风气。张舜徽《壮议轩日记》举例说，清仁宗时白莲教乱平，曲阜的衍圣公具疏入贺。朝廷优诏褒答曰："愿卿昌明正学，正学明则邪说自熄。"张舜徽说，从此士大夫表彰

"正学"之文盛行，如程晋芳《正学论》、蒋琦龄《崇正学》之类，张认为由此可知有某些时候一代学术之转变，"又不可不取资于当时诏命也"。[1]

一些特殊的"符码"，譬如八股文、小楷、试帖诗，虽也可以用来鉴别智力、学养、性情，但是如果要选拔实干的人才，而不只是在翰林院中优游涵泳，备位清华，点缀太平，八股文等"符码"便显得有些牛头不对马嘴了。后来改试策论，时事、经济逐渐成为考题内容，使得"什么等于什么"产生了一定的变化，后来大量考科学、西学时，"什么等于什么"又有了重大的变化。

废科举使得许多沟通符码失效，许多与这些符码相关的，也就是与八股文化远近相关的种种政治、社会、文化都失去其依附的根据而彻底动摇了，同时也因为"旧"的动摇，每每使得"新"的出现成为可能。不过因为是传讯机制的中断，是买方卖方关系的中断，"仕学合一"的传统中断，与符码有关的政治、社会、文化等元素失去附着之处，并不是彻底地被否定或排除，而是从接榫处散碎开来漂浮各处，或处于边缘，并非全然消失。

第三，在后科举时代，功名的传讯功能并未完全失效。它虽不再是唯一，也不再被视为理所当然，但它可以转换成社会声望，或与其他有效力的传讯机制结盟。晚清末年，许多人去日本留学获取一个文凭，或是加读法政或速成学堂，形成以旧功名与新功名复合的"复合传讯"或"接力式传讯"。因为有各种不同的传讯管道出现，形成了多元竞合的情况。这些新

1　张舜徽：《壮议轩日记》，周国林点校，华中师范大学出版社，2018，第103页。

的、多元的传讯机制是什么，如何产生？这是很值得探讨的。舒新城在《我和教育——三十五年教育生活史（1893~1928）》中提到，他一度进"地方自治研究所"，因为当时人们认为"地方自治研究所"毕业之后即可以在地方做"绅士"，[1]可见当时人对新的管道有一些复杂的换算方式。而且当时人际网络的性质也产生微妙的转变。如王锡彤《抑斋自述》中所显示的，在废科举之后，原来由旧功名者所形成的网络，很快地与日本留学归国者所形成的新功名网络嵌合在一起，[2]互相援引，互相合作，在官、商社会中形成新的精英群体。

第四，在纷然并置的传讯渠道中，有"强传讯""弱传讯"之别，两者竞争、交织，不能简单地以废科举后一切皆中断来解释。事实上，"科举"这个持续千年的主要"传讯机制"中断了之后，仍然余音绕梁，[3]并且与其他的传讯渠道互相竞合。所以，这整个变化是由一个稳定、单一、权威的传讯管道，变成像"物联网"般，许多想不到的事物都在发挥传讯的功能，成了"无所不在的传讯机制"。但整体而言，对大部分的人来说，废科举切断了主动脉，至少对一般人来说，不再存在一个共认的标准／渠道来鉴别进入仕途的精英，变成可能是靠关系、找推荐、拉派系，甚至拐、骗、夺各显神通。用舒新城

1　舒新城:《我和教育——三十五年教育生活史（1893~1928）》，广东人民出版社，2016，第55页。

2　如王锡彤在自传中说:"李敏修为学务公所议长，王静波为高等学堂监督。大抵由日本留学生推荐，又由同乡京官推荐。"见王锡彤《抑斋自述》，河南大学出版社，2001，第125页。

3　参考张仲民《"不科举之科举"——清末浙江优拔考及其制度性困境》，《历史研究》2019年第2期，第63~81页;《"非考试莫由"? 清季朝野关于己西优拔考试应否暂停的争论》，《学术研究》2019年第7期，第108~117页。

的话是"各奔前程"，[1] 或是用吕思勉的话说，变成一个"侥幸社会"[2]——侥幸得之，侥幸失之，不像科举功名的阶梯那样有标准可循。后来吕思勉写过若干文字鼓吹文官考试，多少也是对"侥幸社会"的不满。而且精英形成的管道变得混乱而不可预测，才有《郑超麟回忆录》中所提到的"绅士大换班"，[3] 说以前的老绅士死了，谁可能替换上去，多少是可以猜到的，可是在废科举及辛亥革命之后，变得不可预测了。

第五，多元叠合的"传讯机制"。我们可以比较确定地说，在废科举之后，确认谁是精英成了一个困扰的问题，尤其是在地方社会。但清末官方始终想以一套比照的方式来应付这个问题，以学堂的文凭比照科举的功名，奖励出身、特科进士等，名目繁多，不一而足。废科举之后的"比照"风，可从徐珂编的《清稗类钞》"讥讽类"的"洋进士洋举人"条看出端倪："科举时代之进士、举人，略如欧美日本之学位。宣统己酉，学部奏酌拟考试毕业游学生章程，中有分等给奖一条，列最优等者奖给进士，列优等、中等者奖给举人。各冠以某学科字样，习文科者称文科进士、文科举人，他科仿此。顽固之人以若辈皆自东西洋游学而归也，辄以异路功名视之，谓之曰洋进士、洋举人……游学生既经学部考验合格，分别等第，于保和殿举行廷试，即科举时代之殿试也。廷试须作经义一篇，题由钦命。主试、襄校、监临、临试、提调、收掌、弥封、庶务、监场各官，一切职掌，与向之乡、会试情形大相类似。盖朝廷

---

1 舒新城：《我和教育——三十五年教育生活史（1893~1928）》，第87~88页。

2 吕思勉：《职业教育之真际》，李永圻、张耕华编撰《吕思勉先生年谱长编》，上海古籍出版社，2012，第194页。

3 《郑超麟回忆录》，东方出版社，2004，第115、119页。

之于学校，固仍以科举视之耳。"[1]从这一段文字可以看出，一方面是在"学校"与"科举功名"之间不停地附会比照，另一方面也让人感觉清廷仍多少希望把"华衮之权"，也就是"传讯机制"的主动权掌握在自己手里，同时也在两个渠道之间——一是以"学校"养成人才，一是以"科举"甄选人才，取得一个比照。一般百姓也如此期待着，傅斯年回忆说，他在中学堂读书时，每次回家乡，总有人问他："几时出官？官有多大？"而当清廷决定停止比照出身时，一些家长便把小孩从学校叫回家。

这种双元比照式的"传讯"系统废止之后，进入多元传讯系统乃至一团混乱的时代，官方提出的一套，百姓却未必能全然适应。学校系统的各级学历究竟何时成为一个比较稳定的"传讯"系统，或它是否真的接替了科举废除后所留下的空白，仍然值得探讨，至于民国政府的文官考试是不是形成一个新的有力的"传讯机制"，也仍值得考虑。[2]事实上到今天，科举残留的影响仍然可以在我们的教育系统看到。

第六，前面提到废科举及辛亥革命之后鉴别精英的方式大幅改变，造成了所谓"绅士大换班"，成为新精英的管道变得不可预测。"传讯机制"理论提醒我们在"科举"这个持续千年的官民之间的大动脉中断之后，应该注意"名"（norm）与"实"（reality）两者之间竞合性的发展。如果把"名"与"实"分开看，则可以发现在废科举之前，两者之间已逐渐分道扬镳了。根据一份 1895 年至 1905 年 40 名上层士绅出路的统计，始

1　徐珂纂《清稗类钞》第 4 册，中华书局，1984，第 1678~1679 页。

2　请参考徐兆安的博士学位论文（布朗大学，2018）。

终走在科场道路，在书院执教或其他生活方式的仅有 5 人，另外有 13 人曾赴日留学或考察，有 18 人在学堂或学务处工作，2 人从事新军或警务，7 人曾参与公司创办。而在另一 1895 年平均 23 岁下层士绅出路的统计表中，仅有 4 人继续科场生涯，其余 42 人皆到国内新式学堂或日本接受再教育。[1] 1905 年废科举之后，虽然在"名"的层面上，学校教育系统取代了科举，成为培养人才的管道，文凭成为新的传讯机制，而且也在相当大程度上替换了科举。但是 20 世纪 20 年代对于学校系统，有种种的不放心，一方面希望用"会考"来保证其教育水平；另一方面，还有督学对各级学校的监督。在国民革命军北伐成功之后，高普考也渴望成为像是旧科举那样的抢才大典，然而实际上，高普考出身而担任高官者不如预期的多。[2] 所以实际上不一定是 A → B → C 的递嬗，反而是一些原不在科举、学校范围内的传讯符码出现了。譬如五四运动中的各级学生领袖，所谓"吃五四饭的"，成为新的青年精英。后来在主义盛行的时代，"主义者"或"党证"成为新的、强势的传讯凭借。

在叶圣陶的《倪焕之》中，北伐的风潮吹到江南小镇，素行不良的豪绅蒋老虎（蒋士镳），他懂得外面的新风潮正万马奔腾地冲过来，而加入新的革命党是成为新的领导精英的前提。他开始焦急地对他平时经常责骂的儿子、已经加入革命党的蒋华说："民国元年，我也加入过国民党，现在还是要加入，你就给我介绍一下吧。"蒋华说："我这里有空白表格，填写了

1　应星：《社会支配关系与科场场域的变迁——1895~1913 年的湖南社会》，杨念群主编《空间・记忆・社会转型——"新社会史"研究论文精选集》，上海人民出版社，2001，第 224~238 页。

2　徐兆安：《以考试清算学校：1920 与 1930 年代中国的教育破产论与会考实验》（未刊稿）。

就可以去提出，待我解释一下，谅来一定通过。"当蒋老虎一再表示担心时，蒋华说："革命不是几个人专利的，谁有热心，谁就可以革命！"[1] 新的识别精英的"传讯系统"，是靠一张"党证"而不是科考，也不必拥有多少财富，甚至不必为地方做过什么贡献。正如蒋华说的，唯一的资格应该是"谁有热心，谁就可以革命"。果然，地痞蒋老虎不久即在革命军到达小镇时站在最前列。

在茅盾的《子夜》里也提到了党证作为一种新的传讯符码，"一瞧那黑色硬纸片，就知道是'中国国民党党证'。这一乐非同小可"，有这张党证的，即可称"党老爷"，对内可以威慑父亲，"他知道有了这东西，便可以常常向老头子逼出大把的钱来放开手面花用"。[2] 至于对外，茅盾刻画得很好："我是有党证的，我想到什么衙门里去办事！"以前的说法应该是："我是有科名的，我要到什么衙门去办事！"

如果从"传讯机制"的角度来考量，那么民国建立之后有许多摸索的情形，便不再只是笑谈，而是很值得注意的历史现象。如 1914 年，北京"考知事"，参加者数千人，大多是前清耆宿。[3] 又如 1925 年，湖南赵恒惕为澄清吏治，也隆重举办考县长，并请章太炎为考试委员长，报名应考者 450 余名，预定录取 60 人。考试分甄录试、初试、复试，前两轮为笔试，复试

1　叶圣陶：《倪焕之》，人民文学出版社，2008，第 220 页。

2　茅盾：《子夜》，人民文学出版社，1978，第 103、105、104、287 页。

3　"北京考知事者数千人，以知事资格送验者数千人，加之政治议员、约法议员，率皆前清耆宿。一班清流名士，搜访无遗……今大局渐定，一班青年志士死者死、逃者逃，中央不一顾及，乃搜求一班亡国之清流以为坐〔座〕上客，又甄录一班嗜进无耻、热衷利禄之恒流以充塞庶位，欲以勤求治理，殆其难哉！"见王锡彤《抑斋自述》，第 203 页。

为口试。第一场所出论题为"宰相必起于州部论"，第二题为"问区田防旱，自汉至清皆有成效，今尚可行否？"[1] 当时颇引起许多新派人士的嘲笑。

第七，何炳棣形容科举制度是"成功的阶梯"，非常鲜活地描绘出它的特质。尤其是科举成功的本质，是一种从秀才、举人、进士逐级而上的"纵向机制"。它的传讯机制的设计是特殊的，基本上依靠文章的好坏而决定是否录取，在整个过程中，几乎只是靠考官与试卷之间的单独沟通，考生获得功名与否跟他平时的行为是否合乎规范，是否与他人通力合作，是否参与地方事务，是否组织社会工作，是否参与慈善事业等毫无关系，所以我形容这是一个"纵向型"管道。但废科举之后，出现了一些新的传讯机制，带有横向动员、组织的特质，如党人发动群众、组织群众，其他在职业社会中成功的管道亦每每与人群的各种活动有关，所以形成了我所谓的"横向社会"。在当时许许多多新传讯机制都有往"横向"发展的特质。

第八，前面已经提到应该把"名"与"实"分开来考虑相关问题，来关注实际发挥"传讯"功能的是哪些符码，也就是废科举之前与之后真正发挥"传讯"的是什么力量，则有赖于斯通（Lawrence Stone）所说的"人群学研究"，包括从人群学的履历分析中，看出什么才是真正产生精英的传讯符码。[2] 这

---

1 汤志钧：《章太炎年谱长编》下册，中华书局，1979，第 818~820 页。

2 我认为近代中国经历几次大变之后，士人的生涯安排出现了不循故常的轨迹，最为重大的有几次，如甲午战败之后，一大群士人选择放弃早先士人的生涯轨迹，只要略略搜读一些年谱，即可以看出这个变化，如谭嗣同在甲午之后放弃考据方面的兴趣。另一个生涯安排方式的重大变化是废科举前后。在废科举之后，原先拥有各级功名的人，其履历的轨迹亦产生大变化。

件工作并不困难，我认为第一个可以着手的工作是分析民国以来不同时期所编印的各种"名人录"，如桥川时雄的《中国文化界人物总鉴》，其中所开列的履历提供了丰富的样本可供分析。此外，如徐友春主编的《民国人物大辞典》，或陈玉堂编著《中国近现代人物名号大辞典》，或"国史馆"所编《国史馆现藏民国人物传记史料汇编》，不一而足。由其中所开列的履历进行人群学的统计分析，即可以不太费力地了解在废科举之后，旧功名人士后来的出路以及新传讯机制等相关问题。譬如了解在某一个特定的时间点，社会精英的出身如何？旧功名人士在何时逐渐消失于历史舞台？新学堂的学生何时接管了原先功名之士的地位，成为社会精英的主角？留日学生及留学欧美的学生呢？以上各种身份的复合体（即既具有旧功名，同时又留学日本，双重出身的读书人）呢？各种军校、党校毕业的学生呢？除了上述之外，人们通常透过什么样的网络获得精英的地位？

从许多年谱、日记中也可以看出一些端倪，如《雪苑戀叟忆往》中便有一些比较简单的观察。井俊起似乎相当关心当时政、军、官场及其他方面人物的出身，所以每当他提到某人任某职之后，往往会附加一笔说明对方系何种出身。从这本小书中可以看到，旧功名人士→旧功名兼留日→以上人物加上法政学堂、各种师范毕业生→新学堂学生→留美学生、军校毕业生，依序出现在历史舞台上。[1] 当然这只是一个大概的情形，上述人物往往同时活跃于官场，而北伐之后党国体制的形成是一

---

1 《雪苑戀叟忆往》，中国人民政治协商会议河南省委员会文史资料委员会，1990，第17~93 页。

个重要的断限。从此以后，许多原先占有精英地位的人物，因为无法融入新的党国体制中而被逐渐边缘化了。

结　语

正如我在本文一开始所提到的，跨学科的资源不是为了指导我们如何研究，而是作为同行的伙伴，其任务之一是提醒我们忘了关注哪些现象，并问那些我们早已忘了怎么问的问题。从这种伴行的关系中，是不是能够帮助我们注意到原先因为种种原因而忽略的层面及问题。

本文试着用传讯机制提供一套分析语汇，来讨论废科举与近代教育的研究。过去若干有关这个问题的分析框架往往停留在一种机械式的功能论上面。称颂变革者，固然认为变革应于时用，所以理所当然；质疑变革者，也未尝不是以旧系统也有其功用，新政策不见得那么有用等说法来做辩护。围绕韦伯式问题的讨论亦然：韦伯认为科举所考的内容是经典，不是专业化的知识，所以不理性；反对者则认为，经典知识以及文辞技巧，都是可以转移的知识，可以在帝制社会行政中应用，所以有其理性。这些讨论，都预设了"用"可以直接认知、测量、判断。"传讯"（signaling）的概念，让我们悬置这种预设，去把握人为决定与事物内容之间种种的关系。当然"传讯"之成立，也镶嵌在特定的社会脉络里面，不是完全的随机。

本文是从思考一个常见的历史问题开始的：任何涉及人群与人群之间的事务，不管是官与民，聘方、受聘方，买方、卖方，甚至是大桥下等候雇用的零工，在大部分的时候，是不可能一一实际接触的，其才能是不透明的，一切是未知的、不完整的，无法单独说明自己的。而且对于什么是才能的定义也是变动不居的。因为上述特性，所以如果是在人群中涉及什么是才能，如何选择人才，甚至"什么是真理"，也往往不是"天经地义"或"从天而降"的，它们往往需要靠第三者，靠一种"第三者机制"作为沟联的平台，科举或其他许许多多的制度即是例子。

第三者机制涉及许多问题，如"沟通符码"的内容及其形成等。借助"第三者机制"，或许可以帮助我们推测历史上许多制度的形成、运作及其限制。借助"传讯机制"理论，是希望能增加一些观看历史现象的视角，看是不是能提醒自己一些原来不会问或不这样问的问题。如果把"传讯机制"中的买方与卖方、聘方与受聘方等转换成科举考试中的官方与考生，或是转换成其他许许多多我们在官、私场合都会碰到的性质相近境况，是不是可以得到原先为人们所忽略的视角与看问题的方式。

最后，我要强调，"传讯机制"是无所不在的。一个公司如果过度提拔创造短期利益的员工，它所造成的传讯效果，可能使公司上下趋于短利而有不好的后果；[1] 一个政府如果过度提拔作风严苛的官吏，也将造成政治风格的变化；如果政府反复表扬贞节，那么社会风俗也将随之而变，不一而足。所以，人们可以运用传讯机制来考虑历史现象的地方是很多的。正如我在本文中一再强调的，对于经济学的"传讯"理论，我只有皮毛

---

1 Michael Spence, *Market Signaling: Information Transfer in Hiring and Related Screening Processes*, p.78. 斯宾塞认为有九个有关市场传讯机制的问题，值得进一步探究，参见 Michael Spence, *Market Signaling: Information Transfer in Hiring and Related Screening Processes*, pp.110–111。

的了解，基本上是以它作为一个"引子"来开拓我的思考。所以，本文中引申、想象的内容已经远远超出经济学传讯理论的范围。我只是想用这个例子，来说明到别的学科去吸收一点养分是有益的。历史工作如此，思想史亦是如此。

思想史中的文学与社会

从思想史的角度看晚明白话文学

大木康 *

序　说

从中国整个历史进程来看，晚明时代是其中的重要转折点之一。晚明文坛的一个显著特征，即《三国志演义》《水浒传》等白话小说的大量刊行。"忽如一夜春风来，千树万树梨花开"，我们困惑的是，为何在这一时代突然涌现出浩如烟海的白话小说？这是一个相当宏大的课题，要寻求个中答案，有必要从多个角度予以考虑。首先，毋庸赘言，《三国志演义》《水浒传》等长篇作品大量地以印刷品的形式面世，直接得益于当时如日中天的

* 大木康，东京大学东洋文化研究所。

出版业。之前笔者已经对明末出版文化的相关状况做过若干考察。[1] 然而，晚明出版业的发达不过是白话小说繁盛的物质背景而已。问题在于，较之过去能够刊行更多的书之后，为何所刊行者是白话小说？

"白话"为何？简单来说，中国的语言如果从某一地域来考虑的话，可以分为方言、官话、白话、文言这几个层级。其中文言、白话为书面（文字）语言，方言、官话基本上是口头语言。

无论是谁，牙牙学语时所习皆为方言。此后由于生活环境、生活经历等的不同，有人终其一生都只会说自己生身之地的方言，有的人能说当时的标准口语（即官话），还有人读书识字、掌握书面语言——文言、白话。人们对语言的使用情况基本是呈这样一种三分结构。总体而言，语言的分层大致与社会的阶层相对应。占中国人口之大多数的农民，大部分都生活于自己的方言世界；而欲通过科举入仕为官者以及在各地奔波的客商，则势必对文言、官话、白话运用自如。

中国的每个地区都有自己的方言，它们之间的差异甚大。某地区的方言与另一地区的方言，有时甚至难以对话。因此，社会上就需要一种人人皆能听能说的标准语，才能克服方言之间的交流障碍。这种标准语即为官话。将官话以文字形式固定下来，即为白话。我们不妨暂且做这样的简单定义。

白话资料之历史，并非肇端于明末。如果将任何人说的话原封不动地记录下来的文字都称作白话，那么像之前的《论

1　大木康『明末江南の出版文化』研文出版、2004。中文版《明末江南的出版文化》，周保雄译，上海古籍出版社，2014。

语》，它就是一部孔子的语录，因此白话可以说是自古就有的。如果要探求晚明白话更直接的渊源，或可追溯至北宋开始大量编集的禅宗僧人语录以及之后受禅宗语录影响而纂成的《朱子语类》。它们并未将宗师话语转换成文言，而是原汁原味地记录下来。然而，将某人所说的只言片语依原貌以文字形式固定，并非轻而易举之事。白话表记法之发达，非成于一朝一夕，而是从禅宗语录、《朱子语类》等前代相关典籍中不断汲取营养，逐渐发展、改进、完善而成的。历此漫长的磨砺淬炼，才有晚明时期白话小说之诞生与勃兴。

"三国""水浒"等故事在被固化为文字、以白话小说形式出版以前，很早就是民间口耳相传的说话艺术。从现存文献来看，中国说话艺术的飞跃性发展是在宋代。例如，追忆北宋都城汴京之繁华盛况的孟元老《东京梦华录》卷 5 "京瓦伎艺"条，即记述了当时市井瓦肆中演艺活动的情形，其中可见混杂于小唱、杂剧、傀儡戏、皮影、杂技等形形色色民间艺能中的"讲史""小说"等说话形式及其表演艺人。在对说话艺术的记述中，"讲史"有孙宽、孙十五、曾无党、高恕、李孝详，"小说"有李慥、杨中立、张十一、徐明、赵世亨、贾九，"说三分"有霍四究，"五代史"则有尹常卖。"说三分"即为讲《三国志》的故事。

昔日说话艺人口中的《三国志》故事逐渐定型为文字，成为人们手中捧读的书，其初期作品，为藏于日本内阁文库的"全相平话"（插图本历史故事系列丛书）之一的《全相平话三国志》。它与明代嘉靖年间刊刻的《三国志通俗演义》相比，篇幅较为短小，通假字、俗字也屡出，显然是一个民间的文本。

嘉靖本《三国志通俗演义》之开头所附庸愚子序文有曰：

> 前代尝以野史作为评话，令瞽者演说。其间言辞鄙
> 谬又失之于野，士君子多厌之。若东原罗贯中，以平阳
> 陈寿传考诸国史，自汉灵帝中平元年、终于晋太康元年
> 之事，留心损益，目之曰《三国志通俗演义》。文不甚
> 深，言不甚俗，事纪其实，亦庶几乎史。盖欲读诵者，
> 人人得而知之，若诗所谓里巷歌谣之义也。书成，士君
> 子之好事者，争相誊录，以便观览。[1]

此处所谓"士君子多厌之"的"评话"，或许即指"全相
平话"之类。该序文云《三国志通俗演义》乃是应"士君子"
之好而刊刻，从中不难看出它从口头的说话艺术作品演变发展
为真正意义上的长篇小说——白话小说之历程中，"士君子"之
力不容忽视。

短篇白话小说集"三言"之编者冯梦龙（1574~1646），被
誉为明末通俗文学之旗手。他毕生未能在乡试中上榜考中举
人。尽管冯梦龙终其一生仅为生员，但若将其置于社会全体层
面来考虑，并不能否认他实际上是一位在统治者阶层占有一席
之地的士人。他在深层意识中，乃以心系经世济民、承担文化
引领者之责的"士君子"自居。冯梦龙正是站在士大夫的立场
上，对庶民文艺——小说、歌谣等寄予满腔热忱。从这一意义
而言，他与《三国志通俗演义》序之作者庸愚子所处的立场是

1　庸愚子：《三国志通俗演义序》，罗贯中：《三国志通俗演义》，人民文学出版社，1975，
　　第2b~3a页。

一致的。[1]

毋庸置疑，明末白话小说繁盛的背后，当时士大夫所发挥的力量不容小觑。问题在于，晚明士大夫缘何对本是庶民生活圈中的昔日难登大雅之堂的白话故事饱含热情呢？本文将以"白话"作品何以在此时代大量问世这一问题为主轴，对当时士大夫与民众之关系做一简单的发掘和观察。

一　自上而下

晚明士大夫因何热衷于白话？依笔者看来，理由大致有二：一方面是"自上而下"，即士大夫们有意将自己所处阶层的伦理道德渗透至下层民众间，也就是所谓的"教化"；另一方面乃"自下而上"，即处于社会上层的士大夫对下层民众的价值观念予以积极认可，并身体力行，主动融入其中。首先不妨看看"自上而下"这一条线索的情况。

"自上而下"，即将白话小说视作教化之利器。体现这一思想的典型，就是冯梦龙所编的短篇白话小说集"三言"之序。《古今小说序》中介绍了历代小说的发展流变史，认为每个时代都有与自身相合的文学形式。接着又云：

> 大抵唐人选言，入于文心；宋人通俗，谐于里耳。天下之文心少而里耳多，则小说之资于选言者少，而资于通俗者多。试今说话人当场描写，可喜可愕，可悲可涕，可歌可舞；再欲提刀，再欲下拜，再欲决脰，再欲捐金；怯

1　关于冯梦龙，请参考大木康『馮夢龍と明末俗文學』汲古書院、2018。

者勇，淫者贞，薄者敦，顽钝者汗下。虽小诵《孝经》
《论语》，其感人未必如是之捷且深也。噫，不通俗而能
之乎？ [1]

文言小说（唐代传奇）之艺术性不可谓不高，却难入芸芸
众生之耳目，天下才识富赡之读者少之又少。而白话小说语言
通俗浅显，无艰深晦涩之弊，因此无论愚、慧、贤、不肖，但
凡识字者皆能不费吹灰之力地读懂，进而在心灵最深处为之震
颤和感动。所以就作品于人的影响力这一点而言，白话小说之
功用是远在儒家经典《孝经》《论语》等之上的，这就是它的价
值。简而言之，就是采用较文言更通俗易懂的白话，能使教化
普及至更多的民众。与此观点类似，《醒世恒言》序曰：

　　六经国史而外，凡著述皆小说也。而尚理或病于艰深，
修词或伤于藻绘，则不足以触里耳而振恒心。此《醒世恒
言》四十种，所以继《明言》《通言》而刻也。明者，取其
可以导愚也；通者，取其可以适俗也；恒则习之而不厌，
传之而可久。[2]

这里毫不隐讳地否定了因"病于艰深""伤于藻绘"而
"不足以触里耳而振恒心"的士大夫文学。此外，它还指出
《警世通言》书名中的"通"，乃是取其可以"适俗"之意。《警

1　绿天馆主人：《叙》，冯梦龙编撰《喻世明言》，徐文助校注，缪天华校阅，台北：三民
　　书局，1998。
2　可一居士：《原序》，冯梦龙编撰《醒世恒言》，廖吉郎校注，缪天华校阅，台北：三民
　　书局，1995。

世通言》序中又云：

> 里中儿代庖而创其指，不呼痛，或怪之，曰："吾顷
> 从玄妙观听说《三国志》来，关云长刮骨疗毒，且谈笑自
> 若，我何痛为？"夫能使里中儿顿有刮骨疗毒之勇，推此
> 说孝而孝，说忠而忠，说节义而节义，触性性通，导情情
> 出。视彼切磋之彦，貌而不情；博雅之儒，文而丧质。所
> 得竟未知熟〔孰〕赝而熟〔孰〕真也。[1]

其认为通俗文艺对于人的影响是极为深刻的。较之"切磋
之彦，貌而不情；博雅之儒，文而丧质"的士大夫文学，通俗
文学能在更深层次上触及人们的心灵，更直接地带给人们种种
感动。

与白话小说的价值相关联，《警世通言》序中还有一段颇有
意思的文学作品虚构论：

> 野史尽真乎？曰：不必也。尽赝乎？曰：不必也。然
> 则去其赝而存其真乎？曰：不必也。（中略）其真者可以
> 补金匮石室之遗，而赝者亦必有一番激扬劝诱、悲歌感慨
> 之意。事真而理不赝，即事赝而理亦真，不害于风化，不
> 谬于圣贤，不戾于诗书经史。若此者，其可废乎？[2]

显而易见，此序的观点是文学上的真实与事实上的真实

1　无碍居士：《序》，冯梦龙编撰《警世通言》，徐文助校注，缪天华校阅，台北：三民书
　　局，1983。

2　无碍居士：《序》，冯梦龙编撰《警世通言》。

是泾渭分明的两回事，不宜将二者等量齐观。因所记述之情节并非事实（即虚构）而以往屡受诟病的白话小说，在虚构中亦能包含另外一种义理上的真实（即"事赝而理亦真"）。"真"与"赝"并非绝对对峙，而是可以相互转化的。"三言"中所收录的诸多因果报应、劝善惩恶的作品，"赝"（虚构）的味道非常浓重。然而，尽管它们从事实上来讲属"赝"，但由于揭示了扬善戒恶之"理"，"不害于风化，不谬于圣贤"，从这一意义上说它们又是"真"的作品。这是该序文所持的基本态度。

"六经国史而外，凡著述皆小说也。（中略）以《明言》《通言》《恒言》为六经国史之辅，不亦可乎？"（《醒世恒言》序）此论认为白话小说堪与经史著作并列，两者价值不相上下。这一宣言之深层思想基础，正是以上对白话小说"事真而理不赝，即事赝而理亦真"之辩证性评断。《警世通言》序中对编纂于民众教化有百利的白话小说集之目的，有如下叙述：

> 《六经》《语》《孟》，谭者纷如，归于令人为忠臣，为孝子，为贤牧，为良友，为义夫，为节妇，为树德之士，为积善之家，如是而已矣。经书著其理，史传述其事，其揆一也。理著而世不皆切磋之彦，事述而世不皆博雅之儒。于是乎村夫稚子、里妇估儿，以甲是乙非为喜怒，以前因后果为劝惩，以道听途说为学问，而通俗演义一种，遂足以佐经书史传之穷。[1]

1　无碍居士：《序》，冯梦龙编撰《警世通言》。

此段文意非常清楚明了，即通过让人们读小说而引导他们成为"忠臣、孝子、贤牧、良友、义夫、节妇、树德之士、积善之家"。一言以蔽之，小说可作为警世、教化之利器。统治者为了达到这一目的，对于文化水平不高的民众自然使用妇孺皆易懂易解的语言——白话。

以上大致观察了"三言"序文对于白话所持之态度。诸如此类的声音并非"三言"之孤响，它也不时回荡在明末其他文人对小说、戏曲等的相关论述中。例如，人们较为熟知的王阳明《传习录》卷下中的一段：

> 先生曰："古乐不作久矣。今之戏子，尚与古乐意思相近。"未达，请问。先生曰："'韶'之九成，便是舜的一本戏子；'武'之九变，便是武王的一本戏子。圣人一生实事，俱播在乐中。所以有德者闻之，便知他尽善尽美，与尽美未尽善处。若后世作乐，只是做些词调，于民俗风化绝无关涉，何以化民善俗？今要民俗反朴还淳，取今之戏子，将妖淫词调俱去了，只取忠臣孝子故事，使愚俗百姓人人易晓，无意中感激他良知起来，却于风化有益。然后古乐渐次可复矣。"[1]

本段叙述了取忠臣、孝子题材的戏剧，俾民众观之，由此激发他们的良知，从而起到教化之效。陶奭龄《喃喃录》卷上则将戏剧作品比拟成《诗经》，认为它们可分为颂、大雅、小雅、风等几类：

---

1 吴光等编校《王阳明全集》上册，上海古籍出版社，1992，第113页。

> 若夫西厢、玉簪等诸淫媟之戏，亟宜放绝，禁书坊不得鬻，禁优人不得学。违则痛惩之，亦厚风俗、正人心之一助也。[1]

文中云应禁绝《西厢记》《玉簪记》等"淫荡"之戏，此同样是从能否"厚风俗、正人心"这一角度来衡量评判戏剧作品之优劣高下的。

田仲一成《中国祭祀演剧研究》第二篇第二章第一节"乡居地主系社祭演剧的戏曲类型"中，把明末的日用类书《新镌增补类纂摘要鳌头杂字》里所见的戏剧对联分为忠孝类、节义类、风情类、功名类、豪侠类、仙佛类等若干类别，其中豪侠类和仙佛类仅有名目，其下未收录对联实例。"要言之，(1)忠孝类、(2)节义类、(3)功名类等鼓吹体制道德和体制内立身、保守地安抚民心的剧目占据了压倒性比重（近九成)"，此"无非是手里握有社祭演剧剧目选择之实权的乡居地主阶层，对乡民强制推行和灌输体制道德的结果"。[2]

另外，吕坤编纂了多是教化内容的《小儿语》、《续小儿语》以及《演小儿语》。其中《演小儿语》是一部歌词为教育内容的童谣集，意欲通过小儿歌唱此类童谣，达到教育他们的目的。吕坤在《续小儿语》中有如下言论：

> 小儿皆有语，语皆成章，然无谓。先君谓无谓也，更

1　王利器辑录《元明清三代禁毁小说戏曲史料》（增订本），上海古籍出版社，1981，第268页。

2　田仲一成『中国祭祀演劇研究』東京大学出版会、1981、351頁。

之。又谓所更之未备也，命余续之。既成刻矣，余又借小
儿原语而演之。语云，教子婴孩。是书也诚鄙俚，庶几乎
婴孩一正传哉！乃余窃自愧焉。言各有体，为诸生家言则
患其不文，为儿曹家言则患其不俗。余为儿语而文殊不近
体。然刻意求为俗，弗能。故小儿习先君语如说话，莫不
鼓掌跃诵之，虽妇人女子亦乐闻而笑，最多感发。[1]

无论一部作品的内容多么高妙，都必须使人理解其语言。
倘若存在语言隔阂，那么那些深思妙论都不过是缥缈的空中楼
阁。这一观点，与以上所见"三言"之序文等无疑是不谋而
合的。

此外关于白话，不得不提及明末时编纂的白话教材。大家
所熟知的，或即张居正等为教育年仅十岁就即位的万历帝而编
的《帝鉴图说》。这是一本包含历代帝王事迹的教科书，每则
事迹均先以文言书写，再加上"解"，即用白话写成的解说，
而后又附以直观的图画"图说"。不妨以"戒酒防微"条为例
看看其具体情况：

夏史纪禹时仪狄作酒，禹饮而甘之，遂疏仪狄，绝旨
酒，曰："后世必有以酒亡国者。"

〔解〕夏史上记大禹之时，有一人叫做仪狄，善造酒。
他将酒进上大禹，禹饮其酒，甚是甘美，遂说道："后世之
人，必有放纵于酒以致亡国者。"于是疏远仪狄，再不许

---

1 《吕氏遗书》道光七年序刊本所收《续小儿语》。

他进见，屏去旨酒，绝不以之进御。[1]

如上例所示，该书中"解"的部分，就是将正文以白话形式加以疏解。张居正《进帝鉴图说疏》有曰：

> 今臣等所辑，则媺恶并陈，劝惩斯显。譬之薰莸异器，而臭味顿殊；冰镜澄空，而妍媸自别。且欲触目生感，故假像于丹青；但取明白易知，故不嫌于俚俗。[2]

由此可见，编者乃是为了将劝善惩恶之内容通俗浅显地传授给学习者，故在书中附以图画和"不嫌于俚俗"的白话解说。

另外，张居正还有以白话讲解经书内容的记录传世。例如《四书经筵直解》之《论语》部分：

> 有朋自远方来，不亦乐乎？
> 朋是朋友，乐是欢乐。夫学既有得，人自信从将见那同类的朋友皆自远方而来，以求吾之教诲。夫然则吾德不孤，斯道有传，得英才而教育之，自然情意宣畅可乐，莫大乎此也。所以说不亦乐乎。[3]

在张居正看来，万历帝年幼登基，故有必要刊刻此类书籍作为其教科书。这一事件也折射出当时白话广泛流行的景象，

---

1 张居正、吕调阳：《帝鉴图说》，《四库全书存目丛书》第 282 册，第 316 页。
2 张舜徽主编《张居正集》第 1 册，荆楚书社，1987，第 104 页。
3 《四书经筵直解》卷 4，日本江户中刊本，第 1b 页。

它不仅蔓延于市井，也渗入宫廷。

16 世纪以降，随着大量海外白银的流入，中国的商品经济蓬勃发展，大都市日益繁荣。然而同时大地主阶层又汲汲于土地兼并，以致不少人无立锥之地，被迫沦落为佃户或奴仆。在明末这一风云变幻的动荡社会中，如何坚实地经营家业以避免走上家道中落之穷途末路，恐怕是大多数地主最关心的事。此外在明末，旧有的社会秩序持续崩塌，这无疑使士人的内心被笼罩于一种深重的危机感之中。[1]

在这样的社会大背景下，"三言"中比比皆是的因果报应、劝善惩恶的故事，绝非偶然的天外来客，而是源自时人皆能切身体会到的严峻现实。作品中登场人物所作所为之是非善恶，善有善报、恶有恶报这种劝善惩恶的故事结局，于冯梦龙等人而言正道出了他们内心对现实之理想，同时也包含对善者未必昌、恶者未必亡这种不合理的现实秩序之批判。

以我们现在的眼光来审视，这些因果报应、劝善惩恶的故事，的确是为收警世之效而进行的有意编造，文学价值并不为人所普遍认可。然而冯梦龙等明末时代的人，实际上对因果报应之理是深信不疑的。

明末时与此因果报应故事的层出不穷相类似的还有一种现象，那就是善书的流行。[2] 学界已有研究者指出善书对白话小说

1　参见森正夫「明末の社会関係における秩序の変動について」『名古屋大学文学部二十　周年記念論集』1979；岸本美緒「名刺の効用—明清時代における士大夫の交際」『風　俗と時代観　明清史論集Ⅰ』研文出版、2012；等等。

2　关于善书，可参酒井忠夫『中国善書の研究』弘文堂、1960；奥崎裕司『中国郷紳地　主の研究』汲古書院、1978。

的影响，并从每个具体作品出发对二者进行了比较。[1] 若要追问明末为何会出现这两种类似的现象，笔者认为它们或皆根源于同一时代之同一人群所共有的危机感和焦虑感。

正因为此种危机感深植于晚明士大夫心间，所以冯梦龙才在"三言"序文中力陈小说于人的教化之功，并创作了不少具有因果报应情节结构的教诫性作品。故而如果将此类作品中的因果报应、劝善惩恶之情节或思想视作价值低下之流而摒弃罔顾，那么或将妨碍我们正确理解冯梦龙编纂"三言"之深层意图以及当时的人们对此书爱不释手的心情。

通过小说来教化众生，引导他们成为忠臣、孝子，在晚明时代，确为迫在眉睫之事。此外，借由白话来教导更多的民众，士大夫便能更深切地理解他们的寒热冷暖、喜怒哀乐。在当时的士大夫眼中，民众不再是以前抽象的、隔膜的"民"，而已然是有血有肉的具体存在。此为晚明士大夫对民众的"发现"之一端。

二　自下而上

第一部分已简要探讨了晚明时代"白话"作品兴盛之背景的一个侧面：士大夫置身于庶民之上的立场，以俯视的姿态对民众施行教化之时，采用平白易懂的语言——白话。这一部分将从与上文相反的角度出发，考察白话兴盛之背景的另一个侧面，即士大夫从庶民中发现了自身文化圈所没有的价值，由此

1　小川阳一「西湖二集と善书」（『东方宗教』五一，1978）及「三言二拍と善书」（『日本中国学会报』第 32 集、1980），亦收在氏著『日用類書による明清小説の研究』研文出版、1995。

他们积极标举并主动融入庶民群体的白话文艺。

最能反映晚明士大夫这一思想倾向的，或即冯梦龙之《叙山歌》：

> 书契以来，代有歌谣。太史所陈，并称风雅，尚矣。自楚骚唐律，争妍竞畅，而民间性情之响，遂不得列于诗坛，于是别之曰"山歌"。言田夫野竖矢口寄兴之所为，荐绅学士家不道也。
>
> 唯诗坛不列，荐绅学士不道，而歌之权愈轻，歌者之心亦愈浅。今所盛行者，皆私情谱耳。虽然，桑间濮上，国风刺之，尼父录焉。以是为情真而不可废也。山歌虽俚甚矣，独非郑卫之遗欤？且今虽季世，而但有假诗文，无假山歌。则以山歌不与诗文争名，故不屑假。苟其不屑假，而吾借以存真，不亦可乎？
>
> 抑今人想见上古之陈于太史者如彼，而近代之留于民间者如此，倘亦论世之林云尔。若夫借男女之真情，发名教之伪药，其功于《挂枝儿》等。故录挂枝词，而次及山歌。[1]

开头第一段指出《诗经》的两个系列——"风"与"雅"；"诗坛之诗"为"雅"之末裔，"山歌"则是"风"之末裔。从这种将二者相对立的观念图式中，不难看出冯梦龙对其中"田夫野竖"随性咏唱的"山歌"之价值的评断是相当高的。那么为何在他眼里，乡野庶民之歌谣的价值高于诗坛之诗呢？冯梦

---

1 《冯梦龙全集》42《挂枝儿 山歌》附冯梦龙《叙山歌》，上海古籍出版社，1993。

龙认为诗坛之诗充斥着"假"，而山歌则蕴含了更多的"真"。也就是说，在冯梦龙的观念里存在着这样一种图式："假"的是士大夫，"真"的是庶民。鉴于此，冯梦龙采集了近 400 首苏州地区的民间歌谣，辑为《山歌》一书。

中国的文艺既然反映了"田夫野竖"与"荐绅学士"的社会阶层之差异，那么冯梦龙将批判的矛头指向"荐绅学士"这一社会阶层以及他们所立身的"名教"，自是顺理成章之事。此处"借男女之真情，发名教之伪药"一语，是《叙山歌》中最具冲击力的部分，屡屡为后人称引。该序不仅从文艺理论层面对当时之诗文进行了批判，还站在社会批判的高度对"荐绅学士"及其立身之"名教"毫不留情地予以抨击，其瞄向的阵线可以说是极为深长的。[1]

从深层次上看，冯梦龙的这种观念，或许是脱胎于李卓吾以及袁宏道等公安派文人的言论。例如，袁宏道曾在其《小修诗叙》中有这样一段代表性论述：

> 且夫天下之物，孤行则必不可无。必不可无，虽欲废焉而不能。雷同则可以不有。可以不有，则虽欲存焉而不能。故吾谓今之诗文不传矣。其万一传者，或今闾阎妇人孺子所唱《擘破玉》《打草竿》之类。犹是无闻无识真人所作，故多真声。不效颦于汉魏，不学步于盛唐，任性而

1　关于冯梦龙《山歌》，参看大木康『冯梦龙「山歌」の研究』劲草书房、2003。中文版《冯梦龙〈山歌〉研究》，复旦大学出版社，2017。有关《叙山歌》，参看大木康「冯梦龙『叙山歌』考—诗経学と民间歌謡—」『東洋文化』第 71 号、东京大学东洋文化研究所、1990，亦收在大木康『冯梦龙と明末俗文学』汲古书院、2018。

发，尚能通于人之喜怒哀乐嗜好情欲，是可喜也。[1]

在袁宏道眼中，"闾阎妇人孺子所唱《擘破玉》《打草竿》"之类的俗曲，因是"无闻无识真人所作"，故为可传衍至后世的"真诗"。而袁宏道的这一主张又是受李卓吾思想的启发而来。李卓吾在其《童心说》(《焚书》卷3)中有云：

> 天下之至文，未有不出于童心焉者也。苟童心常存，则道理不行，闻见不立，无时不文，无人不文，无一样创制体格文字而非文者。诗何必古选，文何必先秦。降而为六朝，变而为近体；又变而为传奇，变而为院本，为杂剧，为《西厢曲》，为《水浒传》，为今之举子业，皆古今至文，不可得而时势先后论也。故吾因是而有感于童心者之自文也，更说甚么《六经》，更说甚么《语》、《孟》乎？[2]

在李卓吾的观念里，卓越的文学作品皆源自"童心"；但凡是发于"童心"之作，无论是诗，还是戏曲，抑或小说等，它们就无高下之分。他对《西厢记》《水浒传》之价值予以了充分肯定。

然而实际上这一文学思想并非萌芽于明代中后期，可往前追溯至更早的时候。明代复古派代表人物李梦阳（1473~1530）之《诗集自序》中有如下一段：

1　袁宏道：《锦帆集》卷2，《续修四库全书》第1367册，第671页。
2　李贽：《焚书 续焚书》，中华书局，1975，第99页。

李子曰，曹县盖有王叔武云。其言曰："夫诗者，天地自然之音也。今途咢而巷讴，劳呻而康吟，一唱而群和者，其真也，斯之谓风也。孔子曰，礼失而求之野。今真诗乃在民间，而文人学子顾往往为韵言，谓之诗。夫孟子谓'诗亡，然后春秋作'者，雅也。而风者，亦遂弃而不采，不列之乐官。悲夫。"李子曰："嗟，异哉，有是乎？予尝听民间音矣。其曲胡，其思淫，其声哀，其调靡靡，是金元之乐也，奚其真？"王子曰："真者，音之发而情之原也。"[1]

此序文由李子（即李梦阳）与王崇文（字叔武）往复论辩之对话的形式构成。王崇文的根本观点是"真诗乃在民间"，即从民间歌谣中可觅得宝贵的"真"，对此李梦阳试图予以逐一反驳。然而他的反驳被悉数否定，以"李子闻之惧且惭，曰'予之诗，非真也，王子所谓文人学子韵言耳'"这样痛心疾首的自我批判而告终。

李梦阳该序中"今真诗乃在民间"一句，认为当今民间咏唱的歌谣即为"真诗"，尤为振聋发聩。另外，他还把此民间之"真诗"与文人学士所作的"韵言"视若水火。"真诗乃在民间"，换言之，即文人学士所作之诗丧失了"真"之品质。李梦阳身处士人阶层，却否定士大夫之诗，而由衷褒赏乡野市井饱蕴素朴真情的歌谣。沈德符《万历野获编》卷25"时尚小令"条记载：

1　李梦阳：《诗集自序》，《空同先生集》，台北：伟文图书出版社，1976，第1436页。

> 元人小令，行于燕赵，后浸淫日盛。自宣正至成弘后，中原又行《锁南枝》《傍妆台》《山坡羊》之属。李崆峒先生初自庆阳徙居汴梁，闻之以为可继国风之后。何大复继至，亦酷爱之。今所传《泥捏人》及《鞋打卦》、《熬髡髻》三阕，为三牌名之冠，故不虚也。[1]

据此可见，李梦阳与同是复古派文人的何景明（1483~1521）皆对俗曲颇有兴致。

李开先《闲居集》卷6收录了《市井艳词序》《市井艳词后序》《市井艳词又序》《市井艳词又序》等四篇序文。其中《市井艳词序》中有如下之语：

> 忧而词哀，乐而词衷，此古今同情也。正德初尚《山坡羊》，嘉靖初尚《锁南枝》，一则商调，一则越调。商，伤也；越，悦也。时可考见矣。二词哗于市井，虽儿女子初学言者，亦知歌之。但淫艳衷狎，不堪入耳。其声则然矣，语意则直出肺肝，不加雕刻，俱男女相与之情，虽君臣友朋，亦多有托此者，以其情尤足感人也。故风出谣口，真诗只在民间。三百篇太半采风者归奏，予谓今古同情者此也。尝有一狂客，浼予仿其体，以极一时噱笑。随命笔并改窜传歌未当者，积成一百以三，不应弦，令小仆合唱。[2]

1　沈德符：《万历野获编》中册，中华书局，1959，第647页。
2　李开先：《李中麓闲居集》卷6，《续修四库全书》第1341册，第3页。

他收集市井艳词的理由，可以从"虽儿女子初学言者，亦知歌之""语意则直出肺肝，不加雕刻，俱男女相与之情，虽君臣友朋，亦多有托此者，以其情尤足感人也。故风出谣口，真诗只在民间"等这些句子中寻找到答案。李开先不仅在理论上对市井艳词大力举扬，还在实际上改作、拟作了不少此类艳词，并俾小仆合唱，将它们结集成册。此外，宋懋澄《听吴歌记》有载：

> 乙未孟夏，返道姑胥。苍头七八辈，皆善吴歌。因以酒诱之，迭歌五六百首。其叙事陈情，寓言布景，摘天地之短长，测风月之深浅。（中略）皆文人骚士所啮指断须而不得者。乃女红田畯，以无心得之于口吻之间。岂非天地之元声，匹夫匹妇所与能者乎？[1]

可见宋懋澄亦对此类歌谣甚是钟情，曾于万历二十三年（1595）特意召集善吴歌之下仆，聆听他们歌唱。

通过以上数例，我们已不难发现嘉靖至万历年间，诸如这般对庶民歌谣满怀热情并积极搜集记录的士人并非凤毛麟角。

正是在明代，士大夫圈中开始弥漫这样一种思潮，即他们从以往不屑一顾的庶民群体中，蓦然发现恰存在着士大夫们所失落的"真"；对此他们如获至宝，并竭力躬行贯彻之。

众里寻他千百度——明代士大夫对于"真（真率）"之发觉，并非出自无心插柳之偶然，而是有着特定的背景。这与他们一贯以来孜孜追求的一种实感或谓肉体感觉是分不开的。对

1　宋懋澄：《九钥前集》卷1，《续修四库全书》第1373册，第629页。

于明代士大夫而言，最苦恼的莫过于在诗歌（或生活）中难以寻觅到那种怦然心跳、热血澎湃的感觉。如何在诗中唤回原始而真实的感动，是当时士大夫们共感困惑的一大难题。本文之前所述及的李梦阳等复古派文人之所以尚古，其根本出发点也正在于此。他们所尊崇的文学范本，无论是《史记》散文也好，杜甫诗歌也好，无一不是充溢着激昂意绪、感情汪洋恣肆之作。他们所欣赏的，为情感上具有炽烈奔放倾向的作品。由此我们也就不难理解为何在他们的言论中，屡屡可见对民间歌谣大力举扬之语。

明代士大夫在对真实感动寻寻觅觅的过程中，惊喜地发现庶民文化中赤裸裸的肉体感觉，竟激荡起他们内心的强烈震颤。天然质朴的民间歌谣在明代士大夫面前铺陈出的旖旎景象——没有虚伪烦琐的世俗道德之束缚，随心所欲地与意中人相爱，甚至于纯粹的肉体欲望之火熊熊燃烧，此乃他们自身所处文化圈中见所未见的另一派新奇风光。他们从庶民群体中观望到的，是上古时代《诗经·国风》中所描绘的那个理想世界。但是，晚明士大夫所发现的庶民那种真实率性的生存之态，本身就具有一种预设的指向性，即此乃他们困顿焦虑于自身文学和生活失去蓬勃生机之时有意从另一个群体中发掘和寻觅所得。

这一将脱离儒教纲常束缚的人性奉作理想的新思潮，成为李卓吾等人之思想的共同根基。正是由于明代士大夫们对庶民的挚爱，他们才热情地讴歌俗曲、山歌、戏曲、小说等一切白话文学；同时借助当时发达的印刷术，它们不断被刊刻出版，一时间洛阳纸贵。

不宁唯是，如果我们放眼明代思想史，亦可窥得与此思

潮并行的另一条类似脉络。例如王阳明《传习录》卷下有如下
记载：

> 一日，王汝止出游归，先生问曰："游何见？"对曰：
> "见满街人都是圣人。"先生曰："你看满街人是圣人，满街
> 人到看你是圣人在。"又一日，董萝石出游而归，见先生
> 曰："今日见一异事。"先生曰："何异？"对曰："见满街人
> 都是圣人。"先生曰："此亦常事耳，何足为异？"[1]

"满街人都是圣人"之宣言，是说不仅仅是"君子"，众生
皆具备成为圣人之可能性，直截了当地否定了以往人们观念中
根深蒂固的"士""庶"之阶级差别。《明儒学案》卷32《泰州
学案》之王一庵语录中，记录王栋之语云：

> 天生我师（王艮），崛起海滨，慨然独悟，直超孔、
> 孟，直指人心，然后愚夫俗子，不识一字之人，皆知自性
> 自灵，自完自足，不暇闻见，不烦口耳，而二千年不传之
> 消息，一朝复明。先师之功，可谓天高而地厚矣。[2]

从"愚夫俗子，不识一字之人，皆知自性自灵，自完自
足"，不难看出王栋对先师王艮发现"愚夫俗子"之价值并予
积极评价之功甚为叹赏。

晚明思想史上的这一潮流，与文学史上的"发现民众"、

1　吴光等编校《王阳明全集》上册，第116页。
2　黄宗羲：《明儒学案》下册，沈芝盈点校，中华书局，1985，第741页。

标举庶民之语言白话是表里一体的关系，实难将二者割裂
而视。

结　语

　　以上对明末时代如火如荼创作和出版的白话文学作品之繁
盛的背景从两个不同的侧面分别进行了简单考察。概言之，一
方面是士大夫为教化庶民、回复社会秩序，故采用平白晓畅、
人人皆易理解的白话；另一方面是士大夫从庶民群体中发现自
身所丧失的品格，由此对庶民文艺不遗余力地推举。无论从哪
个角度来看，或皆可归结为晚明士大夫发现崭新的庶民形象和
庶民价值，即"发现民众"。士大夫之"发现民众"是晚明通
俗白话文学兴盛的一个很重要的背景。

二十世纪上海戏曲演出中的思想与社会

李孝悌

序　论

　　光绪三十年（1904），陈独秀在《安徽俗话报》第 11 期上发表《论戏曲》一文，对戏曲的影响和改良之道提出了系统性的说法。在文章一开头，他就认为唱戏这件事，"可算得上是世界上第一大教育家"，并推衍出以下结论："戏馆子是众人的大学堂，戏子是众人的大教师。"[1] 有意思的是，仿效《新青年》的言论和主张的上海"新舞台"的戏子们，在十多年之后，用带有商业气息的语法，把这

---

* 李孝悌，台湾中研院历史语言研究所。

1　三爱：《论戏曲》，《安徽俗话报》第 11 期，1904 年 9 月 10 日，第 1~2 页。

段话用自己的方式再说了一遍："若是小学教员，肯照我们演济公活佛的法子，在课堂上与学生讲修身，我看终比别的法子，容易感动儿童些。"[1]

陈独秀在这篇极具原创性的文章中，列举了五点戏曲改良的主张。第一，多多地新排有益风化的戏。第二，采用西法，在戏里夹些演说，以增长人的见识，同时还可以"试演那光学电学各种戏法"，让看戏的人从中"练习格致的学问"。第三到第五点都是应该革除的弊病，包括不唱神仙鬼怪的戏、不可唱淫戏、要除去富贵功名的俗套。[2]

在对上海1900年代到1920年代的"改良新戏"或"海派京剧"做了全盘研究后，[3]我可以说，1908年创建的"新舞台"，在上海100多家茶园／舞台中，是最能体现陈独秀的洞见和部分主张的。它们除了在戏里夹杂演说，排演各种社会改革剧和"时事新戏"外，在舞台设备上，更是不惜重金，完全改革了传统京剧的面貌，充分利用最现代的"光学电学各种戏法"，为上海观众带来了极耳目声色之娱的声光效果。

不过"新舞台"除了致力于开明智的志业外，毕竟是一个商业机构，在启蒙之外，还必须同时注意娱乐的效果，所以对陈独秀和《新青年》的主张，是高度选择性的。我们当然不能否认，在广告中成篇累牍、慎重其事地引用陈独秀和《新青年》的说辞，确实反映在戏曲情节的安排上。而这样高调的征引，除了要自抬身价外，也有很大的商业和票房考虑。

1　《新舞台：〈济公活佛〉》，《申报》1919年3月8日，第2张第8版。

2　三爱：《论戏曲》，《安徽俗话报》第11期，1904年9月10日，第4~6页。

3　可参考 Hsiao-t'i Li, *Opera, Society, and Politics in Modern China*, Cambridge and London: Harvard University Asia Center, 2019。

所以我们会看到五四最极端的主张之——易卜生主义，以及女性主义的代表人物——娜拉，会出现在一个最怪力乱神的畅销名剧《济公活佛》中。

1860 年代至 1870 年代上海戏院的勃兴

1851 年，太平天国运动爆发，第一家商业性的昆曲戏园"三雅园"在上海建立。[1] 1853 年，太平军建都南京。苏州等地来的士绅、宗族组织和有钱的商人，把优雅的昆曲和弹词带到上海；而扬州来的难民，则引进了徽班。1864 年，"一桂轩"茶园在上海公共租界的宝善街建立。[2] 很快，另外三家徽班也开始营业。[3]

在小刀会兴起，以及 1860~1861 年苏州、杭州、宁波相继被太平军攻占后，大量的江南士大夫与民众逃到上海，租界成为他们的首选。为了应付潮水般涌入的难民，租界当局采取了一系列的措施来建立有序的商业交易，并开始发展包括医院和下水道等事关公共健康的基础设施。[4] 对许多居住在租界区的难民来说，租界提供了商业和就业的机会，具有一些都市奇观和魅力。[5] 人口的大量增加和生活环境的改善，让公共租界所在的上海北区，发展成南市之外一个主要的商业中心。

1　胡晓明：《近代上海戏曲系年初编》，上海教育出版社，2003，第 24 页。

2　胡晓明：《近代上海戏曲系年初编》，第 46 页。

3　中国戏曲志编辑委员会编《中国戏曲志·上海卷》，中国 ISBN 中心，1996，第 13 页。

4　Mark Swislocki, *Culinary Nostalgia: Regional Food Culture and the Urban Experience in Shanghai*, Stanford: Stanford University Press, 2009, pp.70~71.

5　Mark Swislocki, *Culinary Nostalgia: Regional Food Culture and the Urban Experience in Shanghai*, pp. 71,73.

与此同时，快速发展的茶园和戏曲活动，大大提高了宝善路的地位，让它在 1860 年代至 1880 年代成为租界区最繁荣的商业中心。[1] 根据一项统计，1840 年代到 1911 年，上海大约有 120 家茶园。其中 1880 年代，30 多家建在宝善路上。[2] 晚清上海四大最有名的京剧班子——丹桂、金桂、大观和鹤鸣，都建在这条路上。

这个时期的另一个现象，是北京来的京剧班也进入上海。新加坡英籍商人罗逸卿，是第一个敏感地体会到上海城市居民品味的转变，以及当时的戏园需求的人。他用赌博赢来的财富，1867 年在宝善路上模仿北京的广和茶楼，建起满庭芳戏园，这是当时上海最好的茶园。更进一步，他请人去天津邀请著名的京剧演员到满庭芳演出，这是上海第一家以京班为号召的演出。这个戏班引起极大的骚动，在商业上更是一大成功。[3]

环绕戏园四周，由客栈、妓院和赌场构成的小区很快出现，小贩则在街上叫卖着食物。[4] 这家戏园不仅为小区带来了商机，也首开先河，让北方来的京班在上海演出。往后二十年，由天津和北京戏班演出，被上海戏园里面有素养的观众视为当然。[5]

满庭芳的成功，让人起了仿效之心。刘维忠原是上海的企业家，后来因为走私烟火给太平军而被清廷通缉。他在躲藏的

1　许敏:《晚清上海的戏园与娱乐生活》,《史林》1998 年第 3 期, 第 36~44 页。

2　许敏:《晚清上海的戏园与娱乐生活》,《史林》1998 年第 3 期, 第 38 页。

3　姚名哀:《南北梨园略史》(1922 年), 刘绍唐、沈苇窗编《菊部丛刊》卷 1, 台北: 传记文学出版社, 1974, 第 203~211 页。

4　郑祖安:《上海地名小志》, 上海社会科学院出版社, 1988, 第 54 页。

5　徐幸婕、蔡世成主编《上海京剧志》, 上海文化出版社, 1999, 第 7 页; 林幸慧:《由〈申报〉戏曲广告看上海京剧发展》, 台北: 里仁书局, 2008, 第 421~422 页。

时候，和知名的三庆班建立了深厚的关系。他对北京堂皇而壮观的戏园印象深刻，因而想在上海建一座他自己的戏园。当他听到满庭芳的盛况以及成功时，便下定决心在宝善街另外建一座戏园。他投入巨资兴建的丹桂茶园，在 1867 年冬天落成。他亲自到北京，邀请知名演员到丹桂演出。新舞台的创建者之一夏月珊（1868~1924）的父亲夏奎章（1824~1893），就是他邀请到丹桂演出的知名演员之一。

丹桂茶园以较低的价格、更好的服务，以及更多知名的演员，很快就超越满庭芳，成为上海茶园很长一段时间的代表者。[1] 丹桂茶园引发的轰动，使其不仅成为上海 1860 年代必游的景点，也让丹桂茶园成为晚清上海茶园的代名词。[2]

1880 年代至 1920 年代的上海戏曲演出

1880 年代，宝善路被四马路取代。1900 年代后，四马路又被南京路取代。一项估计称，1840 年代到 1911 年，上海约有 120 家茶园。1880 年代至 1890 年代，新开设 40 多家茶园。1900 年代到 1927 年，又有约 100 家新的茶园 / 舞台出现。[3]

新舞台

1908 年，新舞台在南市十六铺创立。创办人除了夏月珊、夏月润兄弟外，还有夏氏的姻亲潘月樵以及活跃于上海政商两界的李平书、沈缦云。夏氏兄弟从小就活跃于京剧舞台，并致

1　许敏：《晚清上海的戏园与娱乐生活》，《史林》1998 年第 3 期，第 38 页。
2　许敏：《晚清上海的戏园与娱乐生活》，《史林》1998 年第 3 期，第 38 页。
3　Hsiao-t'i Li, *Opera, Society, and Politics in Modern China*, pp.91-93.

力于改革堂会演出的恶习。他们和潘月樵也热心于公共事务，曾组织救火队，并参与了革命党的活动。1911 年，在陈其美的领导下，一起攻打江南兵工厂。由于他们和革命党的密切关系，孙中山后来几次接受邀请，赴新舞台观看他们的表演，并发表演说。借着参与政治活动，夏氏兄弟和潘月樵用实际行动来改善传统戏子的地位。[1]

在新舞台正式成立前，夏月润在 1907 年赴东京，结识了也是出身于演员世家的歌舞伎演员市川左团次。这个时候，市川左团次刚从欧洲、美国回来，受到极大的启发，开始一系列剧本和剧场的改良，并请一位在美国戏剧界待过的舞台设计师帮他设计东京的舞台。[2]

在市川左团次的介绍下，夏月润带了一位日本舞台设计师和木匠返回上海，照日本的模式，在新舞台装了旋转舞台、灯光和其他现代舞台设备，后台扩大好几倍，观众席、厕所完全改观。[3] 观剧因此成了一项安全、卫生和舒适的活动。灯光布置和干净的厕所，成为琐碎但不可或缺的现代性指标。这也让剧场有了干净的空气、更多的出口。

从日本引进的舞台设施和这位日本技师的协助，使舞台上能制造风、雪、雷、电、雨、月亮、太阳特效以及音效。旋转的舞台，能够随时从家庭场景转向乡村景色，也适合制造恐怖气氛。为了营造更写实的风格，舞台的下方还设置了一个地窖。当剧情需要大量的水流时，打开水管，舞台上就会注满

1　Hsiao-t'i Li, *Opera, Society, and Politics in Modern China*, pp.99~101.

2　Matsui Tōru（松居桃楼），*Ichikawa Sadanji*（市川左团次），Tokyo: Musashi shobō , 1942, pp.11, 100~103, 119；唐月梅：《日本戏剧史》，昆仑出版社，2008，第 440~441 页。

3　马彦祥：《清末上海之戏剧》，《东方杂志》第 33 卷第 7 号，1936 年 4 月，第 219~224 页。

水。各种动物和交通工具也随时可以上台。

另外一个重大的变革，是北京传统舞台上那四根遮住人视野的柱子被拆除，原来听众互相面对面的桌椅被舍弃，舞台改成现代镜框式舞台，下面是一排一排的观众席，观众可以完全面对舞台，而不必面面相觑。这个新建的宽敞、干净、安全的剧场有好几层，可以容纳几千名观众。[1]

这些在剧场和舞台上的革新，无疑让新舞台成为当时全中国最现代化的舞台。在新舞台落成两三年内，新式的舞台如雨后春笋般出现。在十年内，共有 20 多家新式舞台在上海成立，而且放弃了传统的茶园、戏楼之名，全部改成舞台。[2]

除了硬件的改良外，新舞台在内容上也大幅更张。其演出的剧目大致可以分成社会改革剧、政治剧、历史剧和神怪剧。最值得强调的是，传统的"时事剧"又开始复兴，而且和政治的关系渐趋紧密。

在新舞台推出的改良京剧中，《黑籍冤魂》《新茶花》《济公活佛》都是叫好又叫座的剧目。这些改良新戏，采用了当时最先进的机关布景和声光、舞台效果，为上海观众提供了最新奇、最刺激的耳目之娱。

《新茶花》一剧在 1911 年演出时，新舞台为了和其他舞台竞争，决定在舞台上装满 5 万磅真水，以演出中俄海战的场景，后来增加到 8 万磅，最后增到 20 万磅。1910~1918 年，《新茶花》在新舞台演出 400 多次。

1　Hsiao-t'i Li, *Opera, Society, and Politics in Modern China*, pp.112–119.

2　Hsiao-t'i Li, *Opera, Society, and Politics in Modern China*, p.110.

《济公活佛》和五四新文化运动

在这几出新戏中,《济公活佛》为新舞台带来了巨大的财富。这出戏于 1918 年首映,在四年内,为新舞台赚了 80 万元。如果以 1 元为平均票价计算,大约有 100 万次上海市民看了这出戏。

讽刺的是,这出以神怪为号召的畅销新戏,和五四新文化运动所提倡的科学精神,正好站在完全的对立面。胡适曾以非常嘲讽的态度批评梅兰芳《天女散花》一戏,如果他知道这出同样以佛教为背景,却更加怪力乱神的戏,居然在戏中大力宣扬他提倡的"易卜生主义",不知道他会不会啼笑皆非、火冒三丈呢?

1918 年,《新青年》第 5 卷第 4 号刊出"戏剧改良号",傅斯年在其中发表了《戏剧改良各面观》一文,对中国的旧戏(京剧)进行了相当严厉的批判,认为中国戏剧"最是助长中国人淫杀的心理"。中国的社会和戏曲互为影响,互相加强,旧剧成为旧社会的最佳写照和反映。[1]

在这篇文章发表近两年后,新舞台在《济公活佛》第十五本的宣传广告上,发表了民间戏曲版的《戏剧改良各面观》。广告开头,新舞台先将西洋和中国做了对比:

> 近代西洋的文艺界,皆承认"编演戏剧"是社会问题,因为"改造思想"和"灌输文化"等运动,文字的力量是万不及戏剧容易感动人心。所以剧本家与演艺家,在西洋社会上占大的势力。

1　傅斯年:《戏剧改良各面观》,《新青年》第 5 卷第 4 号,1918 年 5 月 15 日。

中国则不然，社会上向来把看戏当作一桩游戏事情，所以中国舞台上演的戏剧，终以迎合社会心理为主。主要是社会上多数人所欢迎的戏，不管戏情有理无理，思想如何卑劣，总是算他好戏。

接下来的陈述，可以说完全是傅斯年的演绎版："中国的戏剧界，是完全被社会所征服了。中国舞台上所演的卑劣、陈腐、黑暗、不讲理的戏剧，适足以表示中国卑劣、陈腐、黑暗、不讲理的社会。"《济公活佛》所要做的，并不是迎合社会心理，而是要拿迁就社会的手段去征服社会，"换一句话，就是利用济公活佛，拿极浅近的新思想，去改革社会上的'恶习惯'和'旧思想'"，"他的思想，竟和近代的新文化吻合"。[1]

事实上，在这个总结式的宣言之前，新舞台已经让《济公活佛》的片段脱胎换骨，走向新生。1918 年 4 月，胡适在《新青年》第 4 卷第 4 号上发表《建设的文学革命论》一文。其中提到戏剧时，认为 2500 年前的希腊戏曲，一切结构的功夫，描写的功夫，高出元曲何止十倍。莎士比亚不用说了，近六十年来，更出现了"问题戏、寄托戏、心理戏、讽刺戏等种种体裁"。[2]

胡适这篇文章发表后不到两年，新舞台立刻帮《济公活佛》擦脂抹粉，换上当季的新装，广告的标题是《今夜活佛是"问题戏"》："西洋戏中有一种叫做'问题戏'，戏中演的情节，有关于政治的，或社会的，或家庭的"，"新舞台的六本

1　《济公活佛不是迎合社会心理的戏》，《申报》1920 年 9 月 27 日，第 2 张第 8 版。
2　胡适：《建设的文学革命论》，《胡适文存》卷 1，台北：远东图书公司，1983，第 71 页。

济公活佛，倒有几个类似'问题戏'的问题"。这些问题包括：
（1）"国家不行强迫教育制度，儿童不受教育，长大时流为无业游民，杀人越货"；（2）"遗产制度，最足以养成儿孙的倚赖性，纨绔子弟，仗了祖先的遗产，终日浪荡逍遥，不事生计"。[1]

从遗产制度开始，《济公活佛》一剧陆续展开对婚姻制度和女性地位的讨论，更进一步见证了新文化运动的影响。1918年，胡适在《新青年》第4卷第6号上发表了《易卜生主义》一文。[2]两年后，在第八本《济公活佛》的广告中，新舞台首先表明要在这本戏中，讨论女子的生活问题和中国的婚姻问题。紧接着，广告台词几乎把胡适这篇文章的某些段落，全部照抄一遍："中国的习惯，妻子向来是他丈夫的玩具，他丈夫喜欢什么，他也该喜欢什么，他自己是不许有什么选择的。他自己不用有思想，他丈夫会替他思想。"[3]

剧情发展到第十六本，达到高潮，女主角在济公活佛指点后，脱胎换骨，用上海娜拉的新面目，毅然决然地走向自己选择的新道路：

> 十六本中有一位女郎，因为要保全贞节，和替丈夫报仇，犯了杀人的嫌疑，后来她丈夫做了大官，案子落在他的手中。她丈夫非但不肯原谅她的苦衷，还要痛骂她是杀人恶妇，反而将她定成死罪。后来事情明白，丈夫知道她是一位好女子，并且没有坏他贞节，他又弃了后娶的妻

---

1 《今夜活佛是"问题戏"》，《申报》1920年3月1日，第2张第5版。

2 胡适：《易卜生主义》，《新青年》第4卷第6号，1918年6月15日。

3 《八本济公活佛的趣旨》，《申报》1920年3月3日，第2张第5版。

子，再去求她。[1]

那女子看了这种极不堪的情形，后来经过活佛点化，"她忽然得了大解脱，立刻觉悟，她知道（一）恩爱莫如夫妻，他们还戴了一个假道德的面具，遮着面孔。（二）妻子是丈夫的玩意儿，没有什么叫做人格，一旦失宠，她便是丈夫脚下的泥，永世不得翻身。（三）她又知道倚赖了丈夫，虽能享富贵过安逸日子，但是一生的运命，皆须听命于丈夫，完全做丈夫的奴隶，因为世间只有奴隶的生活命不能自由选拣的，是不用负责任的。所以她拿定主意，要自己靠自己，要自己作工赚钱养活自己，决意弃家远去。后来她丈夫，寻到她的所在，想劝她回去"。"她对丈夫说道：你们说我弃了一品夫人不做，在此受苦，但是我觉得我自己十个指头挣来的粗菜淡饭，比你家中供我的山珍海味，还要好吃，并且还容易消化些。"[2]

放弃了一品夫人不做，在粗菜淡饭中找到自己独立的人格和自由。这个充满戏剧张力的情节和娜拉的决绝，一定给台下的广大观众带来极大的冲击，乃至启蒙。五四新文化运动对一般民众的影响，在此找到了最可能的渠道。[3]

---

1 《十六本活佛大放光明》，《申报》1920 年 6 月 30 日，第 2 张第 8 版。

2 《十六本活佛大放光明》，《申报》1920 年 6 月 30 日，第 2 张第 8 版。

3 Hsiao-t'i Li, *Opera, Society, and Politics in Modern China*, pp.164–174.

文学经典与昆曲雅化

郑培凯 [*]

一

我们经常听人家讲昆曲，赞誉昆曲是百戏之母，是百戏之祖。我要首先告诉大家，昆曲不是百戏之母，也不是百戏之祖，它是中国戏曲传统，在近千年的发展中，表现得最优美、最经典的戏曲形式，是其他地方戏各戏种学习的模范，所以我称之为"百戏之模"。从历史发展的脉络来看，模范是完美的典范，但不是一切的源头。

文化艺术的历史定位十分重要，因为定位之后，我们才知道文化艺术在历史进程中的意义，才

* 郑培凯，香港城市大学中国文化中心。

知道它有什么贡献，才能够立足其上而创新。我们要知道，戏曲作为艺术，它在文明进程当中，到底有什么历史地位，到底如何推动了文明发展。人类文明讲到底，都是人创造的，不是原来就有的，不是古圣先贤预先赐予的。一万年以前，新石器时代开始以前，哪里有什么文明累积？人类祖先为了生存，打猎、采集果实，连农业都没有，却也发挥了聪明智慧，肇始了文明。这一万年的发展很不容易，也很不简单，我们祖先的生活环境十分艰难，却能一步一步从蛮荒中创造出文明，还逐渐发展了社会结构、哲学思想、文化娱乐（包括文学戏曲）。文明积淀就是这么一步一步来的。怎么定位戏曲在文明发展中的地位，其实是很重要的。戏曲演出是传统社会群众文娱的展现，是文化流动的场域，是精英阶层跟大众沟通的环节，是能够联系统治阶级与普罗大众的文化渠道。许多精英文化是通过戏曲舞台演出传递给大众，而群众的喜好也通过戏剧的流传反馈给上层精英。

那么，怎么定位昆曲呢？我说昆曲是最优雅的传统中国戏曲，是什么意思呢？最优雅又怎么样？意义在哪里？跟文明的关系是什么？这些都是今天我想跟大家分享的。

我再次强调，昆曲不是百戏之母。第一，大家要知道什么叫"百戏"。百戏就是古代的文娱表演，从战国以来百戏包括的内容及其发展，其实就很明显。到今天为止，我们看到所有的戏曲，都有一些百戏的痕迹，如翻跟头、所有武打的东西、所有的杂耍，这在汉朝的时候就是娱乐表演的主要内容。我们从汉画像石、画像砖、陶塑的演艺人物以及壁画上，可以清楚看到各种各样的表演，什么跳丸、顶竿、吞刀、吐火、鱼龙曼衍、东海黄公之类，还有各种各样的舞蹈，如长袖舞、建鼓舞，都是经常表演的节目。文献记载与考古文物清楚展示了什么是汉朝的百戏。昆曲的发展是在 16 世纪以后，它怎么变成汉朝就有的百戏之母了？所以，百戏之母那个名称，颠倒了历史，是错的。

百戏怎么发展成后来具有规模的戏剧或者戏曲呢？这牵涉到中国戏剧起源的问题，涉及演艺发展的途径。我们知道中国戏曲一开始就有唱，这一点也不奇怪，因为咏唱与舞蹈是人类娱乐的本能，早在文明肇始就已出现。假如从百戏作为娱乐的角度来讲，既有杂耍，又有唱歌，又有一点戏剧调笑的花样，这是民间戏剧起源的明显现象。也有学者指出，戏剧与祭祀仪典有关，在远古的商周时期，已经有一些祭祀的仪式展现了舞蹈，可以说是戏剧的雏形。不过，祭祀舞蹈要表现隆重的祭祀典仪，是非常严肃的信仰表现，它跟百姓的日常经历所提炼出来的戏剧状况是不一样的，这也是中国祭神仪典的歌舞不曾发展出希腊式戏剧的主要原因。

中国原始社会的结构与信仰，与古希腊不同，中国的天神跟希腊的神很不一样，祭神的仪式也有很大的区别。中国从古以来的天神，是一个比较模糊的概念，知道有"天"，有上帝，却是面目模糊、莫测高深的。比较清楚的，是我们的祖宗神，每一个血缘宗族都有祖宗，人们相信祖宗过世以后都会上天，围绕在上帝旁边，在"天"旁边，会对人世产生影响。至于这个"天"是什么，从来没有讲清楚过，它却有威力影响我们人世，所以祖宗神灵也能左右血缘宗族的命运。中国为什么有祖宗崇拜？洋人传教的时候说，中国人相信祖宗崇拜，跟信仰上帝很不一样，是"异端"信仰。的确是不一样，是不是异端，而是另外的问题。人们以自己的习俗与信仰为正统，别人的信仰就是"异端"，这是产生文明冲突的原因之一。文明发展在不同地域，信仰出现的取向不同，无所谓高低，都是古人信仰的发展，不能以自己的好恶，随便标上"正确""错误"的标签，硬说信耶和华就是"正信"，祖宗崇拜就是"迷信"。

中国上古的祭典，有仪式，有舞蹈，主要是通灵敬神的崇拜过程，目的是联系上苍神灵，祈求神灵的护佑，跟我们后来讲的有故事、有人物、有情节发展的戏剧，是不太相同的。在祭神的仪式中，古代巫师会跳起特殊的舞步，配合香烟缭绕的场景，以及摄人心灵的音乐，进入恍兮惚兮的"神界"。商朝虔信鬼神，商王本身也管祭祀，是当时的大巫师，而甲骨就是祭祀占卜的工具，祭仪进行时巫师都会表演特殊的舞蹈。甲骨文"舞"这个字演化到篆字，都还展现着一个巫师跳着巫步，可以显示"舞"的起源，祭祀性高于娱乐性，或说娱神重于娱人。南方楚地信巫，延续的时间比较长，可以从《楚辞》描述的迎神祭祀看出。这跟我们后来概念里系统完整的戏剧，有人物，有故事，有情节发展，铺述人世处境与悲欢离合，是不同性质的。与古希腊戏剧相比，系统完整的戏剧在中国出现得比较晚。

古希腊悲剧出现得非常早，跟古希腊对于神的认识与信仰方式有关。古希腊的神跟世间俗人一样，有七情六欲，有喜怒哀乐，有愤怒、喜爱、嫉妒，形形色色，什么花样都有，还有些神跟恶霸一样，时常欺负世间的凡人，想方设法整人，以玩弄凡人命运为乐。凡人经常面临超乎自己可以掌控的人生处境，奥林匹斯山上的诸神像玩游戏一样决定人的命运。凡人怎么办呢？你无法改变命运，但有自己的追求，有时还认识到神

祇的恶毒与阴险。古希腊人怎么生存，并肯定自我生存的意义
呢？有的时候就找天神甲做靠山，以避免天神乙的整蛊与迫
害，像奥德修斯就靠着雅典娜，逃避海神波塞冬的追杀，最后
回到家乡。有时候没有靠山，只好跟自己的命运进行搏斗，古
希腊悲剧就经常展现这样的人生处境。古希腊的戏剧很早成
型，跟他们相信的神人关系与人类命运是相关的，在迎神祭典
中的戏剧活动，就有了系统的发展。中国古代的迎神祭典，没
有这类展现命运受到操弄的戏剧表演，因为我们的神不是神秘
莫测的"天"，就是我们的祖宗，只要好好祭奠，是不会害我
们的，更不会设计玩弄我们的命运。

　　希腊悲剧的俄狄浦斯故事，是天神设计好要他杀父娶母，
尽管他的父母已经知道预言，想尽办法避免，费尽心机不让逆
伦的惨剧发生，但最后仍敌不过可怕的命运安排。从小就被抛
弃、完全不知身世的俄狄浦斯，因缘际会做了国王，调查老王
的死因，最后知道了自己可怕的命运。但为时已晚，他无法改
变自己的命运，亲手挖出了自己的两只眼睛，令人震撼。希腊
悲剧有很多这样的故事，人跟命运抗争，跟天神的安排斗争，
终归失败。就好像《老子》说的，"天地不仁，以万物为刍狗"，
人没有办法扭转命运。但是，希腊悲剧反映了人的自由意志，
可以给自己一个选择，不屈服于命运的安排，让自己决定如何
接受命运。我把双眼挖出来，不要看这恐怖的世界，是悲愤的
抗议，也是命运无法左右的个人意志。这个选择与决定，就是
人类的自由，是迎神赛会上展示给神看的人间情况，是与命运
的残酷对话。卡缪探讨西西弗斯的神话的意义，指出西西弗斯
注定要把从山上滚下来的石头永远推回去，推回去之后石头又
滚下来，他又推回去，这是天神安排给他的命运。卡缪说，推

上去这段是西西弗斯的决定，是人类自我意志的展现，不因命运如此，我就不推了，就放弃自己了。推石头上山，永不言弃，就让西西弗斯为自己的命运重新找到了意义：人是有自我意志的。像这样的人神冲突，是古希腊思想信念的核心，在古代中国，是不会在迎神祭典中出现的，因为我们的神接受我们的祭祀，会降福人间，何况我们的祖宗神会特别照顾自己的宗族血胤。

与希腊悲剧相比，中国系统完整的戏剧以人间性为主，与宗教献祀的迎神祭赛的关系比较小。人世间的悲欢离合，生离死别的处境，自唐宋以来，逐渐就以戏剧表演的方式呈现出来了。人间戏剧的发展最主要是从唐朝到宋朝这段时间，情节完整的故事开始出现，有宣扬佛教的变文故事，有人间际遇的传奇。唐朝也有一些戏剧的雏形，任二北研究的《唐戏弄》，展现了唐代戏剧表演形式相当简陋，不管是钵头戏、参军戏，还是傀儡戏，大多数是像今天东北二人转这样的小戏，是两个人、三个人，以模仿调笑为主。[1] 完整成型的戏剧在中国出现得比较晚，这并不表示中国文明发展得晚，而是这个文明的形态与古希腊不同。首尾俱全的中国戏剧，出现在宋金的时候，北方有杂剧，南方有戏文。北方的戏先以开封为主，因为开封在宋朝是首都，人口密集，到了元代就以北京为中心了。南戏的发展很有意思，是从温州开始的，这牵涉到北宋被金灭了以后，金朝继续北方的文化演艺，而流亡到南方的北方贵族以及文化人，带去了原来蓬勃在中原的文化活动。南方本来有一些地方曲唱与文娱传统，加之中原文化的影响，也

1　任半塘:《唐戏弄》，上海古籍出版社，1984。

就在温州一带出现了南戏。北杂剧跟南戏是中国戏曲早期发展最主要的两支脉络。

南戏跟北杂剧最大的差别，是结构不同，表演角色的组成方式不同。北杂剧一般来讲是四折，故事情节从头到尾就是四折，由一个主角来唱。这四折虽然分成四段，但是可以一次演完的，比如说一个下午、一个晚上可以演完。南戏不是，南戏可以非常长，有几十折的。比如说后来继承南戏传统的明传奇，像《牡丹亭》，共五十五折。所以我就说，北杂剧像电影，一次看完；南戏像电视连续剧，一段一段地看。北杂剧演出一个主角主唱，生角的戏就是生角从头唱到尾，旦角的戏女主角从头唱到尾，其他的角色陪衬一下，讲一些话，有道白，或者偶尔插一个小段，叫作楔子，就是插进去的一段，可以由另外的角色唱一段，有所转折。所以北杂剧跟南戏的艺术形式很不一样。

到了明朝以后，北戏慢慢衰落，杂剧虽然还是明代中期之前的正式演剧方式，却逐渐被南戏取代了。一直到明代中期，大多数知识精英，像祝允明、徐渭，都还看不起南戏，因为觉得南戏鄙俗，而北杂剧是正宗的院本，是士大夫宴饮场合的演艺剧目。可是明中叶之后，江南社会经济繁荣，南戏风行，成了一般人的文娱喜好，到了嘉靖万历年间就基本取代了北戏。

南戏的发展在元明期间，从温州向外扩散，往北传到整个浙江，传到杭州，然后到浙东，到海盐；往西传到江西，从江西弋阳一带传遍长江流域，一直传到南京，再沿着长江上溯西传；往南传到福建地区，莆田、仙游、泉州、潮州都受影响。所以福建到现在还保留了古老南戏的传统，比如说泉州的梨园戏，像潮州戏，很有古风。当昆曲在明末清初风行全国，影响各地方剧种的时候，福建、广东这些地方因为偏僻而闭塞，所以南戏的老传统得以流传到今天，并被重新发掘出来。

二

　　昆曲是南戏的一个支脉，是从南戏发展出来的。我前面讲了，昆曲不是百戏之母，也不是百戏之祖。昆曲的重要性，不在于它是中国戏曲的源头，而在于它是中国戏曲发展的巅峰，成了演艺艺术的典范，是百戏之模。南戏在明代中期发展到了苏州、昆山一带，大音乐家魏良辅（1489~1566）潜心研究南北曲，他连同一些音乐同行，花了十年时间，融合北曲跟南曲，打磨出优雅动听的昆山水磨调，或称昆腔水磨调。昆腔水磨调为什么重要？因为它是精心雅化的音乐艺术，不再是乡俗随意讴唱的曲调，同时又结合了文辞优美的剧本，登上了大雅之堂。魏良辅最大的贡献是提升了戏曲音乐的境界，把以南曲为基础的昆山腔，结合北曲院本及南戏唱腔，发展出士大夫文人喜欢的舒缓悠扬水磨调。有了优美唱腔的昆曲水磨调，文人撰写传奇剧本，就有所依凭而发挥，写出诗情画意的美妙曲文，发展出曲折婉转又感人肺腑的剧本。才华横溢的昆山文人梁辰鱼，就以魏良辅创制的水磨调为基础，撰写了西施故事《浣纱记》，其是最早以昆腔水磨调演唱的戏曲。

　　梁辰鱼之后，有很多作家的剧本，都以昆腔水磨调的表演方式登上舞台。不世出的天才汤显祖在万历中期以南戏的格式写了《临川四梦》，很快就以昆腔水磨调的方式广泛演出，成为昆曲最受人们赞赏的作品。可以说，明代万历年间之后，昆腔水磨调就成了中国戏曲舞台表演的典范，最受人们推崇的经典剧作,像《浣纱记》《牡丹亭》《长生殿》《桃花扇》,就以昆腔水磨调的方式演出,一直流传至今。从南戏四处流传的民间演艺,到昆曲出现,独占中国戏曲鳌头,历久不衰,有三大因素:第一,剧本的文学经典性;第二,昆腔水磨调音乐优美的高雅性;第三,昆曲舞台表演的艺术性。其中一大关键,是昆曲音乐性的精致婉转,不但融合了南北曲最精华的部分,提升了唱腔的抒情特性,优雅舒缓又激越昂扬,还配合了文学精英的品位,发展出典雅优美的戏曲演艺,作为经典而流传。以上三者的结合,展示了戏曲演艺从粗疏的民间舞台到雅化殿堂的演化过程。

南戏的流传与发展,在明朝中叶已经有不少记载,虽然带有鄙视的态度,但记录的各地唱腔的情况,还是可以让我们摸清一些脉络。20世纪的戏曲学家提出所谓"明代四大声腔"的说法,还写进教科书里,我认为不太恰当,其扭曲了相关文献记载的南戏声腔的情况。

记载南戏声腔发展比较早的资料,见于苏州太仓人陆容(1436~1494?)《菽园杂记》卷10:"嘉兴之海盐,绍兴之余姚,宁波之慈溪,台州之黄岩,温州之永嘉,皆有习为倡优者,名曰'戏文弟子',虽良家子不耻为之。其扮演传奇,无一事无妇人,无一事不哭,令人闻之,易生凄惨。此盖南宋亡国之音也。"[1]陆容批评南戏,总是搬演男女离合之情,哭哭啼啼,是"亡国之音",但也清楚指出,南戏在浙江地区的发展,各地有各地的声腔,嘉兴流行海盐腔,绍兴流行余姚腔,宁波流行慈溪腔,台州流行黄岩腔,温州流行永嘉腔,不一而足。就他作

---

1 陆容:《菽园杂记》卷10,中华书局,1985,第124页。

为苏州人来看，光是浙江地区，南戏就有种种腔调流传，何止"四大声腔"？

到了嘉靖年间，苏州长洲人祝允明（1461~1527）《猥谈》说："数十年来，所谓南戏盛行，更为无端，于是声乐大乱……愚人蠢工徇意更变，妄名余姚腔、海盐腔、弋阳腔、昆山腔之类，变易喉舌，趁逐抑扬，杜撰百端，真胡说也。若以被之管弦，必至失笑。"[1] 其也是以士大夫熟悉的北曲院本为标准，站在雅乐的立场，批评南戏的低俗变化。从陆容所说的成化年间，到弘治、正德年间这几十年，南戏更为盛行、流传更广，各地伶人随意变动声腔。祝允明标出了四种声腔，却是举例作为詈骂的对象，不是赞许所谓的四大声腔。

又过了半个世纪，浙江绍兴人徐渭（1521~1593）写《南词叙录》（1559），把当时流行的林林总总的南戏声腔，做了一个笼统的归类："今唱家称'弋阳腔'，则出于江西，两京、湖南、闽、广用之；称'余姚腔'者，出于会稽，常、润、池、太、扬、徐用之；称'海盐腔'者，嘉、湖、温、台用之。惟'昆山腔'止行于吴中，流丽悠远，出乎三腔之上，听之最足荡人。"[2] 徐渭所说的南戏流传情况是其已经风行四方，影响了长江以南的很多地区。他不管腔调流传的具体时代演变，也不管各地腔调是否保有各地特色，只是笼统归成三类，弋阳腔、余姚腔、海盐腔，然后标举昆山腔为雅调，有别于上述三种地方腔调。徐渭笼统归类的论调，并不能反映嘉靖年间南戏发展的具体情况，但肯定了魏良辅昆腔水磨调的贡献，即开创了超越其

1　祝允明：《猥谈》，祝允明等：《春社猥谈》卷1，文物出版社，2020，第5b~6a页。

2　徐渭：《南词叙录》，中国戏曲研究院编《中国古典戏曲论著集成》第3册，中国戏剧出版社，1959，第242页。

他南戏诸腔的雅调。

魏良辅著有《南词引正》，其中说道："腔有数样，纷纭不类，各方风气所限。有昆山、海盐、余姚、杭州、弋阳。自徽州、江西、福建，俱作弋阳腔。永乐间，云、贵二省皆作之，会唱者颇入耳。惟昆曲为正声，乃唐玄宗时黄幡绰所传。"[1]钱南扬为《南词引正》做校注，特别指出，各地腔调流传有其历史变化，不是固定不变的。[2]魏良辅在此标出五种声腔，其中有"杭州腔"，是现代学者完全不清楚的情况，亦可得知，当时声腔甚多，而且因时空变动而有所演变，"纷纭不类"。因此，所谓"明代四大声腔"之说，并不能反映南戏流传的真实情况，其说不甚妥当。魏良辅声称，昆山腔为正声，是黄幡绰所创，则是"拉虎皮做大旗"之举，拉了唐明皇梨园乐师黄幡绰作为昆曲开山祖，自抬身价。他姑妄言之，我们姑妄听之也就算了。倒是钱南扬在校注中指出，魏良辅知道南戏在元代就流传到苏州一带，结合当地土腔有所发展，而在昆腔水磨调出现之前，在苏州影响最大的应该就是舒缓流丽的海盐腔。[3]

自嘉靖年间以来，南戏又经过一个世纪的发展与演化，明末度曲大家苏州吴江人沈宠绥（？~1645）在《度曲须知》中回顾道："世换声移，作者渐寡，歌者寥寥，风声所变，北化为南。曲山词海，于今为烈。而词既南，凡腔调与字面俱南，字则宗《洪武》而兼《中州》，腔则有'海盐'、'义乌'、'弋阳'、'青阳'、'四平'、'乐平'、'太平'之殊派。虽口法不等，而北

1　魏良辅：《南词引正》，转引自钱南扬《汉上宧文存》，上海文艺出版社，1980，第94页。

2　钱南扬：《魏良辅〈南词引正〉校注》，《汉上宧文存》，第95页。

3　钱南扬：《魏良辅〈南词引正〉校注》，《汉上宧文存》，第95~96页。

气总已消亡矣。"[1]他叙述南曲发展，一口气提到七种声腔，再加上他最熟悉的昆山腔，难道是认为明代有八大声腔？可见，明代曲家讨论声腔，只是就近举例，无意标举"四大"、"五大"或"八大"的概念。

沈宠绥讲北曲到南曲的变化，主要指出南方各地口音与腔调不同，剧本唱词在咬字吐音上就会受到影响。汉字剧本的曲词是固定的，不像拼音文字因发音不同而发生异变，就必须有所遵循，以中州韵为本的《洪武正韵》作为标准。总而言之，到了明末，各地声腔纷起，而过去以北曲为正宗的情况已经消失了。

在昆腔水磨调兴起之前，最受士大夫钟爱的南戏声腔是海盐腔。与魏良辅同时代的杨慎（1488~1559）在《丹铅总录》卷14中说："近日多尚海盐南曲，士夫禀心房之精，从婉娈之习者，风靡如一，甚者北土亦移而耽之。"[2]这在《金瓶梅词话》描述戏曲演唱的部分也得到印证，唱曲演戏的多为海盐子弟，唱海盐腔。这种海盐腔盛行到万历年间的情况，清朝人都很清楚。清人张牧《笠泽随笔》说："万历以前，士大夫宴集，多用海盐戏文娱宾客。若用弋阳、余姚，则为不敬。"[3]

昆腔水磨调在万历年间开始流行的时候，海盐腔仍然风行，而且在不同地区产生了重要的影响。例如，汤显祖生长的江西抚州地区，就因为海盐腔的传入，发展出有地方特色的宜黄腔。汤显祖写过《宜黄县戏神清源师庙记》，分析南戏发展的脉络，同时指出浙江的海盐腔影响抚州地区戏曲演唱的情

1　沈宠绥：《度曲须知》，《中国古典戏曲论著集成》第3册，第198页。
2　杨慎：《丹铅总录》第5册卷14《北曲》，嘉靖三十三年梁佐刻本，第1a页。
3　转引自佟晶心《通俗的戏曲》，《剧学月刊》第4卷第5期，1935年，第5页。

况："此道有南北，南则昆山，之次为海盐。吴、浙音也。其体局静好，以拍为之节。江以西弋阳，其节以鼓，其调喧。至嘉靖而弋阳之调绝，变为乐平，为徽青阳。我宜黄谭大司马纶闻而恶之。自喜得治兵于浙，以浙人归教其乡子弟，能为海盐声。大司马死二十余年矣，食其技者殆千余人。……诸生旦其勉之，无令大司马长叹于夜台，曰，奈何我死而此道绝也。"[1]汤显祖为宜黄戏神清源师写的庙记，是篇正式的文章，一开头说戏有南北，北曲既已衰落，在南方最重要的就是昆山腔与海盐腔，昆山是吴音、苏州音，海盐是浙音、浙江音，是有地方差异的。举昆山腔和海盐腔为南戏发展的代表，是因为他们"体局静好"，以拍为节，吹笛拍曲，是雅调。而弋阳腔那类的俗调，"其节以鼓，其调喧"，大锣大鼓的，十分吵闹，难登大雅之堂。他说的"嘉靖而弋阳之调绝"，不是说弋阳系统的腔调断绝，而是转型变化了，在不同地区转化成地方腔调，如乐平腔、青阳腔之类。汤显祖点出的现象很重要，说明了弋阳腔影响全国，转化成地方戏，俗调风行；海盐腔与昆腔也影响全国，流行于士大夫阶层，是雅调。

汤显祖指出，海盐腔传入江西宜黄，源自宜黄的谭纶当年到浙江带兵打倭寇，军中娱乐唱戏用的是浙江海盐腔。谭纶退休回乡，感到地方土调难听，就安排浙江人来宜黄教海盐腔，因此海盐雅调风行抚州。谭纶虽然已经过世，但是海盐雅调成了千余宜黄子弟的职业，养了上百个戏班。他鼓励宜黄子弟，要继承谭纶开创的基业，弘扬宜黄的戏曲。这篇庙记还透露出

---

[1] 《宜黄县戏神清源师庙记》，《汤显祖全集》第2册，徐朔方笺校，北京古籍出版社，1999，第1189页。

一个重要信息，就是汤显祖虽然熟悉昆曲，但同时珍惜家乡流行的"海盐—宜黄腔"，既然同属雅调，对他撰写戏曲剧本会产生一定影响，即不必恪守昆腔曲律。

三

　　说到昆曲的文学经典性，首先要提到梁辰鱼的贡献。梁辰鱼是昆山人，他写的《浣纱记》配合魏良辅的水磨调音律，把西施故事搬上了舞台，以高雅的文学剧本结合音乐雅韵，奠定了昆曲水磨调在舞台演出的地位。现在大多数的人不太知道梁辰鱼，可是在汤显祖眼里，梁辰鱼是了不起的剧作家，《浣纱记》的曲词写得非常出色。姚士麟《见只编》记载："汤海若先生妙于音律，酷嗜元人院本。自言箧中收藏，多世不常有，已至千种……及评近来作家，第称梁辰鱼《浣纱记》佳，而剧中【普天乐】尤为可歌可咏。"[1] 当时的文学名家都与梁辰鱼交往唱和，熟悉他的著作，特别赞赏他为昆腔水磨调编写的《浣纱记》。"嘉靖七子"的领军人物李攀龙与梁辰鱼是文字交，十分欣赏他豪爽的性格，并且看重他的诗文。李攀龙告诉王世贞："梁伯龙口吻，不独五色，兼有热肠。"[2] 王世贞在读了梁辰鱼长诗之后，也题写《赠梁伯龙长歌后》："往年伯龙登泰山，以长歌千三百言见示，余戏作此歌答之。"[3] 当时流传的李卓吾戏曲评点《李卓吾评传奇五种》，给予《浣纱记》很高的评价："《浣

1　姚士麟：《见只编》卷中，王云五主编《丛书集成初编》，商务印书馆，1936，第81页。
2　李攀龙：《沧溟先生集》卷30《报元美》，包敬第标校，上海古籍出版社，1992，第705页。
3　王世贞：《弇州山人四部稿》卷129《赠梁伯龙长歌后》，台北：伟文图书出版社，1976，第6006页。

纱》尚矣！匪独工而已也，且入自然之境，断称作手无疑。"[1]此书署名李卓吾，不一定是李贽本人所写，或为叶昼伪托出版，但总归反映了李贽的欣赏态度，何况在当时大为流行，也显示了文坛与社会的接受情况。屠隆写给冯梦祯的《与冯开之书》，说"伯龙故翩翩豪士，今老矣，诚然烈士暮年，壮心不已"。[2]说到梁辰鱼晚境落魄凄凉，不胜感慨，当然是想到过去诗酒风流、豪气干云的日子。潘之恒是晚明戏曲评论大家，其在《鸾啸小品》中评价昆曲雅化的过程，特别称赞了魏良辅与梁辰鱼："吴歈元自备宫商，按拍惟宗魏与梁。俚俗不随群雅集，凭谁分署总持场。"[3]

万历年间昆山人张大复的《梅花草堂笔谈》卷12有"昆腔"一节，指出昆腔的发展结合了许多音乐人的共同努力，特别揄扬了魏良辅与梁辰鱼的合作，把昆曲发展成戏曲舞台上令人瞩目的新猷：

> 魏良辅，别号尚泉，居太仓之南关，能谐声律，转音若丝。张小泉、季敬坡、戴梅川、包郎郎之属，争师事之惟肖。而良辅自谓勿如户侯过云适，每有得必往咨焉。过称善乃行，不即反复数交勿厌。时吾乡有陆九畴者，亦善转音，顾与良辅角，既登坛，即愿出良辅下。梁伯龙闻，起而效之，考订元剧，自翻新调，作《江东白苎》《浣纱》

1 郑振铎：《西谛书话》，生活·读书·新知三联书店，1998，第238页。
2 屠隆：《由拳集》卷15《与开之四首》，《续修四库全书》第1360册，上海古籍出版社，2000，第206页。
3 潘之恒：《鸾啸小品》卷2《艳曲十三首》，汪效倚辑注《潘之恒曲话》下编，中国戏剧出版社，1988，第202页。

诸曲。又与郑思笠精研音理，唐小虞、陈梅泉五七辈杂转之，金石铿然。谱传藩邸戚畹、金紫熠熿之家，而取声必宗伯龙氏，谓之昆腔。[1]

近代戏曲学者吴梅在《顾曲麈谈》中，也指出梁辰鱼与魏良辅合作的重要性："南曲自梁、魏创立水磨调（俗名昆腔）后，其做法大有变革。"[2]他还综合前人的评论说："梁伯龙辰鱼，昆山人。太学生。以《浣纱记吴越春秋》一剧，独享盛名。其时太仓魏良辅，以老教师居吴中，伯龙就之商定音律，词成即为之制谱。吴梅村诗所谓'里人度曲魏良辅，高士填词梁伯龙'者是也……王元美诗云：'吴闾白面冶游儿，争唱梁郎绝妙词。'则当时之倾倒伯龙可知。"[3]

假如魏良辅的南曲改革是音乐的艺术化，梁辰鱼的改革是什么？最大的改革，就是以"转音"艺术化的昆腔为基础，雅化了戏曲剧本，使得戏曲出现文学性的经典文本。我们回顾一下戏曲剧本的发展，就会发现，元杂剧和早期的南戏剧本，文辞比较朴实，比较本色，通过雅俗共赏的剧情感动观众。早期南戏剧本并不刻意追求文辞的典雅，注意的是舞台演出的及时性与通俗性，曲文同唱腔都相对质朴，少有精心经营的痕迹。元末明初高明的《琵琶记》，改写原来流行的剧本，特别是"五娘吃糠"一折，有惨淡经营之处，但是全剧的意旨并无雅化的迹象。海盐腔和昆腔水磨调的出现与流行，与晚明社会富裕有

1　张大复：《梅花草堂笔谈》卷12《昆腔》，李子薿点校，浙江人民美术出版社，2016，第358~359页。

2　吴梅：《顾曲麈谈》卷上，商务印书馆，1926，第80页。

3　吴梅：《顾曲麈谈》卷下，第90页。

关，人们对生活美学精致化有所追求，在撰写剧本方面也得到反映，最显著的就是文辞非常细腻优美，以闲适雅致为追求的目标。从元末明初到晚明剧本风格的变化，对比民间流传的四大南戏剧本——《荆钗记》《刘知远白兔记》《拜月亭》《杀狗记》，与《浣纱记》及《牡丹亭》就有明显的差距，且不去说它。且举明代前期公认文辞优胜的高明《琵琶记》为例，对照梁辰鱼的《浣纱记》，就可以看出前者的质朴本色与后者的典雅优美，是不同的艺术展现。

《元本琵琶记》第一出，末角上台开场，向观众报告全剧旨趣，是这么说的：

> 【水调歌头】秋灯明翠幕，夜案览芸编。今来古往，其间故事几多般。少甚佳人才子，也有神仙幽怪，琐碎不堪观。正是：不关风化体，纵好也徒然。论传奇，乐人易，动人难。知音君子，这般另做眼儿看。休论插科打诨，也不寻宫数调，只看子孝与妻贤。骅骝方独步，万马敢争先？[1]

《琵琶记》开场白道德教训意味浓烈之外，遣词用字也相对通俗，是对着观众说的，不太思考个人创作的文学艺术追求，与《浣纱记》第一出开头的旨趣十分不同。梁辰鱼《浣纱记》开头，也是末角登场，唱词却是剧作者吟风弄月，感喟世事沧桑，表现写作剧本的意图，是借着历史人物的遭遇，发抒胸中块垒：

---

1 高明著，钱南扬校注《元本琵琶记校注》，上海古籍出版社，1980，第1页。

【红林擒近】〔末上〕佳客难重遇。胜游不再逢。夜月映台馆。春风叩帘栊。何暇谈名说利。漫自倚翠偎红。请看换羽移宫。兴废酒杯中。骥足悲伏枥。鸿翼困樊笼。试寻往古。伤心全寄词锋。问何人作此。平生慷慨。负薪吴市梁伯龙。[1]

这段开场白总结了梁辰鱼的人生经历，有着明确的文学创作意图。老骥伏枥是说自己功名蹉跎；"鸿翼困樊笼。试寻往古。伤心全寄词锋"，是把个人的感慨写进戏曲里面；"问何人作此。平生慷慨。负薪吴市梁伯龙"，指明了"我"是剧本的作者，是"我"的创作，个人意识极为强烈。可以看到，高明写《琵琶记》，把作者隐藏在戏剧表演的社会性后面，说一套人伦道德的教化言论，而梁辰鱼写《浣纱记》则公开宣称是个人的创作，以典雅优美的文辞，表现自己的文学艺术才能。

《琵琶记》最为人称颂的文辞，是第二十出《五娘吃糠》：

【山坡羊】〔旦上〕乱荒荒不丰稔的年岁，远迢迢不回来的夫婿。急煎煎不耐烦的二亲，软怯怯不济事的孤身己。衣尽典，寸丝不挂体。几番拼死了奴身己，争奈没主公婆教谁看取？〔合〕思之，虚飘飘命怎期？难挨，实丕丕灾共危。

【前腔】滴溜溜难穷尽的珠泪，乱纷纷难宽解的愁绪。

1　梁辰鱼：《浣纱记》，《梁辰鱼集》，吴书荫编集校点，上海古籍出版社，1998，第449页。

骨崖崖难扶持的病身，战兢兢难挨过的时和岁。这糠呵，
我待不吃你，教奴怎忍饥？我待吃呵，怎吃得？思量起
来，不如奴先死，图得不知他亲死时。

【孝顺歌】呕得我肝肠痛，珠泪垂，喉咙尚兀自牢嗄
住。糠！你遭砻被舂杵，筛你簸扬你，吃尽控持。好似奴
家身狼狈，千辛万苦皆经历。苦人吃着苦味，两苦相逢，
可知道欲吞不去。

【前腔】糠和米，本是相依倚，被簸扬作两处飞？一
贱与一贵，好似奴家与夫婿，终无见期。丈夫，你便是米
么，米在他方没寻处。奴家便是糠么，怎的把糠救得人饥
馁？好似儿夫出去，怎的教奴，供给得公婆甘旨？[1]

尤其是最后一段唱词，以簸扬糠米的意象，反映夫妻分
离、夫贵妻贱的惨况，动人心弦。朱彝尊《静志居诗话》曰：
"闻则诚填词，夜案烧双烛，填至《吃糠》一出，句云'糠和
米本一处飞'，双烛花交为一，洵异事也。"[2]朱彝尊与高则诚相
距了整个明朝，隔了近三个世纪，也不知他是从哪里听来的传
说，不过，意思是说，文辞写得真好，感天地动鬼神。

《琵琶记》写得最好的部分是《五娘吃糠》，的确感人，用
词的方式很有意思，很有民间说唱的意味，如乱荒荒、远迢
迢、软怯怯，今天的苏州评弹也经常使用这种叠字来加强听众
的感受。滴溜溜、乱纷纷、骨崖崖、战兢兢，一路下来营造凄
凉孤苦的气氛。五娘诉说自己的遭遇，跟糠一样，"好似奴家身

1　高明著，钱南扬校注《元本琵琶记校注》，第 120~121 页。
2　朱尊彝：《静志居诗话》卷 4《高明》，人民文学出版社，1990，第 89 页。

狼狈，千辛万苦皆经历。苦人吃着苦味，两苦相逢，可知道欲吞不去"。这是穷苦人熟悉的灾荒经历，辗转于沟壑的苦难经常降临，这样直截了当的哭诉，最直白也最让人感同身受。这样的文辞虽然感人至深，却与文人雅士追求的细致优雅不同，与晚明讲求心灵风雅的意趣与境界大相径庭。晚明文人编写传奇剧本，以写诗填词为创作手法，反映个人态度。剧本成为文学艺术，雅化成为艺术形式的内在追求，其发展就不会只停留在早期南戏的通俗文辞，也不会以四大南戏与《琵琶记》为艺术创作的终极模本。这种雅化的审美态度，可能出现流芳千古的经典杰作，也可能出现矫揉造作的文字，甚或无病呻吟的诗篇。剧本文学化，虽然不是戏曲表演的唯一标准，却是南戏剧本演化的历史进程。南戏发展经历了很长的历史阶段，从野台社戏进入华夏庭院，演化到昆曲水磨调载歌载舞在氍毹之上，才出现了梁辰鱼、汤显祖、洪升、孔尚任等人的经典剧本，成为戏曲表演所本的楷模。

梁辰鱼《浣纱记》第二折写村女西施出场，开口唱的是：

【绕池游】苎萝山下。村舍多潇洒。问莺花肯嫌孤寡。一段娇羞。春风无那。趁晴明溪边浣纱。[1]

文绉绉的，雅是雅，像村姑唱出来的词句吗？这还不算，接着是西施的道白，也就应该是她平常说话的口气：

溪路沿流向若耶，春风处处放桃花。山深路僻无人

1　梁辰鱼：《浣纱记》，《梁辰鱼集》，第 451 页。

问，谁道村西是妾家。奴家姓施，名夷光。祖居苎萝西村，因此唤做西施。居既荒僻，家又寒微。貌虽美而莫知，年及笄而未嫁。照面盆为镜，谁怜雅澹梳妆；盘头水作油，只是寻常包裹。甘心荆布，雅志贞坚。年年针线，为他人作嫁衣裳；夜夜辟纑，常向邻家借灯火。今日晴爽，不免到溪边浣纱去也。只见溪明水净，沙暖泥融。宿鸟高飞，游鱼深入。飘飘浪蕊流花屑，来往浮云作舞衣。正是日照新妆水底明，风飘素袖空中举。就此石上不免浣纱则个。[1]

与《五娘吃糠》相比，文辞优雅，但缺少撼人肺腑的艺术感染力。这哪里是村姑自述，这是秀才耍弄才情，写诗情画意的八股文章。四六骈俪取代了日常说话，矫揉造作已极，却合乎剧作者心目中的淡雅风韵，小姑所居，独处无郎。也不知道梁辰鱼填曲的时候，心中是否想着李商隐的诗句"小姑居处本无郎"，然后就编出个"未妨惆怅是清狂"的范蠡。

《浣纱记》第十四出《打围》（又称《出猎》），是相当精彩的一折，文辞也很优美，有汤显祖称赞的【普天乐】曲文：

【普天乐】锦帆开牙樯动，百花洲青波涌。兰舟渡，兰舟渡，万紫千红，闹花枝浪蝶狂蜂。呀，看前遮后拥，欢情似酒浓。拾翠寻芳来往，来往游遍春风。

【北朝天子】往江干水乡，过花溪柳塘，看齐齐彩鹢波心放。冬冬叠鼓，起鸳鸯一双，戏清波浮轻浪。青山儿

1　梁辰鱼：《浣纱记》，《梁辰鱼集》，第 451 页。

几行，绿波儿千状，渺渺茫茫渺茫渺渺茫。趁东风兰桡画桨，兰桡画桨，采莲歌齐声唱，采莲歌齐声唱。

【普天乐】斗鸡陂弓刀铲，走狗塘军声哄。轻裘挂，轻裘挂，花帽蒙茸，耀金鞭玉勒青骢。[1]

然而，写到第二段【北朝天子】，为了表现围猎的热闹气氛，语气开始通俗，使用许多叠字形容出猎队伍的壮观，不再以精雕细琢的诗句来展现诗情画意的场景：

【北朝天子】马队儿整整排，步卒儿紧紧挨，把旌竿列在西郊外。红罗绣伞，望君王早来，滚龙袍黄金带。几千人打歪，数千声喝彩。摆摆开摆开摆摆开，闹轰轰翻江搅海，翻江搅海。犬儿疾鹰儿快，犬儿疾鹰儿快。[2]

其实，在舞台上演出，这样"闹轰轰翻江搅海"的唱词，通俗好懂，很是一般群众喜爱的热闹场面。可是在讲究大雅的文士名家眼里，却成了恶俗。沈德符《万历野获编》卷25记载了一段逸事，就说到当时文名天下的屠隆曾为了这段文字的俗滥，设计恶搞梁辰鱼：

昆山梁伯龙亦称词家，有盛名。所作《浣纱记》，至传海外，然止此不复续笔。其大套小令，则有《江东白苎》之刻，尚有传之者。《浣纱》初出，梁游青浦，时屠

1　梁辰鱼：《浣纱记》，《梁辰鱼集》，第486页。
2　梁辰鱼：《浣纱记》，《梁辰鱼集》，第486页。

纬真隆为令，以上客礼之，即命优人演其新剧为寿。每遇佳句，辄浮大白酬之，梁亦豪饮自快。演至《出猎》，有所谓"摆开摆开"者，屠厉声曰："此恶语，当受罚。"盖已预储浔水，以酒海灌三大盂。梁气索，强尽之，大吐委顿。次日，不别竟去。屠凡言及必大笑，以为得意事。[1]

屠隆以"摆开摆开"是俗滥恶语为由，逼得梁辰鱼罚酒三大杯，准备的却是污水，还自以为乐，作为得意之举，四处传讲。这场恶作剧让梁辰鱼大受委屈，反映了当时文人雅士蔑视俗滥曲文、以雅为尚的态度。

说《浣纱记》曲文俗滥，是绝对不公平的，屠隆此举只是以偏概全，抓住了小辫子的霸凌行为。在昆曲舞台经常演出的折子戏《寄子》，是《浣纱记》的第二十六出，文辞就极为典雅优美，而且在表现伍子胥父子生离死别的情景上，震撼人心，在舞台演出的效果上，雅俗共赏，直到今天，每每令观众为之涕下：

【胜如花】（外）清秋路，黄叶飞，为甚登山涉水？只因他义属君臣，反教人分开父子，又未知何日欢会。〔合〕料团圆今生已稀，要重逢他生怎期？浪打东西，似浮萍无蒂，禁不住数行珠泪。羡双双旅雁南归，羡双双旅雁南归。（贴）

【前腔】我年还幼，发覆眉；膝下承欢有几？初还认落叶归根，谁料是浮花浪蕊！〔阿呀，爹爹吓！〕何日报双

1　沈德符:《万历野获编》中册卷 25《词曲・梁伯龙传奇》, 中华书局, 1990, 第 644 页。

亲恩义？（合）料团圆，今生已稀；要重逢，他年怎期？
浪打东西，似浮萍无蒂。禁不住数行珠泪。美双双旅雁
南归。[1]

　　沈德符在《万历野获编》中，探讨了戏曲南北散套的写
作，特别指出：“吴中词人如唐伯虎、祝枝山。后为梁伯龙、张
伯起辈。纵有才情。俱非本色矣。”[2]主要讲的，就是这些文人填
的曲，辞藻优雅，才华横溢，可是缺少了“本色”。缺少了质
朴通俗的文辞，就没有直截了当的艺术感染力，无法感动听戏
的观众。他还论及音律，似乎对苏州人只关注昆腔水磨调，而
忽视原本是主流的北曲有所不满：“近年则梁伯龙、张伯起俱吴
人，所作盛行于世。若以中原音韵律之，俱门外汉也。”[3]
　　这个“本色”问题，十分困扰明末的文人雅士。他们一方
面讲求文辞的优美雅致，另一方面又考虑到戏曲舞台演出的整
体艺术感染力，经常以元曲的直白感人为标准，批评明代传奇
写作的枝蔓与拖沓。凌濛初（1580~1644）在《谭曲杂札》里，
对戏曲从元杂剧到明传奇的由俗入雅过程，从戏曲观众听戏的
接受角度，提出了质疑，做了以下生动描述：

　　曲始于胡元，大略贵当行，不贵藻丽。其当行者曰
本色。盖自有此一番材料，其修饰词章，填塞学问，了
无干涉也。故《荆》《刘》《拜》《杀》为四大家，而长材
如《琵琶》犹不得与，以《琵琶》间有刻意求工之境，亦

1　梁辰鱼：《浣纱记》，《梁辰鱼集》，第520页。
2　沈德符：《万历野获编》中册卷25《词曲·南北散套》，第640页。
3　沈德符：《万历野获编》中册卷25《词曲·填词名手》，第642~643页。

开琢句修辞之端，虽曲家本色故饶，而诗余弩末亦不少耳……自梁伯龙出，而始为工丽之滥觞，一时词名赫然。盖其生嘉、隆间，正七子雄长之会，崇尚华靡，弇州公以维桑之谊，盛为吹嘘，且其实于此道不深，以为词如是观止矣，而不知其非当行也。以故吴音一派，竞为剿袭。靡词如绣阁罗帏、铜壶银箭、黄莺紫燕、浪蝶狂蜂之类，启口即是，千篇一律。甚者使辟事、绘隐语，词须累诠，意如商谜，不惟曲家一种本色语抹杀无余，即人间一种真情语，埋没不露已。[1]

比凌濛初稍早的常熟剧作家徐复祚（1560~1630？），著有《红梨记》，深受昆腔水磨调影响，就采取脚踏两条船的态度。在《花当阁丛谈》中，他就与凌濛初采取不同的论调，一方面批评梁辰鱼《浣纱记》的论点结构松散，文辞俚俗；另一方面又称赞他配曲宫调不失，在曲唱的安排上极为出色。"梁伯龙辰鱼作《浣纱记》，无论其关目散缓，无骨无筋，全无收摄。即其词亦出口便俗，一过后不耐再咀。然其所长，亦自有在，不用春秋以后事，不装八宝，不多出韵，平仄甚谐，宫调不失，亦近来词家所难。"[2]徐复祚显然不认为梁辰鱼文辞工丽有什么问题，反倒是觉得《浣纱记》的文辞太俗，难登大雅之堂，同时大为赞赏梁辰鱼善于使用昆腔水磨调。

凌濛初的批评，赞誉元曲与早期四大南戏的"本色"，抨击昆曲勃兴之后的文辞柔靡，一篇打翻一船人，观点未免偏

---

1 凌濛初:《南音三籁·谭曲杂札》，清康熙七年袁园客增订重刻本，第 1b~2a 页。

2 徐复祚:《曲论》,《中国古典戏曲论著集成》第 4 册，第 239 页。

颇，徐复祚显然不会赞同。明末著名剧作家李玉就在《南音三籁序》中，提出了完全相反的观点：

> 至明初，亦有作南曲者，大都伧父之谈，朴而不韵。延及嘉隆间，枝山、伯虎、虚舟、伯龙诸大有才人，吟咏连篇，演成长套。或一宫而自始至终，或各宫而凑成合锦，其间紧慢之节奏，转度之机关，试一歌之，恍若天然巧合，并无拗嗓棘耳之病。全套浑如一曲，一曲浑如一句。况复写景描情，镂风刻月，借宫商为云锦，谐音节于珠玑，亦如诗际盛唐，于斯立极，时曲一道，无以复加矣。[1]

李玉的论点与凌濛初针锋相对，真可谓"南辕北辙"，明确指出嘉靖、隆庆之前的南曲，都是"伧父之谈"，粗鄙无文的。直到苏州文人参与，南曲才变得优雅斯文，特别在音乐与文辞的结合上，美妙动听，自然天成，不再有鸟语一般的"呕哑嘲哳难为听"。由此亦可见，南戏发展过程中，从嘉靖年间开始的一个世纪，昆腔水磨调由于魏良辅与梁辰鱼的艺术打磨，逐渐形成戏曲写作的雅调，其间有着不同议论与波折，并非一帆风顺。由俗入雅，固然有苏州文化圈的支撑，但也有许多喜爱传统主流的文士，自矜见识，看不惯新起的时代流行曲，直斥为附庸风雅的靡靡之音。时间是考验艺术成就最好的标尺，在一两个世纪的时间流逝之中，大浪淘沙，淘汰了大量以昆腔水磨调写作的低劣作品，滤去了千篇一律的莺声燕语，留下了昆曲演出的文艺经典。

1　李玉：《南音三籁序》，凌濛初：《南音三籁》，第2a~3a页。

四

在昆曲勃兴前后，南戏的演化分两方面进行：一方面是通俗化的散布流行，展现了南戏普及的力度；另一方面则是在精英阶层的雅化进程，着重文辞与表演的精致与优雅，展现了南戏艺术性的提高。汤显祖在《宜黄县戏神清源师庙记》中，清楚描绘了南戏发展的途径：普及的是弋阳腔一脉，结合各地曲唱与演艺，流行四方，演化成各地的地方戏，是受乡民群众喜好的俗戏；提高的是昆曲与海盐戏，优雅静好，是士大夫精英崇尚的雅戏。[1]

与汤显祖同时代稍晚的顾起元（1565~1628），在《客座赘语》卷9中详细记录了南戏在南京的发展：

> 南都万历以前，公侯与缙绅及富家，凡有谯会小集，多用散乐，或三四人，或多人，唱大套北曲……若大席，则用教坊打院本，乃北曲四大套者……后乃变而尽用南唱……大会则用南戏。其始止二腔，一为弋阳，一为海盐。弋阳则错用乡语，四方士客喜阅之；海盐多官语，两京人用之。后则又有四平，乃稍变弋阳而令人可通者。……今又有昆山，校海盐又为清柔而婉折，一字之长，延至数息。士大夫禀心房之精，靡然从好。见海盐等腔已白日欲睡，至院本北曲，不啻吹箎击缶，甚且厌而唾之矣。[2]

1　《宜黄县戏神清源师庙记》，《汤显祖全集》第2册，第1189页。
2　顾起元：《客座赘语》卷9《戏剧》，中华书局，1987，第303页。

　　这一演变情况，精通南北曲的王骥德在《曲律》卷2《论腔调第十》中也说："旧凡唱南调者，皆曰海盐，今海盐不振，而曰昆山。"[1]

　　汤显祖创作剧本，继承了梁辰鱼的写作取向，显示南戏演变的雅化过程。他撰写剧本，以文学创作为优先考虑，在审音填曲方面，主要是使用当时流行的海盐昆腔一路，也就是循着戏曲音乐的雅化，在曲文上更为精益求精，发现前人未曾探索的角色内心世界，展示人间情感的杳渺幽微。汤显祖在万历年间的文坛，声名显赫，是远近闻名的诗文大家，他写剧本自然会受到时人的瞩目。他写第一部剧本《紫箫记》，以霍小玉故事为剧情，就引起一阵骚动，谣传他借戏曲写作来讽刺当朝大员，迫使他为避免卷入政治斗争而辍笔。后来他以同样的故事来源写了《紫钗记》，以华美清丽的文辞，叙述凄美动人的爱情故事，追求的是诗词意象之美，可谓文人雅士心目中的才子佳人剧杰作。他在因批评政府腐败而遭贬谪之后，写了《牡丹亭》(《还魂记》)，宣扬至情至性，坚持个人的理想与爱情，不惜生生死死，颠覆陈腐的旧秩序，寻求心目中的美好新世界，引起了巨大的反响。沈德符在《万历野获编》中说："汤义仍《牡丹亭梦》一出，家传户诵，几令西厢减价。奈不谐曲谱，用韵多任意处，乃才情自足不朽也。"[2]

　　《紫钗记》和《牡丹亭》可以泛泛归类到才子佳人剧，可又不只是写才子佳人的卿卿我我，主要讲的是一个妇女的自我追求。与一般才子佳人剧大不同处，在于不以才子的男性中心

1　王骥德：《曲律》卷2《论腔调第十》，《中国古典戏曲论著集成》第4册，第117页。

2　沈德符：《万历野获编》中册卷25《词曲·填词名手》，第643页。

出发，而以女主角的情欲与理想为情节主轴，展现她的社会
处境与对婚姻自主的困扰。汤显祖写戏，考虑生命意义的展
现，最主要是追求"情真"，不受陈腐道德纲常的羁绊，活出
一个至情的真正的人。他受泰州学派思想的影响，从自我良知
出发，要"致良知"，而且要在社会处境中"知行合一"，活出
一个真我。什么是自我良知呢？就是内心深处基本人性（泰州
学派强调的"赤子之心"）的主体性，所以，从《紫钗记》到
《牡丹亭》，汤显祖创作剧本，是在展现这种幽微的人性解放，
完全不符合流俗观念，绝不通俗，不但是雅之又雅，还是哲思
在舞台表演领域的重大突破。

　　《牡丹亭》不是一个简单的男女爱情故事，它是女性追求
自我的演绎。在明代传统道德封闭的社会环境下，杜丽娘的情
感与言行，肯定自我主体的情欲，追求自己所想所要，生生死
死，下了地府冥间，化作鬼魂，还要回到阳世找她的梦中情人。
这是俗世现实不可能发生的事，但是，通过汤显祖的生花妙笔，
展演了缠绵悱恻的至情至性，唤起人们的同情，接受这个超越
俗世想象的美好愿景。这出戏非常特别，思想性特别超前，追
求的"自我主体性"是非常现代的意识，不是四百年前女性所
能清楚道出的心理状态，但隐隐约约有此向往，朦朦胧胧有此
希望。我们从当时闺阁妇女阅读或观赏《牡丹亭》的反应，就
可以知道，女性读者与观众受到多么大的心灵震撼。最显著的
例子，就表现在文献中的《吴吴山三妇本牡丹亭》的批点评语，
以及《红楼梦》中黛玉听了《惊梦》戏词之后的感受。

　　《牡丹亭》中最著名也是在舞台上表演最多的是《惊梦》
《寻梦》这两出。我们看看汤显祖写杜丽娘出现在小庭深院的曲
文，是多么娴雅韵致：

【步步娇】（旦）袅晴丝吹来闲庭院，摇漾春如线。停
半晌，整花钿，没揣菱花，偷人半面，迤逗的彩云偏。
（行介）步香闺怎便把全身现？[1]

写她与春香一同进入花园，四下无人，春天来到静悄悄的
废园，绽放出五颜六色的姹紫嫣红：

【皂罗袍】原来姹紫嫣红开遍，似这般都付与断井颓
垣。良辰美景奈何天，赏心乐事谁家院。恁般景致，我老
爷和奶奶再不提起。（合）朝飞暮卷，云霞翠轩。雨丝风
片，烟波画船。锦屏人忒看的这韶光贱。
【好姐姐】（旦）遍青山啼红了杜鹃，荼蘼外烟丝醉
软。春香呵，牡丹虽好，他春归怎占的先？（贴）成对
儿莺燕呵，（合）闲凝眄，生生燕语明如翦，呖呖莺歌溜
的圆。[2]

汤显祖当然是在作诗，描摹杜丽娘的心境，让他笔下的
角色吐露心底的幽微情愫，写出少女杳渺的春心荡漾，却又
不失高雅矜持的风致。游园之后，梦到理想的情人，又去花园寻
梦，继续展现少女怀春的情愫，刻画入微：

【懒画眉】（旦）最撩人春色是今年。少甚么低就高来

1　汤显祖：《牡丹亭》，徐朔方、杨笑梅校注，人民文学出版社，1978，第42页。
2　汤显祖：《牡丹亭》，第42页。

精华所在，则以《惊梦》、《寻梦》二折对。予谓：二折虽佳，犹是今曲，非元曲也。《惊梦》首句云："袅晴丝，吹来闲庭院，摇漾春如线。"以游丝一缕，逗起情丝，发端一语，即费如许深心，可谓惨淡经营矣。然听歌《牡丹亭》者，百人之中有一二人解出此意否？若谓制曲初心并不在此，不过因所见以起兴，则瞥见游丝，不妨直说，何须曲而又曲，由晴丝而说及春，由春与晴丝而悟其如线也？若云作此原有深心，则恐索解人不易得矣。索解人既不易得，又何必奏之歌筵，俾雅人俗子同闻而共见乎？其余"停半晌，整花钿，没揣菱花，偷人半面"及"良辰美景奈何天，赏心乐事谁家院"，"遍青山，啼红了杜鹃"等语，字字俱费经营，字字皆欠明爽。此等妙语，止可作文字观，不得作传奇观。[1]

李渔批评《牡丹亭》曲文太雅、太深，过于曲折婉转，不适合舞台演出，有其粗浅的道理，就是一般群众听不懂，所以不是元曲通俗一脉。李渔以"雅俗对立"来评论剧本的舞台效果，有其看法，但是以元曲直白通俗为品评标准，认定了文辞雅致的剧本不能演出，则完全忽视了戏曲发展的历史轨迹，就未免观点狭隘，抱残守缺了。《牡丹亭》演出四百年的历史，让我们看到，在昆曲舞台上历演不衰的，就是《惊梦》《寻梦》这两折，最受观众喜爱，成了雅俗共赏的剧目，因为是文学、音乐与演艺最优雅的结晶。回顾戏曲发展的历程可知，由俗入雅是自然的趋势，不必是古非今，崇俗贬雅，应该视作不同历史

1　李渔：《闲情偶寄》，《中国古典戏曲论著集成》第 7 册，第 22~23 页。

阶段的艺术创作倾向与风格。雅俗可以共赏，也可以分赏，不必相互排斥。王国维在《人间词话》中说："境界有大小，不以大小分优劣。"这评论的是诗词欣赏，其实戏曲也一样，戏曲有雅俗，不以雅俗分优劣。

南戏剧本的写作，在明代中叶已经开始雅化，许多文人作家的参与，发展了明代传奇剧本的文学化，逐渐远离元杂剧的直白本色。昆曲的兴起，讲究音乐节拍的舒缓雅致，更进一步推动雅化的过程。到了汤显祖的《临川四梦》，戏曲剧本雅化的进程，已经达到了高峰。之后的昆曲剧本，包括李渔的剧本在内，不论题材是男女恋情，还是世事沧桑，曲文的撰著都有阳春白雪的倾向，而不以下里巴人为依归。

从文学经典的角度来看，清初洪升的《长生殿》与孔尚任的《桃花扇》，是两部极其精彩的作品。《长生殿》的写作，融合昆曲音律的要求与文辞的优雅精审，穿插了南北曲的精华，可谓昆曲剧本的写作典范。尤其值得注意的是，《长生殿》的曲文撰写，简直达到了杜甫写诗的"无字无来历"，把历代关于唐明皇与杨贵妃故事的文学典故，几乎完全融入了剧情的铺展。《桃花扇》的文辞也精彩万分，令人低回不已，表面写的是侯方域与李香君的爱情故事，真正表达的却是国破家亡之痛、改朝换代的历史创伤。最受后人称道，甚至在民国以后被纳入语文教科书作为文学范本的，是剧本末尾的《哀江南》套曲，最后一段如下：

〔离亭宴带歇指煞〕俺曾见金陵玉殿莺啼晓，秦淮水榭花开早，谁知道容易冰消！眼看他起朱楼，眼看他宴宾客，眼看他楼塌了！这青苔碧瓦堆，俺曾睡风流觉，将五十年兴亡看饱。那乌衣巷不姓王，莫愁湖鬼夜哭，凤凰台栖枭鸟。残山梦最真，旧境丢难掉，不信这舆图换稿！诌一套《哀江南》，放悲声唱到老。[1]

　　经过历代的传诵阅读与舞台演出，这些雅化的曲文，早已成为雅俗共赏、童叟皆知的基本知识，是文化传统提炼出来的精华，也是文学经典与昆曲雅化相融的文化遗产，最值得我们从欣赏昆曲之中，汲取并传承精华，开创未来。

1　孔尚任：《桃花扇》，人民文学出版社，1959，第263页。

思想史中的人物与派别

传记与时空：我读列文森

叶文心 *

我喜欢读人物传记，喜欢猜想人的一辈子是怎么开始，怎么一步一步地走到某个情景的。中小学时期暑假期间，我常把名人传记当作故事书来读。开始的时候读了不少白话简易的人物传记，每页墨黑纸白，字迹清晰，有的还有图画。其中的伟人，多半符合一个格套，也就是少起贫寒，勤奋不懈，屡经挫折，不屈不挠，"十有五而志于学"，"三十而立，四十而不惑"。不惑以后，就不计牺牲代价，勇往直前，最后得以如此这般，成就大业。有人求仁得仁，有人求义得义，有人建铁路，有人建民国，有人发明电灯电话，有人打退敌军，有人击败洪水猛兽，有人明白了天地之间的大道理。每个传记的主人翁都有一段发展过程与经历，在体肤心智经过锻炼后，得以为国家民族、人类文明做出一番轰轰烈烈的事。这些书的作者似乎都是书店的编辑出版部，文字平易，故事起承转合有序，而且必然有一个正面的结局。即使好人成为英烈，也可以名扬四海，继续立德、立言、立行的社会效应，算是善终。我把书店的"少年文库""新少年文库"之类的系列读完以后，就转而浏览家里的旧书。其中印象深刻的，一部是林纾、魏易翻译的洛加德的《拿破仑本纪》，另一部叫作《西洋哲学史》，大约也是民国时期的出版物，都是半文言的作品。其中斯宾诺莎被教会灭烛赶出去，笛卡尔开启"问天"式的认识论，突出危机感在人生之中的关键性作用，尤其生动。这些书篇幅不短，字数不少，每页密密麻麻，原原本本，从"很久从前"一直讲到最近，前后发生的事因果相扣，读完以后让人认识到"原来如此"，作为阅读的收获。

我把历史作为本科专业之后，进一步接触到书店里不容易找得到的人物传记。那时候读了吴晗早年的《由僧钵到皇权》，意识到某些当代人物的面目在书中呼之欲出，觉得非常有趣。把它跟《明史》的"太祖本纪"进行了比对之后，想到当初编写《明史》的人绝无可能把20世纪的事放在心上，也意识到一个人可以有一种以上截然不同的传记。这时对"编著者是谁"，以及其人组织史料、建构叙述的眼光与手段产生了深刻的印象。以后在学校读到《史记》。《史记》里的人物，例如屈原、贾谊，读了半天，也看不出来原籍何处，生卒于何年何月何时，祖宗三代是谁，几岁结婚，街坊邻里有谁，为什么走上这样或那样的道路。除了性格以及风格之外，这样的传记所提供的材料，似乎不足以填写身份证明或者交代材料。我们讲授《史记》的老师对于这些不入门的问题反应十分冷淡。他让学生们拼命地抄书，比较各种《史记》与《汉书》版本的异同。过了一阵子我们方才幡然觉悟，体会到老师除了深通汉文之外并且兼通日文，所以他读的《史记》，是东亚共同文本的《史记》，他的易水荆轲，演绎成 20 世纪的故事，也不是一国一时的荆轲。这门课最终的收获，是认识到"读者是谁""如何阅读"对文本解读的重要性。

我做研究生的时候，选择了明清以及民国史当作专业，接触到明清人物官修以及传世之作的列传、行状、家传与墓志铭，也读到闲暇笔墨的逸史与别传。读到欧洲的圣哲传记，也读到《明儒学案》。圣哲与学案，对象无论是无所不在的神或天还是人，似乎都是人的故事小，道的故事大，人在时空之中，道在时空之上，许多故事，都是广义的寻道、得道、证道，或者弘道的叙述。然而"人能弘道，非道弘人"，这些弘道者以有涯之生，求无涯之道，这些传记言行因而有大书特书的必要。

如果没有对形而上大道理的认定，许多人物评价也就失去了指向与权衡。名臣的故事所建构的典范意义，不亚于名儒故事。以《明史》为例，一部《明史》，如果把它当作一个一气呵成的整体文本来阅读，我们可以意识到乾隆朝《明史》本纪、列传所彰显的，往往符合一个潜在的大叙述，这就是寓政于教，以文化野，以伦常跟朝廷的气运相互表里。《明史》列传中人伦的运作，常常是天道运作的彰显。什么是"天"，如何观测天象、解读天意呢？天意的彰显是与时俱进的。《明史·天文志》第一卷开宗明义地指出"天象虽无古今之异"，可是"谈天之家，测天之器"后世可以胜于前朝。晚明利玛窦引进西洋历法，西洋历法加上元代的回回历法，使得后世测天的历算可以精于前世。从形而上的角度来看，朝廷一旦掌握了更为精准的天象推算方法，颁布更合于天道的历法，根据历法所制定的天地四方、四时礼仪祭祀的日期跟时辰就更能够跟天道契合，这样的历法与仪式颁布到国家各处，无论是四裔还是偏乡，如果官民一体向化，按时行礼，天理民情就应当更能够顺畅沟通，邪教幻术就不至于蛊惑民心，"四时行焉，百物生焉"，可以物阜民殷。在这个潜台词的大框架之下，《明史》列传之中的正面人物，除了具体的文章以及事功之外，大约都在人伦礼法的实践上不曾违逆天心天意。《明史》传记中的反面人物则不然。《明史》对中期以后的皇帝都没有好评。世宗嘉靖在位的时期是个气运转折的时段，但是皇帝事事突出己意，徇一己的人情，不懂得做皇帝在天人礼法架构之中所必须遵循的道理，以至于天象以五行的错乱来示警。以后天下大乱，明室覆亡，要靠新的"有德者"来居中夏，方能恢复秩序。

　　我在研究所读到的西洋圣哲传记，关于时序与编年问题，记得有一个有趣的文本。有一位文艺复兴时期的教皇，留下了一个号称是自传的文本，自述人生历程。但是关于这个文本，后来的学者们始终怀疑是伪作，辩论不休。19世纪以来的硕学们所依据的，是文本之中的语气不像是第一人称自我内视性的建构，同时事件时序也前后错置，所以断定为"不可能"是一个人的自述。我们20世纪的老师读了同样的文本，则独唱反调，提出疑问，他指出心理学式的认定，把人在幼时对权威与欲望的情感经验看作一辈子个性形成的关键，把人的一生看作如同从种子发芽到开花结实，一切都可以由感性基因来解释，

这是 19 世纪以后的思维。他也指出人物生平自述之中对自我的
认定以及自我与群体的分疏，未必是自有文明以来每个社会人
自然而然的行为。把自我放在叙述中心的叙述，把人与我的存
在界限作清楚分疏的意识，是近代以后自传的表征。换言之，
一个 15 世纪的自传文本，如果传主没有循序排列自我成长的年
份月日，或者无法在叙述中把自我意识作明晰的凸显，只能证
明传主并不具备现代人的自我界定与成长意识，但是未必能够
证明所谓的自传是伪作。我们老师的论述，是否说服了学界，
把伪作看成真作，不得而知。但是他质疑了大家一般认为没有
问题的问题，引进了以时代知识为背景的阅读与书写方式，提
醒我们在阅读传记的时候，必须把传记文本内涵的知识架构放
在历史框架中。

　　20 世纪西方学界界定中国近代思想史的主要人物之一，是
伯克利的列文森教授。他从 1951 年到 1969 年在伯克利执教，
主讲中国近现代史。列文森出身波士顿犹太裔家庭。早年正逢
二战，曾经是个美军海军日语翻译官。1949 年得到哈佛大学的
历史学博士学位。1951 年开始在伯克利任教。这期间的伯克利，
正处在战后的发展以及转型时期，由一个原本以州为视野，以
农工、森林、机械、矿冶、实学为主的大学大幅跃升，变成具
有全球视野以及世界级名声的研究型大学。核子生化实验室与
人文理工基础研究并驾齐驱，学术上极富有开创性。列文森以
哈佛最优异的资历加入历史学系，成为系里第一个犹太裔的教
员。[1] 1953 年他出版了《梁启超与近代中国思想》，1958 年到

1　Interview with Kenneth Stampp, UC Oral History Project, Part IV on Berkeley History
　Department, on Joseph Levenson, http://texts.cdlib.org/view?docId=kt258001zq;
　NAAN=13030&doc.view=frames&chunk.id=d0e5499&toc.id=d0e4043&brand=calisphere.

1965 年，陆续发表了专刊文章，随后整理成为三卷本的《孔孟经纶与近代中国》。[1] 此后"文化大革命"发生，诱发了他对另一部三卷本的构想。列文森教授在 1969 年 4 月因为划船事故而过世。一个月之后，他的历史系同事舒扶澜集合两人合作的讲义，出版了《诠释中国：从源起到汉亡》，[2] 两年之后，散篇的遗作以及未完成的文稿由他的学生集成了《中国革命与走向世界》，成功出版。[3] 再过几年，他的师长、同学、同事、学生以及家人收集了讨论他的作品的文章，为他出版了纪念文集《史家的莫扎特》。[4] 伯克利在中国近代史研究领域的科研教学工作由他开展，学术声望也由他奠定。

列文森在伯克利把中国近现代史建制成一个学门，同时发展出一套近现代史的叙述。他开大学本科的演讲课，那时伯克利采用的是学季制度，一年有秋、冬、春三季，他的《孔孟经纶与近代中国》也正好是三卷。他讲义的打字摘要还保存在学校的档案馆中。20 世纪 50 年代北美知识界所共同关切的中国议题，是 1949 年中国共产党为什么能够得到胜利，人民共和国为什么能够成功建立。20 世纪 60 年代所集中思考的，则是人民共和国成立以后的社会主义改造，以及早期"文化大革命"

1　Joseph R. Levenson, *Liang Ch'i Ch'ao and the Mind of Modern China* (Cambridge, MA.: Harvard University Press, 1953); Joseph R. Levenson, *Confucian China and Its Modern Fate: A Trilogy* (Berkeley: University of California Press, 1958, 1964, 1965). 以上著作都有中译本，使用了不同的译名。

2　Joseph R. Levenson and Franz Schurmann, *China: An Interpretive History, from the Beginnings to the Fall of Han* (Berkeley: University of California Press, 1969).

3　Joseph R. Levenson, *Revolution & Cosmopolitanism: The Western Stage & the Chinese Stages* (Berkeley: University of California Press, 1971).

4　Maurice Meisner and Rhoads Murphey, eds., *The Mozartian Historian: Essays on the Works of Joseph R. Levenson* (Berkeley: University of California Press, 1976).

的意义。列文森处在这个氛围中，在教室里面对学生，在教授会议上面对同事，开宗明义所问的第一个问题就是，"在一个为西方学生而设计的历史学学程里，中国应当表述什么意义？"他的答案是，无论古代还是近代中国，其所展现的经历都具有广大的思想意义。"如果我们认真对待我们自己现在提出来的说法，想对现代世界做全面的理解，如果我们认真对待我们自己在道德上以及知识上所认识到的、欧洲与美国历史的局限性，我们就必须从普遍意涵的角度来研读中国历史，而不是从我们切身的政治或文化需要出发来读它。"¹列文森相信中国历史素材所表述的意涵跨越中国，属于一个真正世界知识的一部分。反过来说，他认为没有中国参照的欧美知识不是世界知识。我们可以把他的观点看作他的时代的产物。我们可以想象他在系务会议上的发言。同时我们也可以思考列文森在他的时代之中所标识的意义。

为什么读中国历史，列文森时代的欧美知识界显然有不同的意见。有人寻求中国知识，正因为中国显然不是西方的一部分，所以可以当作寻奇对象。有人寻求中国知识，是因为中国在国际事务上变得重要了，所以需要用来指导西方的决策。列文森除了在"为什么"读中国历史的问题上有他的看法外，同时对"如何"读中国历史更有一套他的理论。他主张多思考思想意涵，少用精力收集数据资料。²他也认识到以中国为题材的西方学术著作，必须在东、西方不同的学术传承与范式之

1　Joseph R. Levenson and Franz Schurmann, *China: An Interpretive History, from the Beginnings to the Fall of Han*, pp.vii.

2　Joseph R. Levenson and Franz Schurmann, *China: An Interpretive History, from the Beginnings to the Fall of Han*, pp. viii.

间，开辟出独立完整的知识领域，必须避免在不经意的情况之
下，以西方思维驾驭中国材料，产生不中不西、非驴非马的尴
尬。列文森对这个问题的思考，贯穿他对文字语言的关注。他
知道翻译以及解读是西方汉学界研究中国的基本工作。他认为
在这个过程中，如果纯然以西方文字与叙述的习惯来描述中
国，这个实践必然会产生偏差与误读。但是如果高度忠实于中
国文字所包含的范式，这样的译文，除非再经过一道诠释，否
则用来跟西方学界进行对话，也必然会产生偏差与误读。简言
之，列文森作为西方中国近现代思想史的开创者之一，他在 20
世纪 50 年代率先提出一些其后不断被重复提出来的语言、范
式、概念与文化的方法问题。[1] 他认为中国在世界舞台上，并不
是一个不同文明接触的空间，并不是一个世界时钟上相关现象
的发生地，更不是一个东方情调的装饰品。中国历史中作为一
个研究主体的，是具有文明对话普遍性的中国经验。[2] 以他自己
的话来说，"我所尝试的，不是一个可以由收藏家鉴赏的静态中
国写生。我所认定的，是中国是世界画布上的作画者"。[3] 如果
有人想象中国，把研究对象设定为马可·波罗或庄士敦，传教
士或租界洋行，这样写成的文章算不得进入了以中国经验为研

1　Book review by Joseph R. Levenson, of "*Ssu-ma Ch'ien, Grand Historian of China*. By Burton Watson," *Pacific Historical Review*, No. 1958, Vol.27, No.4, pp.413-414. Also book review by Levenson, of "*Ts'ao Yin and the K'ang-His Emperor, Bondservant and Master*. By Jonathan D. Spence," in *The American Historical Review*, Vol. 72, No.4 (July 1967), pp.1459-1460.

2　Frederic E. Wakeman, Jr., "Foreword," in Joseph R. Levenson, *Revolution and Cosmopolitanism: The Western Stage & the Chinese Stages* (Berkeley, Los Angeles & London: University of California Press, 1971), pp.ix-xxix.

3　Joseph R. Levenson, "The Genesis of *Confucian China and Its Modern Fate*," in L. Perry Curtis, Jr., ed., *The Historian's Workshop: Original Essays by Sixteen Historians* (New York: Knopf, 1970), p. 279.

究主体的中国历史。他的同事舒扶澜认为，列文森一辈子所关切的，是中国思想取向在世界文明之列所代表的独特的文明主体。[1] 他尝试以中国的历史脉络来解说中国当代的取向，尝试从中国历史出发，阐释锐变中的中国在世界史上的意义。他的基本观点之所以需要一说再说，就是因为他虽然生性乐观，观点极有说服力，但是在 20 世纪 60 年代越南战争的氛围之下，他不由又对世界意识的前景感到悲观。

　　列文森的中国近现代史，是他对中国与世界文明碰撞的思考。叙述的时段上起晚明，重点在鸦片战争以后的中西交通。他认定到了晚清，传统天人秩序与文化说服力逐步崩解，知识分子在这种变化了的时空条件之下，转而尝试重新建构一套以国家富强为指向、以西学科技作为致用工具的知识体系。列文森写成这个三卷本的时候，年纪不过四十出头，笔锋带有青壮学者的锐气。他把思潮的流变打造成一把万能的钥匙，用来全盘解读近现代中国结构性变化的各种现象。在他的笔下，以孔孟为基础的礼教学问与经世之道，在两次鸦片战争以及中法战争、中日甲午战争之后，完全失去了实用意义与生机活力，即使有人奋力卫道，这个"道"的历史象征意义也超过实践作用，变成了文化古董。这是因为 19 世纪从自强运动以后，传统学问同时经历双重的解构。其一是革新者对传统的修订、重构、批判与扬弃。其二是保守者对传统的维护与坚持，为传统而传统，为反革新而维护传统，以至于把旧的东西标本化，一成不可也不敢变，保留了形骸但是失去了精神，丧失了传统作

1　Franz Schurmann, "Levenson on China and the World," in *The Mozartian Historian*, pp.70–71.

为活的文化应有的生机。孔孟之道一旦崩解，也动摇了中国数千年帝制的意识形态，推动了科举制度的废除，直接打击了士大夫阶层的社会地位以及所积累的文化再生能力。中国知识人一旦失去了所依傍的孔孟之道，走上追求国家富强的道路，也就丧失了旧时代的圆融自适，面临对新时代的手足无措。这时大家一面为了富强而拥抱西方的科技以及具有普遍性的科学理性主义，另一方面在自我的文化认同上，却又挣脱不了对历代传承的依恋，以及对士大夫身份长久优势的依靠。在这个无法两全的选择之中，普遍性与特殊性、求真与徇情、现代与传统、西学与中学，因此构成中国近现代思想史上极为尖锐的二元对立，在知识活动的领域中造成了高度的内在失衡与张力。列文森二元张力论最鲜明的论述，是他直截了当地认定在现代世界之中，中国人不可能同时既保有儒家文化一贯的价值，同时又接纳现代科学的理性。关于这种知识与情感之间的矛盾，以及对传统思想与道路的自信丧失，他论断是现代中国知识分子无可逃避的心理困境与文化危机。

这个论断，把根植于中国几千年的知识、伦理看成走不出去也无法再生的体系，立即引起华裔以及汉学学者们的批评与反驳。但是这个论述对列文森的全盘解说却非常重要。他认定这个思想的内在张力，在鸦片战争以后的一个多世纪中，一直是推动中国人思想不断锐化的心理动力。晚清以后，中国的知识精英推出了一波又一波试图兼顾古今中外的组合。但是无论所开的方子是中体西用、全盘西化、兼容并包、文化本位的民族主义，还是民族本位的文化主义，都无法使现代中国知识人摆脱在情感与认知上相互矛盾的窘境。中国思想界在求变求新的进程中，因此背负了心理与情感上的失衡。这个失衡无止无休地演绎，最终的结果是共产主义在中国的胜利。

共产主义思潮在中国为什么可以得到胜利呢？列文森认为，透过接纳国际共产主义，中国思想界终于在情感与认知之间找到了一个平衡点。这是因为马克思与列宁主义源自西方，驾驭了科学原则的普遍性。这个源自西方的主义又站在帝国主义与资产阶级的对立面，也就是能够跟中国百年以来以人民为主体的反帝斗争站在同一阵线。关于人民，列文森认为辛亥革命的结果虽然离民国理想的实践十分遥远，但是袁世凯复辟的失败证明帝制与孔教没有出路，以后 20 世纪的中国政治史，凸显了人民如何成为中国叙述的主体。20 世纪中期的中国共产主义，重新定位了来自士大夫阶层的知识分子与儒学，认定了人民的主体性与社会主义的科学性，这样的结果可以算是兼顾了现代理性与中国情感，满足了中国人在知识与情感上的双重需要。

前文提到，列文森的三部曲，从构思到出版，是一个 20 世纪 50 年代的产物。当时人民共和国成立还不到十年。共产党在国共 20 世纪 40 年代的战争中为什么得到胜利，是一个政治性很强的当代话题。20 世纪 50 年代前期，在朝鲜战争的氛围之下，麦卡锡主义黑网密布，纠拿叛徒，处置间谍。列文森并没有颂扬中国共产党，但是他也没有把共产党成立新中国简单地看成是国际共产党的阴谋与颠覆。他把帝制结束之后的儒家思想看成无所附着的游魂，把人民共和国的成立与共产主义在中国的胜利看作长期历史演绎内源锐化不得不然的结果。这些结论，都让他跟同时代倾向反共自由主义的阵营产生分殊。他把共产主义看成儒家传承在思想功能上的替代品。然而他对儒家传承多元体系的内涵并没有下多少功夫，他以有限的翻译

文本作为依据，以中西比较与文字比拟的方式进行阅读，虽然
他的笔法以烘云托月著称，西洋古典诗歌、戏剧、音乐、绘画
信手拈来，挥洒自如，勾描意象充满提示性，但是他毕竟大刀
阔斧、斩钉截铁地下了不少宏大的结论。二战之后，欧美大多
数学院把关于中国文化、历史、语言的科研归入东亚系，是为
汉学。列文森在伯克利所承担的不但是历史学系的讲座，而且
在系里把中国推到与欧洲、美国鼎足而立的地位。然而与此同
时，他的理论以及对汉语原典文本的选择性使用也常常成为汉
学学术界批评的重点。

　　列文森的中国近现代思想史究竟有些什么内容？关于材
料的掌握，他没有把一个个思想家的全集拿来通读一番，也没
有把每位思想家的生平、交往如数家珍地拿来讲述。他没有下
功夫去关注各个门派的渊源异同，他的著作跟《明儒学案》毫
无相似的地方。他的著作，同行们写书评，无论是一般汉学家
还是华裔学者，无论其人的母语是否为汉语，都经常指出他的
谬误。列文森很明白这些问题的存在。但是他也很坚持他对思
想史思考的方法。他的坚持体现在如何把"思想"解构成为历
史，如何从汉语文本的思想意涵出发，开展跨汉语语境的史学
对话。

　　什么是思想史？列文森的三卷本开宗明义，首先说明了
他的思想史所研究的对象。这个对象不是平面的、静态的"思
想"，而是多维度、动态的"思维活动"。

　　所谓"思想"，可以体现在一家之言、一本专著、一篇论
文、一个体系、一个学案上，多元、多样。所谓"思维活动"
也同样可以体现在一家之言、一本专著、一篇论文、一个体
系、一个学案上，同样多元、多样。研究"思想"与"思维活

动"的区别，不在于材料的出处，而在于对材料的阅读以及问题的设计。列文森认为，以"思想"为对象，是把思想作为一种"恒常的、系统的、自圆其说的"逻辑建构来研究，这个体系的意涵，只能以这个体系自身所提供的词语与论述来理解。[1]我们常见学者们对各家思想异同进行比较，勾画门派源流传递演变，从列文森的视角来看，这是一种以"道"为主体，以人为附从，"以人弘道"的叙述，这种叙述是内视的，是以一个逻辑体系自身所提供的词语与论述方式作为建构与检验意义的工具，这个叙述也是一个封闭的体系，是个自我设限、区分人我异同的体系，以论述、解释能力所及的范围来标明意义的界限。这个逻辑体系以恒常的"道"或者与"道"相类的认知作为对象，是一个力图凌驾时空、排斥历史性的话语建构。中古时代的圣哲传、传统的宗教史和哲学史、民国时期从学案演化出来的思想史、各种对天人问题的千年思考，都可以归纳在这个类别里。

以"思维活动"作为对象的思想史，则是把思想的承载者作为研究主体，把思想的过程与流变作为研究对象。列文森基本认定"思维"不是纯理性的活动。他认为思想者"不是一个中性的思想机器，心平气和地认知正确的答案"。[2]思想行为发生在历史时空之内，具有心理层面，不时因应时空大环境的转变而转变。正因为如此，所以思想文本所承载的历史意涵是动态的、反映时代的、承载社会文化资讯的，可以是前后矛盾

1　Joseph R. Levenson, *Confucian China and Its Modern Fate: A Trilogy* (Berkeley: University of California Press, 1958, 1964, 1965, Second Printing 1972), "General Preface," p.x.

2　Joseph R. Levenson, *Confucian China and Its Modern Fate: A Trilogy,* Vol.1, "Introduction," p. xxxii.

的。[1] 从史学研究的眼光来读文本，文本之中值得开发的，是思想承载者在时空架构之内动态的思维活动。以《新民说》的阅读为例，这个观点所主张的并不是读《新民说》只有一种读法，或者就必须使用同一个阅读法。这个观点所主张的是同一个《新民说》可以是不同问题中的对象，这些问题各自可以有历史、理论、文学、传播学等不同面向的意义。汉学有汉学的读法，史学有史学的读法。我们想回答的如果是史学问题，就需要开发史学的视角，透过文本，还原历史时空之中的思维场景，把思想放在历史之中。

列文森所提出的思想史阅读方法，因而至少包含对两个层面的关注。其一是对思维承载者的关注，其二是对文本历史性的关注。

历史人物在既定的时间空间条件之下进行思考，作为思维承载者，在建构上必然具有社会性与历史性。比如说一位晚明的儒学思想者生活在帝制时代，参加科举，具有大儒士绅身份；一位民国时期的儒学思想者生活在帝制与科举都废除之后，平时出版著作并且教书，具有国学大师身份。两人同样作为儒学思想的承载者，但是处境不同，求学的门径、所做的选择与思想传递的对象也有所不同。选择做大儒，意味着不曾选择做高僧、高士；选择做国学大师，意味着不曾选择研究物理科学。列文森认为如果要把思想建构成历史，把思想放在历史之中，就必须把思维承载者安置在时代与制度框架之内，充分观照思维承载者在可能的选项之中所做的特定选择。他的三卷本，除了思潮与读经，第二卷集中讨论帝制的终结以及权力合法性的

1　Joseph R. Levenson, *Confucian China and Its Modern Fate: A Trilogy*, "General Preface," p.xi.

重构，他认为算是制度史，是全集的核心。[1] 前文提到，他把儒家思想看成封建制度的意识形态基础，把科举时代的经史阅读看成经世训练。他从社会文化史的角度出发，认定这些制度的存在框定了明清经史阅读的实践与伦理论述的指向。因为这些阅读者具有如此的社会身份，所以他们对经史无论是悠游还是沉浸，他们所参与和提取的，是知识阶层普遍的伦理范式与文化素养。相形之下，民国时期的国学大师则是把经史开发成为学院性的专业。

列文森所置身的战后北美学界，在文化社会史观上普遍受到韦伯的重大影响。韦伯也有一套三卷本，对象分别是基督教新教、古代犹太教与中国的儒释道。韦伯认为资本主义在西欧能够出现，是基督教新教伦理"入世"而又"反俗世"精神纪律的结果。韦伯并不认为思想者的社会经济属性能够决定思想的取向与内涵。列文森循着韦伯的思路，同样认定制度与社会固然重要，但是并不能决定思想取向，反而是文化与思想上的价值取舍，能够引导社会发展的方向。然而近代中国思想者究竟是如何选定文化取向的呢？比起韦伯，列文森所强调的不是宗教信仰，而是文化心理层面上的需求。[2] 他认为人的思维活动必然需要同时兼顾到两种需求，才能达到一个平衡点。这两种需求，其一是自我心理、情感上的满足，其二是对知识真实性的普遍认定。在文化传承出现动摇、知识精英开始接受外来影响的时代，所谓"我的"未必是"真的"，足以普遍、真实、系统、完整地描述世界的，所谓"不是我的"反而是普遍的、

1　Joseph R. Levenson, *Confucian China and Its Modern Fate: A Trilogy*, p.xi.

2　Book review by Joseph R. Levenson, of "*The Religion of China*. By Max Weber. Ttranslated by Hans H. Gerth," *The Journal of Economic History* ,Vol.13, No.1 ,1953, pp.127-128.

真的、有系统并且具有完整性的。尤论是舍己而从人，还是坚持老路拒不从人，心理需求与知识需求之间总是不断交错、彼此牵制的。所以变动时代中所产生的思想文本，一定包含这个落差所产生的张力。列文森从这些论点出发，具体地提出中国近代思想史文本的阅读方式。

时过境迁是一句老话。列文森把它拿来演绎时空变迁与思想之间的关系。他说随着时日的推移，一个新锐的想法或提法可以变成老生常谈，一个人人接受的学说可以变得毫无说服力。文本本身虽然还是同样的字句，但是时代变了，大环境变了，阅读者汲取的信息也就随之改变。[1]这说的是时间可以改变文本的意涵。

随着时间流逝，大环境发生改变，时代关怀也随之改变。程朱陆王的时代，大家关切的是如何读书闻道，甲午战争之后，大家关切的是如何富国强兵。同样的孔孟，放在这两个不同的命题框架之中，就会产生不同的意义。[2]宋明人想的是明心见性，晚清人想的是船坚炮利。宋明的孔孟，是"体"也是"用"。晚清人们一旦接受了西洋科技，便不能舍西学而读四书，学问过程之中既然必须包含西学，经史的意涵也就锐化成为中学。同样的四书，古人与今人同样拿来捧读，在学术谱系与社会实践之中却标志着不同的地位与意义，这是从时代命题的角度来看文本意涵的改变。

任何时代的大命题都可以有一种以上的答案。举例来说，有了同文馆、译书局、制造局与船政学堂之后，关于如何追求

1　Joseph R. Levenson, *Confucian China and Its Modern Fate: A Trilogy*, Vol.1, "Introduction," p.xxvii.

2　Joseph R. Levenson, *Confucian China and Its Modern Fate: A Trilogy*, p.xxviii.

富强，有人反对这些末技，认定应当加倍以经史为体，振奋朝野上下的人心，将中学作为强国之道，否则如果立国无本，那么即使国富兵强也没有什么意义。有人争辩救国必须要兴西学，如果西学讲求不精，只有皮毛而没有掌握根本，必然也无法为用，这样就可能同时亡国灭种。关于这场思想辩论，在列文森看来，最有意思的不是谁主张了什么，而是这场辩论的命题结构，以及针对性答案的可能选项。四书与兴亡体用的内源联结，原本浑然一体，在宋明的语境之中是一个不成问题的问题，但是在晚清自强与革新的辩论中，却被做了二元的分殊，产生了体用本末先后的次序。因为有了这个分殊，而这个分殊又是维新思想的产物，所以列文森认为我们读文本，读到晚清思想家的"中学为体"，如果只是专注地阅读"中学为体"的相关文本，寻找关于其内源的表述与逻辑，评价这个或那个论述是否得宜有力，这便是前文所说的贴近哲学史的读法，是内视的、封闭的、静态的阅读。但是如果关注到文本对外意涵的指向，也就是"中学为体"的主张究竟同时能对西学做什么样的安排，这是把文本放在知识选项与历史视野之中来进行解读。在晚清的知识氛围中，谈"中学为体"，不能也不可能对西学视而不见。"中学"与"西学"必然并列，虽然两者在表述与逻辑上全不相干。正是因为彼此原来应当既不相干也不对称，而此时却被拿来做必要的并列，这个突兀、乍看起来不可理解的并列，才构成一个具有历史性、值得解释的思想现象。在晚清中国的知识语境中，这个并列标志了中学的逐步退却，西学的逐步推进。我们从历史研究的眼光来阅读这个语境中产生的思想文本，重构生产的过程，必须设身处地地观照大环境之下思维活动的相应心理，具体地从文本之中见到大变局中的势与时。

总之，列文森强调历史变动时期的"时代命题"与"多元选项"。他认为任何一个文本中的陈述，都至少和另外两个陈述相互关联，其一是命题，其二是选项。一个有历史意义的文本绝不是毫无目标的泛论，而是针对一个特定问题的答复。任何陈述都是对某个特定选项的直接正面肯定，同时也是对其他选项的间接否定。[1] 思想史的研究对象不是"思想"，而是"思维活动"。解读文本一方面必须把特定文本放置在思想承载者所处的时空框架之中；另一方面也必须把同一个时空框架之中生产出来的不同文本拿来相互校读，了解特定文本跟其他不同文本之间的对话与辩论。

列文森的三卷本，虽然时空范围广大，涉及古今中外，但是集中锁定的分析对象，只是中西交通与变动时代的文化危机。中西交通从晚明利玛窦就已经开始。但是文化碰撞的结果，则必须到19世纪才成为朝野共同关注的议题。列文森把晚明拿来作为引言，把鸦片战争之后的中国作为正编。鸦片战争以后的中国正值多事之秋，变化的起因与表征多种多样，从乾嘉开始，有识之士就已思虑重重，而三卷本所集中考虑的则是同光以后中西碰撞的一端。中西碰撞除了几次海战之外，沿海开埠之后还有通商、治外法权、传教、海外移民、通信、科技问题以及其他活动，面向十分广大，各自打开新的空间框架，各有思想以及文化上的意涵。在这些多元选项之中，列文森所集中思考的是西学东渐之后，经史传承所面临的危机。他所依据的是梁启超的思想与生平。

---

1 Joseph R. Levenson, *Confucian China and Its Modern Fate: A Trilogy,* Vol.1, p.xxix.

　　梁启超作为思想承载者，在列文森的笔下，是近代中国报业的先驱，舆论形成的先导，制度变革的推动者，政党制度的试行者，也是学者。他生于帝制时代，卒于民国时期，晚年领导清华国学院，有重要的学术著述，一生经历丰富，重要的是他始终介于政治思想与行动之间。列文森认为梁启超的一生，"不经意地"展现了中国近代史的内涵。这个生平有两个层面，一个是公众活动的轨迹，一个是思想活动内蕴的历史意义。前者是大家看得见的，是一时一地、有案可稽的行为，后者是一眼无法见到、有待诠释才能显现的时代逻辑。[1]

　　列文森写梁启超的思想传记，开宗明义，把梁启超的出生与成长定位在传承动摇的时代。因为有了这个动摇，所以他的生平可以被分成三个阶段来看，第一个阶段叫作"锐化"，有《时务报》、长沙时务学堂、百日维新。这个时期的重点，是师从康有为，解读五经。第二个阶段叫作"新世界"，这时梁启超流亡海外，各处行旅。这个时期的重点是关于革命与立宪的辩论，对世界的认识，对国家出路以及民族、民权、民生问题的思考。第三个阶段叫作"忆旧"，辛亥革命以后，梁启超回国参与政府以及国会事务，参与反袁复辟与护法运动。这个时期的活动是发表《欧游心影录》《清代学术概论》《论中国学术思想变迁之大势》《先秦政治思想史》，提倡新史学，进行面向公众的学术活动。[2]列文森依据这三个阶段，把他的梁启超传分成三部，每部两章。其中第一、第三、第五章所描述的是梁启超生平的活动。列文森认为这几章只不过是一个编年大事记，

1　Joseph R. Levenson, *Liang Ch'i-ch'ao and the Mind of Modern China* (Cambridge, MA.: Harvard University Press, 1953), p.vii.

2　Joseph R. Levenson,*Liang Ch'i-ch'ao and the Mind of Modern China*, pp.xi-xii.

"是梁启超本人可以写得更好的"章节，因为梁启超非常清楚他一生之中做了些什么事。第二、第四、第六章解读了梁启超生平活动内蕴的意义。这几章则是梁启超本人无法写作，只有别人可以为他而作的文章。这是因为梁启超之作为梁启超，如果能够跳脱出他的时代与处境，建构出一套自我的诠释与认知体系，这个跳脱本身也就必然会改变他的自我认知。列文森把这个"自我认知"比喻成监狱牢房的钥匙，梁启超如果手上握有自己的钥匙，就不可能不把门打开，而他如果能从牢房里自我解放，他跨出去的那一刻，也就不可能不改变他的处境，不可能不改变他的自我认知。[1]

　　列文森的梁启超传记，编年事迹部分只算是材料，诠释部分才是把思想建构成历史的论述。梁启超自述一辈子问学的经历，曾经几番"尽弃所学"的旧学而从事新学，几番以"昨日之我"与"今日之我"交战。这样的自述被列文森开发成可以用来客观描述并且加以分析的思维活动，演绎成近代中国思想者在"昨日"与"今日"之间依违两难的定律。这个两难的困境，源于国难当头，传统知识体系的说服力崩溃，西方知识体系的说服力增强。然而知识体系的作用，包含安身立命的情感层面。西学虽然可以拿来救国，但是无法用来安顿身心。列文森在梁启超传记的基础上，演绎出他在三卷本里继续拓展的几个主要的思路。第一，是晚清以及民国的思想界，在走出中国、走进世界的同时，也不由得回头走进中国的过去，以寻求心理与知识上的平衡。第二，是古典经籍曾经是经而不是史，能跨越时空，超越历史，普及天下，体用兼具。而晚清以后的

1　Joseph R. Levenson, *Liang Ch'i-ch'ao and the Mind of Modern China*, p.vii.

经被变成了史，走进世界的同时如果回头来读没有当代实用价值的经，这个阅读行为所生产的不是普适经义，而是把"经"变成历史的符号与情感的依托。第三，是知识阶层流亡或留学国外，四处行旅，研读西洋译作，这些活动都把世界带进中国思想领域。空间、经历一旦改变了知识谱系的结构，中国知识分子反观中国，这个主体的立足点也必然发生改变。归结起来，列文森读梁启超，梁启超的思想是否宏大高深，虽然重要，但是不是要点；梁启超的思维活动如何体现了时代性，如何改变了经的意义，才是要点。梁启超毕生的学术事功，最后如何归结，是否能够自圆其说，固然重要，但是他的失衡与矛盾，他的脱格与重构，这个过程才是最能提供史学可能性的研究切入点。

列文森的作品，自从出版以来，汉学界的学者们质疑不断，书评的反应参差。[1]前文已经提到他的史料问题，以及他如何以史学方法作为答辩。然而他以梁启超为基础，接受韦伯的文化社会学分析架构，把儒家传承等同于帝王主导的天下观与天命论，把科举制度看成对意识形态的检测，大胆地引进正在形成中的历史心理学，断然认定晚清以后的中国制度与文化缺乏内源再生的能力。这些论点引爆了北美中国学界批判性以及商榷性的研究。后来的学者们从各方面探讨儒家伦理的宗教性以及心性层面、儒家思想在商人伦理中的作用、地方世家与书院的治学体系、科举考试中的实学成分、地方士绅以及家族在公众领域中的礼教实践，全面地扩展了对传统知识、"入世修

---

1 Book review by Arthur W. Hummel, of "*Liang Ch'i-chao and the Mind of Modern China.* By Joseph R. Levenson," *The Far Eastern Quarterly*, Vol.14，No.1 (Nov.1954), pp.110-112.

行"、"克己复礼"伦理人文的理解。儒家思想并不是传统中国唯一的文化内涵。20 世纪 70 年代以来，西方学者陆续解构了"儒家中国"的概念，并分析了儒家范式在民间辐射与渗透的力度。近年来新一代的学者撇开思想内涵的辩论，开始讨论书籍的生产流播与阅读、新知识体系的具体建构与传递，语言文字表述体系的重新认定，古代诗词文学与国学内涵的重塑，知识分子社会身份的形成，信息体系在近现代的转型，广义的"经世之学"在 20 世纪的致用与实践，以及在科举制度之外，中国实用知识体系的专业制度与实践基础。这些研究主要针对明清以及民国，都在列文森过世之后，都远远超出了他的三卷本的视野。这些研究成果综合起来，不但重新界定何为儒学，界定何为转型中的文化中国，并且重新思考近代知识、人文与转型社会国家之间的关系，重新认识走进世界、走向科技现代之后，中国近现代思想文化的源头活水。

列文森第二个引发辩难的，是他跟同时代不少英美学者共同持有的一个预设，就是把科学理性主义与工业科技文明看作近代西方文明的标志，把科技看成横扫天下的普遍工具。在这个框架中，他把鸦片战争看成一个现代文明与一个前现代帝国的总体冲突。这个观点沿袭自他的老师费正清教授。他虽然大力指出西方文明不足以作为完整的世界性知识，但是他对文明体系的表述，不经意之间，展现了 19 世纪文明等差时空阶段性的分殊。费教授的"西方冲击论"，20 世纪 60 年代以来，广受北美学院的抨击。60 年代的伯克利，学运势头尤其猛烈，亚裔学者结盟，从校园抗议出发，痛批文化殖民主义，结果伯克利在 1969 年成立了全美第一个族裔研究学系，围绕族群文化等差建构的中心议题，从美亚族裔的美国经验出发开展研究。有关科学技术史的研究，课题自文艺复兴至美国的太空总署，大力解构了科学理性主义以及发明家的神话，重新把人文社会放进科技发展与传递的视野。这些相关学术领域在伯克利的发展，有力地改变了学者们的一般性预设。这些也都发生在列文森过世之后。当年出版他的纪念文集《史家的莫扎特》，其中的执笔人来自列文森最亲密的学术圈，圈中不但清一色是男士，而且没有一个亚裔学者。这在今天看来是十分显眼的，但是在列文森的时代不但不成为问题，而且凸显了中国近代史成为西方学院精英的主流关切。我们今天回头看列文森的作品，可以清晰地见到 20 世纪的印痕。认识这个印痕，可以帮助我们想象跟他同时代的华裔学者们的处境，以及在那个处境之中，华裔学界在 20 世纪下半叶所建构的历史文化思想研究。

　　我第一回读列文森，大约是大学刚毕业的时候。现在过了许多年，读了不少列文森不曾读到的书，涉猎了一些他不曾关注过的领域，生活在跟他不同的时代，活动在跟他不同的大环境中，学术语境虽然继续重叠，然而重读他的作品，熟悉之中不由产生了疏离。他的未曾言明的假设现在读来轮廓分明，他的对话对象和论辩议题现在变成了可以解析的历史课题。重读列文森也就是审视他所搭建的大架构，反思他的方法，认识他的同辈以及其后北美中国学界在学术研究上的各自选项。重读列文森也是运用一套列文森曾经或不曾使用过的词汇表述与逻辑，参照他的命题与阅读方式，重新解析、组合他的描述与结论。[1]

1　2014 年我在华东师范大学参加研讨会，有一篇重读列文森的讨论记录。那个发言稿的内容此处不作重复。叶文心：《重读西洋汉典：从列文森的〈儒家中国及其现代命运〉谈起》，许纪霖、刘擎主编《知识分子论丛》第 12 辑，上海人民出版社，2014。

舒扶澜曾经总结，列文森出身波士顿知识精英，二战之后成为北美中国学的开创人物，他的学术道路不是欧洲汉学的延续，他的关怀跟冷战期间主导美国国际政策的分析师与评论家泾渭分明，他的个人背景之中，无论人脉或血缘，也没有任何与中国的牵系，"他是一个十足的西方人"。他在中国发现了一个跟罗马帝国并驾齐驱的世界文明，这个文明塑造了人类历史重要的一部分，支撑了延续不断的帝国形式，然而19世纪之后中华文化经历了深刻的转型。列文森在战后超强国家全球布局的背景之下把中国带进北美知识分子视野，就如同屠格维尔在美利坚合众国缔造之际，把法国大革命带进北美的知识分子视野。后者专注的是革命与缔造，前者专注的则是一个形成中的新世界秩序。[1]

舒扶澜的这段话，包含了好几个面向，此处我们无须一一展开。从宏观的角度来看，北美中国学今天走到了一个新的境地，需要重新思考面向与议题。列文森时代由北美主导的超强军事外交全球战略观已经成为历史陈迹。取而代之的，是一个多元的全球人类文明与形成中的地球新秩序。

刘文楠近来重新翻译列文森的三卷本，以下一段话最让她感动：

> 某种真的可被称为"世界历史"的东西正在浮现，它不只是各种相互分离的文明的总和。研究中国的历史学家在书写过去时，可以有助于创造这种世界历史。历史学家若远离了任何事实上和想象中的文化"侵略"和文化

1　Franz Schurmann, "Levenson on China and the World," *Mozartian Historian*, pp.58–59,74.

辩护，就能通过将中国带入一个普遍的话语世界，帮助世界在不止于技术的层面上统一起来。绝不应该去制造大杂烩，也不应该歪曲中国历史去适应某种西方模式。相反，当对中国历史的理解不伤害其完整性和独特性，而且这种对中国历史的理解和对西方历史的理解相互补充的时候，才会造就一个"世界"。中国和西方彼此相属，不是因为它们相互再生产（这不是真的），不是因为经济扩张、政治纠纷或思想影响使它们相互接触（尽管这是真的），而是因为观察者的心灵可以换位思考彼此的问题（而非移植彼此的问题）。

……研究中国历史应该不仅仅是因为其异国情调，或者对西方战略的重要性。研究它是因为我们试图用来理解西方的那个话语世界，也可以用来理解中国，而不必强求二者有相同的模式。如果我们能这样去理解中国和西方，也许我们就能有助于造就这样一个共同的世界。书写历史的行动本身即是一种历史行动。（见本书第二卷，英文版第 xiii–ix 页）[1]

这段话用在今天，仍然有现实意义，很可以帮助我们认识旧的陈述，构想新的思维。这里举一个浅近的例子。

有些海外汉学学者研究中国，发表成果的时候喜欢使用一种造句方式，就是把"中国"作为主词，以中国"一贯"如何如何来陈述，在这个基础上描述中国"曾经"如何，"现在"如

---

[1] 刘文楠：《在世界中发现"中国"：重译列文森的几点思考》，《澎湃新闻》2019 年 12 月 13 日。

此，发生过如许现象或事件，所以"将来"极有可能如何如何。这样的句法，如果由中国人在中国之内提出，我们应当重视其中自我认定以及自我期许的意义，我们不应也不会把这样的句法当成学术性的表述。这样的句子，如果由海外汉学者在中国之外提出，把中国定位为他者，则通常还有以下几句，大致说的是中国如果果然如此，则对世界的意义如何，世界的反应应当如何。这样的句法，一连串三个句子，研究的旨趣一方面在于"中国往何处去"，另一方面在于指导各国的外交对策。这种表述方式，对海外中国学的读者来说，过去几十年来并不陌生。对列文森与舒扶澜来说，也是他们力图自我分殊的论述方式。

我们引申列文森的观点，从思想史的角度出发来读这个三段句法，可以提出几个看法。首先，如果这个句法所生产的论述是静态的、封闭的、以用特定思想体系自我建构的词汇与逻辑作为检验依据的，那么这样的论述虽然以中国作为题材或借口，其实很可能是特定"思想体系"内视的宣示，并不能真正丰富对中国的理解。如果这些句子以外来语境中的词汇与价值观来描述与评价"何处去"，则形同一种以中国为对象或题材的宣教，以学院之外的一般意见群体作为传递对象。列文森多次阐述，他并不认为中国研究应当把中国他者化、被动化，或者看成另有时空的存在体。他所关怀的，不是如何帮助政府或舆论界从西方立场来商定对华政策。在他的眼中，世界画布上的彩绘是由中国与其他文明共同绘制交织而成的。他的思维集中在如何从学术角度让西方学者把对中国与西方历史的理解放在同一个水平上，透过心灵的换位，思考一个多元共建的历史世界。这个新的历史意识最终必然会产生舆论与政策的效应，然而后者不应是前者立即与唯一的关注。

列文森的史学研究，一方面具有明晰的自我学术任务定位，另一方面提出了鲜明的研究立场。这个立场强调的是从世界史的建构出发，认定中国经验在其中完整的主体性与主动性。他的思想史的核心在方法，他的方法的核心在命题与阅读。我们且把话题转回传记与时空，作为归结。

明亡以后，黄梨洲整理"明室数百年学脉"，把各家之说"分源别派"提纲挈领，加以表述，把人物平生以及言行文字整理出来，写成了"宗旨历然"的 63 卷《明儒学案》（黄序）。《明儒学案》乍看之下，像是思想史上的人物传记。每个学案有叙论、传略、文集摘要以及评论。但是黄宗羲作书的宗旨，却不在于描述几个人对孔孟之道的论述。他的旨趣，根据"发凡"，在于透过这些人的生平以及文章来找到为学的入门处，把天下的无穷义理规约成几个字的宗旨。这是一部思想深邃的大书。这部大作描绘并阐述了人物平生对经意的拥抱、阐释与实践。《明史》彰显纲常伦理、礼制法度如何跟天下兴亡互为表里，《明儒学案》则结合人物的生平与著述，以其一生的历程来阐明跨越一朝一代的经义，其中形而上的意义可以凌驾在俗世华夷兴替之上。

梁启超的《清代学术概论》，同样整理清代数百年学脉，同样完成在清室覆亡之后。列文森笔下的梁启超，所关怀的显然不再是道的恒常，而是经的历史性。梁启超把清代学术看成"以复古为革新"，从清初开始，清人在治经的过程中把经义一变、再变、三变而数变，最终跨出了累世相传的经集注解，打开了改制的大门。列文森的梁启超，在文明碰撞与经史危机之后，一面游走在多元的文化领域之间，一面力图透过读史，重新聚焦中国与中华的经与道。然而帝制覆亡、民国成立以后的中国思想界，一旦跨出儒家文明以古为鉴的体制时空，也就改而面向将来，改而想象理想国大同书的新设计。

《明史》的时空秩序蕴含了天人礼法的大义。天心天意在其中，就像张了一个无形的大网，人物的进退、一举一动所关系的不但是日常人伦，而且也是家国天下。进入民国以后，俗世化的国家与民心民意的指向成为构建时空秩序的主语与主导。列文森笔下的梁启超是个现代人，他的心理建构复杂丰富，他的自我内省不断，他的成长意识反映了时空的跨越与割裂，他所抱持的是源自历史与文化的俗世关怀，他所面向的是历史经验不能回答的问题，他所思考的未来是不能由过去的轨迹来预设或决定的未来。梁启超的文采与博学、他的杰出高远，是研究的起点，但不是分析的重点。他的疑虑与动摇，他的离地与离乡，他如何在失去传统依傍之后重读经史，重建一套具有转换性的知识谱系，这个思维过程以及文本生产，正因为包含了表面上看来不能一目了然、顺遂解读的现象，所以提供了揭示历史意涵的研究切入点。

今天北美学界所面对的主要议题，是多元文明相互的对话与地球新秩序。21世纪不再有超强独大的全球布局，取而代之的是对世界秩序的公平性、可持续性与参与性的总体关怀，以及对欧亚大陆两端势与时、交织与交往的新体会。列文森所建构的历史人物在多元的时空之间游走。这些人物眷顾传承与过往，同时也置身世界与未来。他们的中国经验也是世界的历史经验。列文森的作品今天需要大幅修订，但是仍然值得人们虚心重读。这个重读不但可以明晰北美中国近代思想研究曾经走过的道路，同时更可以作为新的起点。

从《圣朝破邪集》看晚明佛教与天主教的论辩

李焯然 *

晚明三教合一背景与外来宗教的挑战

晚明是一个三教合一风气极盛的时代。三教合一得以在明代推广，与明初帝王的赞助有密切的关系。明太祖是三教合一论的支持者，他的《三教论》说：

> 夫三教之说，自汉历宋至今，人皆称之，故儒以仲尼，佛祖释迦，道宗老聃。于斯三事，误陷老子已有年矣。孰不知老子之道，非金丹黄冠之术，乃有国有家者日用常行，有

* 李焯然，新加坡国立大学中文系。

不可阙者是也……若果必欲称三教者，儒以仲尼，佛以释迦，仙以赤松子辈，则可以为教之名，称无瑕疵。况于三者之道，幽而灵，张而固，世人无不益其事，而行于世者，此天道也……于斯三教，除仲尼之道，祖尧舜、率三王，删《诗》制典，万世永赖，其佛、仙之幽灵，暗助王纲，益世无穷，惟常是吉。尝闻天下无二道，圣人无两心。三教之立，虽持身荣俭之不同，其所济给之理一然。于斯世之愚人，于斯三教，有不可缺者。[1]

明太祖的立场，对三教的融合有深远的影响。明代中叶以后提倡三教合一的思想家，如罗汝芳、管志道、杨起元、李贽等，都征引明太祖作为典范，罗汝芳更谓："三教圣人之道，支离已久，天幸生高皇帝，穿透此关，以开其合之端，将来必生一至人，大大合并一番。"[2]可见明太祖的言论，对三教合一有一定的推动作用。

三教合一的呼声，在晚明更为普遍，且名人辈出、新意纷呈，整个环境已经呈现三教合一的时代风气。其中如万历年间状元焦竑（1540~1620）的观点，可以作为参照，亦见一斑。[3]焦竑在明朝以博学见称，且好搜藏坊间典籍，积书万卷，在南京享有盛名。其著作深为当时士人所推崇，"人人颂述"[4]，"借观

1 朱元璋:《明太祖御制文集》卷10，台北：台湾学生书局，1965，重景明刊本，第8页上~9页下。

2 酒井忠夫『中国善書の研究』弘文堂、1960、245 頁。

3 关于焦竑之生平，可参阅《明史》卷288《本传》，中华书局，1974，第7392~7394 页；Arthur Hummel, ed., *Eminent Chinese of the Ch`ing Period*, Washington：Library of Congress, 1943, pp. 145-147. 杜联喆撰传。

4 吴晗:《江浙藏书家史略》，中华书局，1981，第 201 页。

至于简渝传写，为之纸贵"。[1] 徐光启分文章为三大类——大臣之文、朝家之文、大儒之文，谓皆"各有所益于世"，并认为能兼长备美的，在近世只有王守仁，在当世只有焦竑。[2] 徐光启拿焦竑和王守仁相提并论，可见焦竑在当时的地位。焦竑也和其他的明代思想家一样，深受道家和佛家思想的影响，《明史》说他："讲学以汝芳为宗，而善定向兄弟及李贽，时颇以禅学讥之。"[3] "禅学"两字对明朝的思想家来说，其实也不是什么罕见的形容词。焦竑尝为道家和佛家思想辩护，对儒、释、道三教的关系，有着独特的见解。清代学者批评焦竑用佛法来解释儒学，故有"其说儒理者多涉悠谬"之讥。焦竑不辞劳苦地指出儒、佛思想中"共通"的证明，他的目的其实是标榜用佛经作为理解孔孟之学的指南。他的《答耿师》说：

> 孔孟之学，尽性至命之学也。独其言约旨微，未尽阐晰。世之学者又束缚于注疏，玩狎于口耳，不能骤通其意。释氏诸经所发明，皆其理也。苟能发明此理为吾性命之指南，则释氏诸经即孔孟之义疏也，而又何病焉？[4]

一方面，焦竑直截了当地提议："释氏诸经即孔孟之义疏。"他认为性命之理在当时黯然不彰，原因是中国传统的孔孟之学言约旨微，汉、宋儒的注疏又未能起到辅导的作用，所以他提

1　顾起元：《献征录序》，焦竑：《国朝献征录》卷首，台北：台湾学生书局，1965，据明万历间刊本重影，第 4 页下。

2　徐光启：《澹园续集序》，焦竑著，翁长森辑《澹园续集》，《金陵丛书》本，1914，序二，第 4 页上。

3　《明史》卷 288，第 7393 页。

4　《答耿师》，《澹园集》卷 12，《金陵丛书》本，第 3 页上。

倡以释氏经典作为孔孟的义疏，为吾人性命之指南。并谓"学佛而知儒"，"释氏之典一通，孔子之言立悟"。另一方面，他又指出老庄之道和孔孟之道是一致的，而且道家取儒之所略而详之，补儒之不足，故两者可以互相发挥。这便是他求"尽性至命之学"的态度和方法。[1] 他曾说：

> 道一也，达者契之，众人宗之，在中国者曰孔孟老庄，其至自西域者曰释氏。繇此推之，八荒之表，万古之上，莫不有先达者为之师，非止此数人而已。昧者见迹而不见道，往往瓜分之而又株守之。[2]

令焦竑鼓吹儒、释、道三教一致的基本信念，就是他感觉"道一也"。虽然时间不同、空间不同、地域不同，但是人们的"道"都是一致的。虽然佛教来自西方，但这只是地域上的差异，明道的本质是没有分别的。这就好像他的挚友李贽所指"南人食稻而甘""北人食黍而甘"的例子一样，虽然一南一北，目的都是但求一"饱"。[3]

首先，焦竑并不是用折中的办法去调解三教的纠纷，所以他说"兼存"并不是一种妥协的态度。其次，焦竑认为三教的地位平等，而且，其本没有三分。他曾说："六经、《语》、《孟》无非禅，尧、舜、周、孔即为佛。"[4] 可见他对于三教，已摆脱

1　《答耿师》，《澹园集》卷 12，《金陵丛书》本，第 1 页上。

2　《赠吴礼部序》，《澹园集》卷 17，第 12 页上～下。

3　详见焦竑《老子翼》卷 3，明万历十六年王元贞刊本，附录，第 45 页上～46 页下引李贽《刻子由解老序》。

4　《刻大方广佛华严经序》，焦竑：《老子翼》卷 16，第 18 页下。

了以某一家为尊的观念，或可以说，在他的思想领域中根本没有三教，只有致一的道。所以他说"天下一家"[1]，说"裔夏无定名"。[2]他曾谈及读佛经的感受："始也读首《楞严》，而意儒逊于佛。既读《阿含》，而意佛等于儒。最后读《华严》而悟，乃知无佛无儒，无小无大，能小能大，能佛能儒。"[3]因之，他得出以下体悟："学者诚有志于道，窃以为儒、释之短长可置勿论，而第反诸我之心性。苟得其性，谓之梵学可也，谓之孔孟之学可也。即谓非梵学、非孔孟学，而自为一家之学亦可也。"[4]焦竑为求明于道而摆脱门户之见、华夷之别，体认"无佛无儒"的境界，可以说是一种博大的胸襟。不要说"无佛无儒"，就是次一层的"佛等于儒"，已比前人所提的"三教合一"来得彻底。盖"三教合一"是致力于三分的糅合，希望共处为一，然其中不无主次。焦竑所提的"佛等于儒"，则根本上已否定了本末、主辅的存在。而且，他反对"三教合一"的说法，《支谈》记：

> 三教鼎立，非圣人意也。近日王纯甫、穆伯潜、薛君采辈始明目张胆，欲合三教而一之，自以为甚伟矣。不知道无三也，三之未尝三。道无一也，一之未尝一。如人以手分擘虚空，又有恶分擘之妄者，随而以手一之，可不可也？梦中占梦，重重成妄。[5]

1　焦竑：《老子翼》卷 12，第 13 页上。
2　《支谈》上，《宝颜堂秘笈》本，1922，第 1 页下。
3　《澹园集》卷 17，第 12 页下。
4　《澹园集》卷 12，第 3 页下。
5　《支谈》上，第 2 页上。

他指斥王道（1467~1532）、穆孔晖（1479~1539）、薛蕙（1489~1541）的主张"三教合一"是明目张胆的歪论，盖"道"本不三分，故亦无所谓合一。由此可见焦竑的三教观是如此的融会贯通和别具心思。焦竑同时与天主教信徒徐光启有深交，与有回族背景的李贽又是挚友，这反映了明末思想宗教的多元互动和复杂面。

荒木见悟在分析晚明三教合一思潮时指出，晚明的三教一致不是串同三教，也不是凑集三教之长，而是超越三教，从根本源头重新认识三教。[1]可见三教合一论在晚明已经颇为成熟。但这一发展其实已经有一千年的历史，其间难免受到本土文化的阻碍，在相互认识、了解、冲突、吸收后，接受者所接受的大多是综合后的产物。但一种文化传统要吸收和融合另一种外来文化，绝不是一朝一夕可以完成的，它需要一定的时间和条件，黎锦熙就曾经以吃饭来比喻中国文化消化印度佛教的情况："这餐饭整整吃了千年。"这凸显了文化交流和吸收过程的艰巨和漫长。

晚明三教合一是经历悠久的磨合与调和才产生的结果。但在晚明兴起的另外两个外来宗教——伊斯兰教和天主教，却给对抗了数百年才得以和平共处的三教带来新的挑战。伊斯兰教在中国已经有比较长的历史，在大唐盛世，伊斯兰教已经丝绸之路传进中国。至明代万历年间，伊斯兰教内部为培养宗教人才，出现经堂教育及以汉文翻译经典运动，其中

1　荒木见悟：《邓豁渠的出现及其背景》，《明末清初的思想与佛教》，廖肇亨译，台北：联经出版公司，2006，第190页。

尤以南京地区最为活跃，形成伊斯兰教"金陵学派"。[1] 当时南京不但出现了像张中、王岱舆这样的著名汉文译著家，还出现了一大批著名经师和学者，他们精通汉文而又对儒家思想认识深厚，他们开始用中文译经，引用《古兰经》原文，弘扬伊斯兰教教义。他们的著作对伊斯兰教与其他思想信仰的交流互通产生了深远的影响，形成中国伊斯兰教史上"以儒诠经"的运动，以王岱舆、张中、马注、伍遵契、刘智等人为代表。他们在明末清初出版大量汉文著作，如《正教真诠》《清真大学》《归真总义》《天方性理》等，为晚明的宗教界注入一股新的力量。但晚明的伊斯兰教信徒大多是中国土生土长的一代，已经融入中国社会，当时的伊斯兰教学者也没有积极地进行宣教活动，教务基本上还是局限于回族社群，没有积极扩张或改变别人宗教信仰的野心，对明末的三教合一局面没有太大的冲击，也谈不上威胁。反而天主教在晚明的传播势头甚猛，除了接受儒家思想，对佛教和道教均

---

1 米寿江在《金陵学派产生背景、思想渊源及当代意义》中指出："所谓'中国伊斯兰教金陵学派'是指明末至清代，中国伊斯兰教历史上用汉文翻译、撰写、诠释伊斯兰教经典和著作，在坚持伊斯兰教根本信仰和主要功课的基础上，从深层思想上将外来的伊斯兰文化中国化的学派。主要代表人物有王岱舆、伍遵契、马君实、刘智、金天柱、张中、马注、米万济、舍蕴善、马德新、马联元等。从地域上讲，这一学派的主要代表人物大都是南京籍或是曾经在南京游学、讲学的学者，例如王岱舆、伍遵契、马君实、刘智、金天柱等都是南京人，张中（江苏吴县人）、马注（云南保山人）虽然不是出生在南京，但却分别是在南京游学、讲学的学者。从学说体系上讲，他们更是一脉相承，不仅理论渊源相同，而且表述形式以及试图达到的目标也是一致的。他们之间虽然没有明确的师承关系，有的年龄甚至相差两百多岁，但在思想承继关系上却是相通的。由于他们的学术研究和理论体系自成一家，且主要代表人物都与南京有关，故称'金陵学派'。"见《世界宗教研究》2009年第4期。有关当时金陵学派学者的中文译经活动，可参考李焯然《文明会通：明末清初伊斯兰教学者的译经活动》，《中心与边缘：东亚文明的互动与传播》，广西师范大学出版社，2015，第100~121页。

予以排斥和严厉批评，形成势不两立的局面，最终导致南京教案的发生。

南京教案与《圣朝破邪集》的出版

16世纪欧洲的宗教改革，使天主教逐渐失去了原有的影响和势力，因此有必要扩大其在海外的影响，以对抗新教的发展。1583年耶稣会利玛窦（Matteo Ricci，1552~1610）等人第一次进入中国内地，标志着西方传教活动在中国的一个新的开始。利玛窦与罗明坚（Michole Ruggieri）首先在肇庆宣教，继而陆续北上，1595年与郭居静（Lazarus Cattaneo）抵达明朝陪都南京。在南京期间受到不少知识分子的赏识，晚明著名文人李日华（1565~1635）在《紫桃轩杂缀》卷一中记载了他对利玛窦的印象："玛窦紫须碧眼，面色桃花，见人膜拜如礼，人亦爱之，信其为善人也。"[1] 被认为是晚明三教合一代表人物的焦竑与李贽都曾与利玛窦会面，利玛窦对他们也甚为欣赏，《利玛窦中国传教史》记载："这两位大文人（按：即指焦竑和李贽）对利神父非常敬重。特别是李贽，本来非常高傲，大官拜访他时，他不接见，也不拜访高官大员；而他竟先自造访利神父，使神父的朋友们都感到意外。利神父按中国习惯回拜时，有许多学术界的朋友在场，大家谈论的是宗教问题。李贽不愿与利神父争论，也不反驳他的主张，反而说天主教是真的。"[2] 他们

1　详见李焯然《从明代历史看东西方文化的交流》，单周尧、李焯然编《东西方文化传承与创新——赵令扬教授荣休纪念论文集》，新加坡：新加坡国立大学文化中心、八方文化创作室，2004，第23~32页。
2　见《利玛窦全集》，刘俊余、王玉川译，台北：光启出版社，1986，第307页。

讨论宗教的内容不得而知，但李贽对宗教多元的立场，也许是
认为天主教可以与儒、释、道共存。李贽对利玛窦的欣赏是无
可置疑的。他的《续焚书》称颂利玛窦为"一极标致人也"。
又说："我所见人未有其比，非过亢则谄，非露聪明则太闷闷瞆
瞆者，皆让之矣。"[1] 当时的文人对利玛窦推崇备至，可以反映
出利玛窦早期传教活动得到南京知识分子的支持。当利玛窦等
人在南京活动的时候，伊斯兰教金陵学派的学者也正在南京静
觉寺进行大规模的"以儒诠经"工作，我们没有资料证明耶稣
会士曾经与金陵学派的伊斯兰教学者会面，或利玛窦是否认识
当时在静觉寺讲经的王岱舆，但耶稣会传教士后来送回梵蒂冈
的书函显示，他们向教廷汇报了明代回回汉文译经的工作，而
且曾经细读过他们的著作中有关天主、天等观念出现的次数，
两教在明末清初的接触是实际存在的。

　　万历二十九年（1601），利玛窦与庞迪我（Diego de Pantoja）
抵达北京，最终获得神宗皇帝的许可，在北京进行传教活动。
但随着利玛窦在 1610 年逝世，耶稣会在中国的传教政策发
生了改变，使文化上的矛盾和冲突进一步恶化，最终导致了
万历四十四年（1616）的南京教案。虽然后来传教士又陆续
回到中国，但耶稣会已经不能恢复往日的繁荣，传教事业受
到一定程度的打击，而且随之而来的礼俗及宗教冲突也更为
频繁。

　　利玛窦在世时，耶稣会在传教方式上采取比较温和的立场，
传教策略较为谨慎。当利玛窦去世后，耶稣会的传教方式有所
改变，继任会长的龙华民（Niccolo Longobardi，1559~1654）一

1　李贽:《续焚书》卷 1，中华书局，1975，第 35 页。

改往日的温和传教路线，更为积极进取。过去利玛窦认为中国的祀孔、祭祖是中国人的文化习俗，允许教徒参与，而龙华民则把祀孔祭祖视为迷信，不准教徒参加，为此在传教士和教徒间引起激烈的讨论。当时在南京主持传教工作的传教士王丰肃（后改名高一志，Alfonso Vagnone，1568~1640）也一改往日的谨慎态度，经常举行场面壮观、规模宏大的天主教仪式，还广泛吸纳新教徒入会，修建新的西洋式教堂，并把地址选在南京洪武冈的孝陵卫附近。新教堂建成之后，王丰肃公开举行各种宗教仪式，大肆招收新教徒入会，教徒一下子增加了二百多人，使南京成为"当时中国全国最发达的传教所之一"，[1] 遂引起了在南京的官员与佛教人士的强烈反感。

首先发难参奏传教士的是南京礼部侍郎沈㴶（？~1624）。沈㴶为浙江湖州乌程县人，万历二十年（1592）壬辰科进士。南京教案发生时还是南京的年轻官员，其后在光宗朝受委为礼部尚书兼东阁大学士。天启元年（1621）七月正式入阁，并晋太子太保文渊阁大学士、少保武英殿大学士等职。他的《参远夷疏》要求"正人心""维风俗"：

> 近年以来，突有狡夷自远而至。在京师则有庞迪峨、熊三拔等，在南京则有王丰肃、阳玛诺等，其他省会各郡，在在有之。自称其国曰"大西洋"，自名其教曰"天主教"。夫普天之下，薄海内外，惟皇上为覆载照临之主，是以国号曰大明，何彼夷亦曰大西，且既称归化，岂可为两大之辞，以相抗乎？三代之隆也，临诸侯曰"天

---

1 费赖之：《在华耶稣会士列传及书目》上册，冯承钧译，中华书局，1995，第89页。

王"，君天下曰"天子"。本朝稽古定制，每诏诰之下，皆
曰"奉天"。而彼夷诡称"天主"，若将驾轶其上者，然使
愚民眩惑，何所适从？臣初至南京，闻其聚有徒众，营有
室庐，即欲修明本部职掌，擒治驱逐。而说者或谓："其数
实繁，其说浸淫人心，即士君子亦有信向之者，况于闾左
之民，骤难家喻户晓。"臣不觉喟然长叹，则亦未有以尊
中国大一统，人心风俗之关系者告之耳。诚念及此，岂有
士君子而忍从其说乎？[1]

沈㴶的奏疏认为天下为天子所有，天子奉天以治万民，而
传教士称其教为天主教，便是要凌驾在天子之上，理所不容。
他也批评天主教劝人不要祭祀祖先，是背弃中国孝道传统：

臣又闻其诳惑小民，辄曰："祖宗不必祭祀，但尊奉天
主，可以升天堂，免地狱。"夫天堂地狱之说，释道二氏
皆有之，然以之劝人孝弟，而示惩夫不孝、不弟、造恶业
者，故亦有助于儒术尔。今彼直劝人不祭祀祖先，是教之
不孝也。繇前言之，是率天下而无君臣；繇后言之，是率
天下而无父子。何物丑类，造此矫诬！盖儒术之大贼，而
圣世所必诛，尚可蚩蚩然驱天下而从其说乎？[2]

奏章呈上后，神宗基本上没有采取任何行动，只是批示
"知道了"便没有下文，以致沈㴶相继在八月和十二月再上
《再参远夷疏》和《参远夷三疏》。在第二道奏疏中，沈㴶主要

1　徐昌治：《圣朝破邪集》卷 1，日本安政乙卯年（1855）重刊本，第 6 页上~下。
2　徐昌治：《圣朝破邪集》卷 1，第 6 页下~7 页上。

指控传教士在南京占据重要地段，修建教堂，行为不轨：

> 臣前疏尚有言之未尽者，何也？京师为陛下日月照临之所，即使有神奸潜伏，犹或上惮于天威之严重，下怵于举朝之公论，未敢显肆猖狂，公行鼓扇。若南京则根本重地，高皇帝陵寝在焉，山川拱护，固为臣庶之瞻依。而门殿闲清，全在纪纲之振肃。所以讥防出入，而杜绝夫异言异服者，尤不可不兢兢也。而丰肃神奸，公然潜住正阳门里，洪武冈之西，起盖无梁殿，悬设胡像，诳诱愚民。从其教者，每人与银三两。尽写其家人口生年日月，云有咒术，后有呼召，不约而至，此则民间歌谣遍传者也。每月自朔望外，又有房虚星昴四日为会期。每会少则五十人，多则二百人。此其自刻天主教解要略中，明开会期可查也。踪迹如此，若使士大夫峻绝不与往还，犹未足为深虑。然而二十年来，潜住既久，结交亦广。不知起自何人何日，今且习以为故尝，玩细娱而忘远略，比比是矣。臣若更不觉察，胡奴接踵于城闉，虎翼养成而莫问，一朝窃发，患岂及图？尤可恨者，城内住房既据洪武冈王地，而城外又有花园一所，正在孝陵卫之前。夫孝陵卫以卫陵寝，则高庙所从游衣冠也。龙蟠虎踞之乡，岂狐鼠纵横之地？而狡夷伏藏于此，意欲何为乎？[1]

沈㴶上奏《参远夷疏》后，朝中的保教人士随即上疏辩护，其中包括与利玛窦合作翻译多种西洋著作的教内人士徐光

---

[1]　徐昌治：《圣朝破邪集》卷1，第10页上~12页下。

启（1562~1633）。徐光启上《辨学章疏》为传教士辩护，驳斥关于对传教士的各种指控，他说："臣见邸报，南京礼部参西洋陪臣庞迪我等，内言其说浸淫，即士大夫亦有信向之者。"徐光启在《辨学章疏》中指出：

> 臣累年以来，因与讲究考求，知此诸臣最真最确，不止踪迹心事一无可疑，实皆圣贤之徒也。且其道甚正，其守甚严，其学甚博，其识甚精，其心甚真，其见甚定，在彼国中亦皆千人之英，万人之杰。所以数万里东来者，盖彼国教人，皆务修身以事上主，闻中国圣贤之教，亦皆修身事天，理相符合，是以辛苦艰难，履危蹈险，来相印证，欲使人人为善，以称上天爱人之意。其说以昭事上帝为宗本，以保救身灵为切要，以忠孝慈爱为功夫，以迁善改过为入门，以忏悔涤除为进修，以升天真福为作善之荣赏，以地域永殃为作恶之苦报。一切诚训规条，悉皆天理人情之至。其法能令人为善必真，去恶必尽。盖所言上主生育拯救之恩，赏罚善恶之理，明白真切，足以耸动人心，使其爱信畏惧，发于繇衷故也。[1]

在奏疏中徐光启辩明天主教是正教，所传播的也是正学，其宗旨只是使人向善，合乎天理人情，并趁机对佛、道二教加以排斥：

> 臣尝论古来帝王之赏罚，圣贤之是非，皆范人于善，

---

[1] 徐光启：《辨学章疏》，《徐光启集》，中华书局，1963，第431~432页。

禁人于恶，至详极备。然赏罚是非，能及人之外行，不能
及人之中情。又如司马迁所云：颜回之夭，盗跖之寿，使
人疑于善恶之无报，是以防范愈严，欺诈愈甚。一法立，
百弊生，空有愿治之心，恨无必治之术，于是假释氏之说
以辅之。其言善恶之报在于身后，则外行中情，颜回、盗
跖似乎皆得其报。谓宜使人为善去恶，不旋踵矣。奈何佛
教东来千八百年，而世道人心未能改易，则其言似是而非
也。说禅宗者衍老庄之旨，幽邈而无当；行瑜迦者杂符箓
之法，乖谬而无理，且欲抗佛而加于上主之上，则既于古
帝王圣贤之旨悖矣，使人何所适从、何所依据乎？必欲使
人尽为善，则诸陪臣所传事天之学，真可以补益王化，左
右儒术，救正佛法者也。盖彼西洋邻近三十余国奉行此
教，千数百年以至于今，大小相恤，上下相安，路不拾
遗，夜不闭关，其久安长治如此。[1]

　　在《辨学章疏》中，徐光启以较多篇幅论述儒家、佛教
因为自身原因而失去了道德教化功能。徐光启认为儒家"空
有愿治之心，恨无必治之术"，所以借助佛教，但"佛教东来
千八百年，而世道人心未能改易"，而天主教在西方三十多国
奉行千数百年，实现路不拾遗、夜不闭户的太平盛世。[2]

　　徐光启进一步指出，如果神宗对他的陈说有所怀疑，有三

1　徐光启：《辨学章疏》，《徐光启集》，第 432 页。

2　有关徐光启对佛教的批评，可参考 Eric Zürcher, "Xu Guangqi and Buddhism," in
　　Catherine Jami and Peter Engelfriet, eds., *Statecraft and Intellectual Renewal in Late Ming
　　China—The Cross-Cultural Synthesis of Xu Guangqi (1562-1633)*, Leiden: Brill, 2001; 董少新《论
　　徐光启的信仰与政治理想——以南京教案为中心》，《史林》2012 年第 1 期，第 60~70 页。

个试验的方法："其一，尽召疏中有名陪臣，使至京师，乃择内外臣僚数人，同译西来经传。凡事天爱人之说，格物穷理之论，治国平天下之术，下及历算、医药、农田、水利等兴利除害之事，一一成书，钦命廷臣共定其是非。果系叛常拂经，邪术左道，即行斥逐，臣甘受扶同欺罔之罪。其二，诸陪臣之言与儒家相合，与释老向左，僧道之流咸同愤嫉，是以谤害中伤，风闻流播，必须定其是非。乞命诸陪臣与有名僧道，互相辨驳，推勘穷尽，务求归一。仍令儒学之臣，共论定之。如言无可采，理屈辞穷，即行斥逐，臣与受其罪。其三，译书若难就绪，僧道或无其人，即令诸陪臣将教中大意，诚劝规条与其事迹功效，略述一书，并已经翻译书籍三十余卷，原来本文经典一十余部，一并进呈御览。如其踳驳背理，不足劝善戒恶，易俗移风，即行斥逐，臣与受其罪。此三者试验之法也。"[1] 虽然徐光启详细列出考验传教士的言论是否可信的方法，但神宗显然未为所动，批示仍是"知道了"。而沈㴶向朝廷上第二道奏疏后，便下令在南京捕捉传教士。这次逮捕行动共分为两次，首先包围了城内的教堂，并带走王丰肃神父和一些虔诚信徒，其后沈㴶又下令包围在城外的教堂，逮捕传教士和信徒。第三疏上呈后，万历四十四年（1616）十二月十八日，神宗下旨："命押发远夷王丰肃等于广东听归本国……此辈左道惑众，止于摇铎鼓簧，倡夷狄之道于中国，是书所称蛮夷猾夏者也。此其关系在世道人心，为祸显而迟。但其各省盘踞，果尔神出鬼没，透中国之情形于之海外，是书所称寇贼奸宄者也，此其关系在庙谟国是，为祸隐而大，阁臣亦力言之。有旨王丰肃等

1　徐光启：《辨学章疏》，《徐光启集》，第 436 页。

立教惑众，蓄谋叵测，可递送广东抚按督令西归。其庞迪我等，礼部曾言晓知历法，请与各官推演七政，且系向化来，亦令归还本国。"[1] 至此在南京传教工作陷入停滞，历史上称为"南京教案"。

南京教案标志着教外人士与天主教冲突的白热化。而南京教案的官方记录及教外人士批评天主教的言论，后来被收集在徐昌治所编的《圣朝破邪集》中。《圣朝破邪集》又名《破邪集》或《明朝破邪集》，崇祯十二年（1639）初刻于浙江。该书十万余言，是明末反天主教的主要著作。但明崇祯年间原刻本目前已经看不到，所幸该书曾流传到日本，日本安政乙卯年（1855）源齐昭翻刻，使该书得以广泛流传。编者徐昌治（1582~1672），字觐周，浙江海盐人，少为诸生，后为密云圆悟和费隐通容的弟子，著有《四书旨》《周易旨》等书。[2]

《圣朝破邪集》共分八卷，汇集了晚明大臣、儒生、高僧等人的破邪卫道言论。其中卷一、二收录了万历四十四年（1616）南京教案的有关记录，包括各种疏文，南京都察院回咨，会审王丰肃、钟明礼、钟鸣仁等人记录，清查夷物案，拆毁违制楼园案，告示等。书中也收录崇祯七年（1634）福建反教事件中的一些告示。《圣朝破邪集》卷三至八辑录儒、释反教文章。这些文章主要指责天主教传教士犯禁入境、开设邪教、与大明相抗。在教义方面，文章批评天主教不尊重中国风俗、诱惑百姓、劝人不孝。卷七、八是佛教人士反教文章的汇编，

1　《明神宗实录》卷552，台北：中研院历史语言研究所校印本，1962，第1页上~2页上。

2　有关《圣朝破邪集》的编纂与流传，可参考吕俐《圣朝破邪集研究》，硕士学位论文，华东师范大学古籍研究所，2009。《圣朝破邪集》的内容，可参考郑安德编《明末清初耶稣会思想文献汇编》第5卷，北京大学宗教研究所，2003。

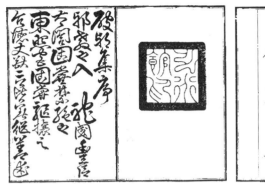

图1　日本安政乙卯年翻刻本《破邪集》

其中较为重要的有释袾宏的《天说》、释通容的《原道辟邪说》、释如纯的《天学初辟》等，文章围绕耶、佛论辩中争论比较集中的问题，如天主论、空无论、轮回说、灵魂说等，从不同的方面进行反教护法。[1]

《天主实义》所引起的佛教与天主教之争

明末耶稣会士进入中国传教的时候，佛教在中国已有上千年的历史，在中国有根深蒂固的生存空间。当时入华的传教士并不理解中国的宗教环境，以为佛教代表中国的宗教，遂"乔装佛教僧侣模样和采用和尚名字，以期用这种方法渗入中国和诱使中国人归化"。[2]在天主教与佛教接触的初期，传教士们一

1　有关二教对天主观、万物观、人生观的讨论，郑安德有详细的分析，参考《明末清初天主教和佛教的护教辩论》，博士学位论文，北京大学哲学系，1997。该论文后收入台湾佛光山文教基金会出版《法藏文库：中国佛教学术论典》第10册，高雄：佛光山文教基金会，2001。

2　谢和耐：《中国文化与基督教的冲撞》，于硕等译，辽宁人民出版社，1989，第3页。

度受到佛教僧侣的友好接待，利玛窦在南京时也曾寄住在佛教承恩寺。传教士被看成是来自印度的西僧，当时肇庆知府王泮就曾为教堂题写过"仙花寺"和"西来净土"的匾额悬挂于堂前。但是随着利玛窦对中国情况的日益熟悉，他了解到僧侣在中国的社会地位不如儒生，在中国最受人尊敬的是士人阶层，传教士不必利用佛教来争取民众的好感，于是传教士们采取"辟佛补儒"的主张，开始依附于儒学，把佛教作为首先攻击的目标。传教士汉文著作中比较系统地批评佛、道二教的是利玛窦的《天主实义》。利氏万历二十九年（1601）抵达北京，万历三十一年（1603）即刻印《天主实义》。两年后又有李之藻编纂的《天学初函》本，流通更为广泛。[1]《天主实义》原版共两卷八章，以中西两士的互相问答方式阐明天主教义，并排斥异说。其内容如下：

第一篇：论天主始制天地万物，而主宰安养之

第二篇：解释世人错认天主

第三篇：论人魂不灭大异禽兽

第四篇：辨释鬼神及人魂异论、天下万物不可谓之一体

第五篇：排辨轮回六道、戒杀生之谬，而明斋素之意在于正志

第六篇：解释意不可灭，并论死后必有天堂地狱之赏罚

1　有关《天主实义》的出版与流通，参考朱维铮主编《利玛窦中文著译集》，复旦大学出版社，2001，第3~5页。

第七篇：论人性本善，并述天主门士之学

第八篇：总举泰西俗尚，而论其传道之士所以不娶之意

从内容可见，《天主实义》是以天主教理，纠正中国传统文化及佛、道二教的许多观念。例如第二篇"解释世人错认天主"，论及中国之三教，有如下对话：

> 中士曰：……吾中国有三教，各立门户；老氏谓物生于无，以无为道；佛氏谓色由空出，以空为务；儒谓易有太极，故惟以有为宗，以诚为学。不知尊旨谁是？西士曰：二氏之谓，曰无曰空，于天主理大相剌谬。其不可崇尚，明矣。夫儒之谓，曰有曰诚，虽非尽闻其释，固庶几乎！[1]

利玛窦认为，佛老之说均不可崇尚，并解释为什么需要著书立说，以辨明真理："余尝博览儒书，往往憾嫉二氏，夷狄排之，谓斥异端，而不见揭一巨理以非之；我以彼为非，彼亦以我为非，纷纷为讼，两不相信，千五百余年不能合一。使互相执理以论辩，则不言而是非审，三家归一耳。西乡有谚曰：'坚绳可系牛角，理语能服人心。'敝国之邻方，上古不止三教，累累数千百枝，后为我儒以正理辨喻，以善行嘿化，今惟天主一教是从。"[2] 利玛窦在《天主实义》一书中对佛教和道教都加以排斥，认为无论自然或物体、生物或物质，都不可能从佛教徒

1　《天主实义》第二篇，朱维铮主编《利玛窦中文著译集》，第15页。

2　《天主实义》第二篇，朱维铮主编《利玛窦中文著译集》，第16页。

所说的"空"或道教徒所称的"无"中形成。对于天主教来说，世界上的万物都是全能的上帝创造的，不会自然生成。上面的观点也可以反映出利玛窦"附儒"的立场。利玛窦认为儒家跟他们的立场是一致的，千百年来便排斥佛道，视之为夷狄之教、异端，他更自称教中人士为"我儒"，以示与中国的儒家没有分别，立场一致。但他却忽略了"三教合一"的事实，三教经历了数百年的抗争与论辩、协调与互补，到晚明已经有三教合一的趋势。《圣朝破邪集》正是儒、佛、道联手对抗天主教的记录。

明代耶稣会士对佛教展开批评的时候，佛教界为了避免正面冲突，并没有对天主教的种种批评进行回应。佛家居士黄贞的《不忍不言》便说："今狡夷大倡天主之教，首自利妖发难以来，迄今五十余年，曾不闻一圆颅方服之人，起而匡救其间。岂普天之下名师硕德，尽皆塞耳无闻与？抑或闻之而漠然不在意与？抑或虽在意中而势无可奈何与？"[1] 佛教界之所以对天主教的攻击采取沉默态度，可能是因为对天主教的教义了解不多，无从下手进行反驳。但是随着形势的变化，天主教对佛教的批评越来越激烈，当已经开始威胁到佛教的宗教地位的时候，佛教对天主教的态度也开始转变，为了维护佛教的宗教尊严，由消极沉默转变为积极反击。[2]

杭州云栖寺沙门袾宏（1535~1615）是在当时佛教人士呼吁下，较早回应天主教的批评的佛教代表人物。袾宏，字佛慧，别号莲池，俗姓沈，浙江仁和（今杭州）人，十七岁为诸

1　徐昌治：《圣朝破邪集》卷7，第8页下。

2　沈小雯：《从南京教案透析佛耶之争》，硕士学位论文，吉林大学，2009，第5~6页。

生，三十二岁出家，遍参诸方。隆庆五年（1571）于杭州云栖说法，宣扬净土宗念佛之说，受众人拥戴，筹资建云栖寺，住持云栖三十年，主张老实念佛，非佛言不言，非佛行不行，非佛事不作，被誉为"法门之周孔"，与憨山德清（1546~1623）、紫柏真可（1543~1603）、藕益智旭（1599~1655）齐名，并称为明代四大僧。[1] 袾宏曾读过利玛窦的《天主实义》和《畸人十篇》，对天主教这些著作的看法有颇多意见，认为其虽然长篇大论，"然格之以理，实浅陋可笑。而文亦太长可厌"。本来天主教也是"教人敬天善事"的宗教，没有争辩的打算，但鉴于许多贤士良友受其影响，改而信奉天主教，遂撰《天说》四篇，同样以一问一答的方式，驳斥天主教对佛教的批评。袾宏的《天说一》说：

> 一老宿言："有异域人，为天主教者，子何不辨？"予以为教人敬天善事也，奚辨焉。老宿曰："彼欲以此移风易俗，兼之毁佛谤法，贤士良友多信奉故也。"因出其书示予，乃略辨一二。彼虽崇事天主，而天之说实所未谙。按经以证，彼所称天主者，忉利天王一四天下，三十三天之主也。此一四天下，从一数之而至于千，名小千世界，则有千天主矣。又从一小千数之而复至于千，名中千世界，则有百万天主矣。又从一中千数之而复至于千，名大千世界，则有万亿天主矣。统此三千大千世界者，大梵天王是也。彼所称最尊无上之天主，梵天视之，略似周天子视

1　有关袾宏生平，见释通问《续灯存稿》卷12,《续藏经》第145册，台北：新文丰出版公司，1977，第284~285页；释通容《五灯严统》卷16,《续藏经》第139册，第736~737页；郭朋《明清佛教》，福建人民出版社，1982，第176~190页。

千八百诸侯也。彼所知者，万亿天主中之一耳。余欲界诸天，皆所未知也。又上而色界诸天，又上而无色界诸天，皆所未知也。又言天主者无形无色无声，则所谓天者，理而已矣，何以御臣民、施政令、行赏罚乎？彼虽聪慧，未读佛经，何怪乎立言之舛也！现前信奉士友，皆正人君子，表表一时，众所仰瞻，以为向背者，予安得避逆耳之嫌，而不一罄其忠告乎？[1]

袾宏的《天说一》从佛教的立场辟天主之至尊地位，认为天主只不过是万亿天主之一，略似周天子视千八百诸侯，不足为道。归根究底，是传教士没有读过佛教经典，而有此舛误。他的《天说二》则为佛教生死轮回之说辩护：

又问彼云："《梵网经》言，一切有生皆宿生父母，杀而食之，即杀吾父母。如是则人亦不得行婚娶，是妻妾吾父母也；人亦不得置婢仆，是役使吾父母也；人亦不得乘骡马，是陵跨吾父母也。士人、僧人不能答，如之何？"予曰："《梵网》止是深戒杀生，故发此论。意谓恒沙劫来，生生受生，生生必有父母，安知彼非宿世父母乎？盖恐其或已父母，非决其必已父母也。若以辞害意，举一例百，则儒亦有之。礼禁同姓为婚，故买妾不知其姓则卜之，彼将曰卜而非同姓也，则婚之固无害。此亦曰娶妻不知其为父母、为非父母则卜之。卜而非己父母也，则娶之亦无害矣。《礼》云：'倍年以长，则父事之。'今年少居官者何

1　徐昌治：《圣朝破邪集》卷7，第1页上~2页下。

限，其羿轿引车、张盖执戟必儿童而后可，有长者在焉，
是以父母为隶卒也。如其可通行而不碍，佛言独不可通行
乎？夫男女之嫁娶，以至车马僮仆，皆人世之尝法，非杀
生之惨毒比也。故经止云一切有命者不得杀，未尝云一切
有命者不得嫁娶，不得使令也。如斯设难，是谓骋小巧之
迂谈，而欲破大道之明训也，胡可得也。复次，彼书杜撰
不根之语，未易悉举。如谓人死，其魂尝在，无轮回者。
既魂尝在，禹、汤、文、武何不一诚训于桀、纣、幽、厉
乎？先秦、两汉、唐、宋诸君，何不一致罚于斯、高、
莽、操、李、杨、秦、蔡之流乎？既无轮回，叔子何能记
前生为某家子，明道何能忆宿世之藏母钗乎？羊哀化虎，
邓艾为牛，如斯之类，班班载于儒书，不一而足，彼皆未
知，何怪其言之舛也。"[1]

祩宏除了为佛教生死轮回之说辩护，也质疑天主教人死魂
在的说法，同时详细地辨析了杀生的问题，并一再引用佛教经
典来论证"一切有命者不得杀"的佛家道理。在反驳天主教的
同时，祩宏尝引用儒家观点以加强己说，反映佛、儒共通的情
况。《天说三》便借孔、孟的著述，谓天之说孔、孟早已有所阐
明，无须天主教创为新说：

> 南郊以祀上帝，王制也。曰"钦若昊天"，曰"钦崇
> 天道"，曰"昭祀上帝"，曰"上帝临汝"，二帝三王所以
> 宪天而立极者也。曰"知天"，曰"畏天"，曰"则天"，

1　徐昌治:《圣朝破邪集》卷7，第2页上～3页下。

曰"富贵在天"，曰"知我其天"，曰"天生德于予"，曰
"罪于天，无所祷也"，是遵王制集千圣之大成者，夫子
也。曰"畏天"，曰"乐天"，曰"知天"，曰"事天"，
亚夫子而圣者，孟子也。天之说何所不足，而俟彼之创为
新说也！以上所陈，倘谓不然，乞告闻天主。倘予怀妒忌
心，立诡异说，故沮坏彼主教，则天主威灵洞照，当使猛
烈天神下治之以饬天讨。[1]

珠宏《天说》所运用的论辩方式，是先将儒家和佛教的
天说加以说明，转而指责天主教虽崇事天主而实际是不知何谓
天。珠宏反驳天主教的最后一则为《天说余》，内容针对天主
教批评佛教禁杀生之非，强调杀生为天下古今之大过大恶：

予顷为天说矣，有客复从而难曰："卜娶妇而非己父母
也，既可娶，独不曰卜杀生而非己父母也，亦可杀乎？不
娶而生人之类绝，独不曰去杀而祭祀之礼废乎？"被难者
默然以告予。予曰："古人有言，卜以决疑，不疑何卜？同
姓不婚，天下古今之大经大法也，故疑而卜之。杀生，天
下古今之大过大恶也，断不可为，何疑而待卜也。不娶而
人类绝，理则然矣，不杀生而祀典废，独不闻二簋可用
享，杀牛之不如禴祭乎？则祀典固安然不废也。嗟乎！卜
之云者，姑借目前事以权为比例。盖因明道蔽云尔，子
便作实法会，真可谓杯酒助欢笑之迂谈，排场戏虐之诨
语，然使愚夫愚妇入乎耳而存乎心，害非细也，言不可不

1　徐昌治：《圣朝破邪集》卷7，第3页下~4页上。

慎也。客又难杀生止断色身，行淫直断慧命，意谓杀生犹
轻。不知所杀者彼之色身，而行杀者一念惨毒之心，自己
之慧命断矣，可不悲夫！"[1]

周黄琴《论云栖袾宏与天主教人士的"异域"对话》一
文，总结袾宏《天说》的价值时说："毋庸置疑，在反驳的过程
中，袾宏不仅通过把'天主'判为'忉利天王'之方式对利玛
窦'纳佛为耶'之举做出了有力回应，即把天主教直接化为佛
教的一部分，从而达到消解天主教与佛教之冲突的目的，而且
还以'天主'为'理'的方式消解'天主'的人格意识，从而
使'天主'陷入利玛窦自我批判的矛盾境地之中。"[2]然而，也
可以说袾宏只能够用佛教的理解去反驳天主教的责难。利玛
窦不一定对佛教有深刻的认识，而因为当时有限的天主教汉文
文献，袾宏则更加不了解天主教的教义。王煜的研究便指出，
"袾宏错在肯定没有声色形象的'天主'必为非人格的理，如
儒家所言天或太极与道家所谓道。狭义宗教的绝对者，必是人
格神，虽不直接御臣民、施法律，但可直接垂诫发号施令和赏
罚，甚至可显现形色声。袾宏可能将耶稣视作等于从兜率天降
世拯凡的释迦。八十岁命的佛陀，不外化身而非报身，更非法
身；正如耶稣只是上帝之道成肉身，故能复活升天"。[3]从袾宏
《天说》四篇去看佛教对天主教的反驳，特点是强调自己信仰的
立场，较少有针锋相对的论辩。可以说，是"公说公有理、婆

1　徐昌治：《圣朝破邪集》卷7，第4页上~下。
2　周黄琴：《论云栖袾宏与天主教人士的"异域"对话》，《法音》2015年第10期，第36页。
3　王煜：《明末净土宗莲池大师云栖袾宏之佛化儒道及其逼近耶教与反驳天主教》，《新
　　亚书院学术年刊》1977年第19期，第34页。

说婆有理"的一来一往，看不到真正的教义和信仰上的交锋。

　　平心而论，袾宏的《天说》四则并不具有深邃的理论体系，其真正意义在于《天说》四篇代表佛教人士站出来反驳天主教的批评。袾宏的佛门立场，使其信仰与天主教形成对立，并断然否定天主教取代儒、佛、道地位的意图。而且，袾宏作为当时德高望重的佛教领袖，他带头驳斥天主教的举动，将迫使天主教的传教士相继做出回应，引起更多较有深度的论辩。

《天说》的余波：以利玛窦之名的反驳

　　袾宏驳斥天主教的《天说》四篇成稿于万历四十三年（1615），即南京教案发生的前一年。可惜利玛窦已经在五年前病逝，以致没能亲自做出相应的回应，或促成两位宗教领袖面对面论辩的机会。如果两位宗教领袖能够面对面论辩，是否会带来宗教间的谅解？孙尚扬的研究认为，利玛窦在排佛的过程中"表现出其在宗教上的独断性与排他性。另外，他对佛教的理解往往表现为一种无知的误读"。[1] 天主教的排他性，决定了天主教无法与佛教或其他宗教在异乡共存。

　　《天说》可说是袾宏的遗作，他于同年万历四十三年去世，《天说》后收入袾宏晚年最重要的著作《竹窗随笔》中。但后来却出现以利玛窦之名撰写的《复莲池大和尚〈竹窗天说〉四端》一文，对袾宏的《天说》逐一反驳。文中作者对袾宏提出中国传统文化已具有丰富的天说而不需天主教之天说的论点做

1　参考孙尚扬《利玛窦对佛教的批判及其对耶稣会在华传教活动的影响》，《世界宗教研究》1998 年第 4 期，第 85~94 页。

出驳斥，并认为天主教与佛教的天说无法两立，而且中国事天学说存在缺陷，故需要新的天说去进一步参求阐发。

《复莲池大和尚〈竹窗天说〉四端》一文后来被收入《辩学遗牍》中，近人编《明末清初耶稣会文献》辑录《辩学遗牍》，其解题说："陈垣重刊《辩学遗牍》序曰：旧本题利玛窦撰，前编为《利复虞淳熙书》；后编为《辩竹窗三笔天说》，殆非利撰。据袾宏自叙，《竹窗三笔》刊于万历四十三年乙卯，而利已于三十八年庚戌物故，岂其书未刻，其说先出，故利得而辩之然？《天说》四篇皆《三笔》编末之文，庚戌与乙卯相距五年，利未必得见。且细考原辩语意，明在《三笔》刊行以后，而其中并无一语可确指为利作之据，如《复淳熙书》之屡自称窦云云者，则又显非志在托名利作，以动人观听者也。当时天教人材辈出，西士、中士中能为此等文者不少，此必教中一名士所作，而逸其名。时人辗转传钞，因首篇系《利复虞书》，遂并此篇亦题为利著。李之藻付梓时，偶未及考，故未订正耳，之藻跋谓此系得自友人一钞本，则其文为之藻本来所未见可知也。"对于假借利玛窦之名而对袾宏《天说》做出回应的作者，孙尚扬在《明末天主教与儒教的交流和冲突》中推定为徐光启，周驳方在《辩学遗牍》的点校本的"前言"中亦有相同的看法。[1]

《复莲池大和尚〈竹窗天说〉四端》开首即表明："辩曰：武林沙门作《竹窗三笔》，皆佛氏语也，于中《天说》四条，颇论吾天教中常言之理。其说率略未备，今亦率略答之，冀览

---

[1]　参考孙尚扬《明末天主教与儒学的交流和冲突》，附《〈辩学遗牍〉作者考》，台北：文津出版社，1992，第37~45页。

者鉴别，定是非之归焉。"其对袾宏《天说一》的反驳说：

> 其一首言"教人敬天，善事也，奚辩焉"。此盖发端
> 之辞，非实语，然不可不辩。夫教人敬天者，是教人敬天
> 主以为主也，以为主者，以为能生天地万物，生我养我教
> 我，赏罚我，祸福我，因而爱焉、信焉、望焉，终身由是
> 焉，是之谓以为主也。主岂有二乎？既以为主，即幽莫尊
> 于天神，明莫尊于国主，皆与我共事天主者也，非天主
> 也。佛惟不认天主，欲僭其位而越居其上，故深罪之。即
> 吾教中，岂敢谓事天主可，事佛亦可乎？彼既奉佛，是以
> 佛为主也，凡上所云生养诸事，爱信望诸情，皆归于佛，
> 则佛之外，亦不应有二主。二之，是悖主也，安得云敬天
> 善事耶？[1]

文中亦反驳袾宏称天主教的大主为佛教忉利天王之说，认
为："彼妄指吾天主为彼教中忉利天王，其大梵天王，万亿倍大
于忉利天王，而大梵天王，又于佛为弟子列也，则忉利天王之
于佛，乌得拟八百诸侯之于周天子。盖名位至下，特小有所统
率，如所谓舆臣台、台臣仆者耳。今有人事周天子以为主，又
谓其舆台亦为主可乎？舍周天子不事，而事其舆台，威福玉食
望之以为归，此乃周天子所必诛，即亦臣事周天子者所必诛，
反可称为善事，置之不辩耶？"[2] 文中更强调，必须辩明孰为真

1　《复莲池大和尚〈竹窗天说〉四端》，朱维铮主编《利玛窦中文著译集》，附录，第
　　665 页。
2　《复莲池大和尚〈竹窗天说〉四端》，朱维铮主编《利玛窦中文著译集》，附录，第
　　665 页。

正的天主：

> 故我以天主为主，汝以佛为主，理无二主，即无二是。
> 无二是，则非者必受甚深地狱之苦，此岂小事，可相坐视
> 者？西士数万里东来，正为大邦人士认佛为主，足可叹悯
> 故也。彼以佛为主，宜以我为非，共相悯恤，深相诤论，
> 孰是孰非，今其归一可也，何为置之不辩耶？以佛为主，
> 不佛者置之不辩，亦非"度尽众生台方成佛"之本愿矣。
> 故辩者吾所甚愿也。钟不考不声，鼓不击不鸣，不辩则未
> 明者无时而明矣。[1]

作者又指出："佛者天主所生之人，天主视之，与蚁正等。
今反尊之，令尊卑易位，大小倒置，问孰知之、孰言之？则又
自知之，自言之，此又何等妄诞，而贤智之士，皆从而信向焉，
何居？"[2]作者以西方的天文知识为依据，把佛教中的"四天下"
和"三十三天"等同于西方早期的"四大洲"，与西方历法中
"量度天行度数，分七政为七重"之划分，而且把在西方天文地
理知识体系中找不到相关论述的"三千大千"之概念断然认定
为"谬悠无当之语"。针对《天说》有关轮回的立场，作者反
驳说：

> 辩曰：按《实义》第五篇正轮回六道之诬，略有六

1　《复莲池大和尚〈竹窗天说〉四端》，朱维铮主编《利玛窦中文著译集》，附录，第
　　665~666 页。
2　《复莲池大和尚〈竹窗天说〉四端》，朱维铮主编《利玛窦中文著译集》，附录，第
　　668 页。

端。今所辩一切有生，皆宿生父母云者，是其第六。则前五端，皆屈服无辞，必可知矣。第六端言："据轮回之说，一切有生，恐为宿世父母，不忍杀而食之；则亦不宜行婚娶、使仆役、跨骡马，恐其宿世为我父母眷属等。此理甚明，无可疑者。"今辩曰："恒沙劫来，生生受生生，生必有父母，盖恐其或己父母。非谓其决己父母也。"夫恐其或然，则不宜杀之，不谓其决然？则可得而婚娶之、役使之、骑乘之，于理安乎？

夫生生必有父母，恒沙劫来，转生至多，父母亦至多，其为叔伯尊行、兄弟、子孙、亲戚、君师、朋友尤多，而吾一生所役使、用度诸物又多，轮回果有，必将遇一焉，岂卜可避免乎？佛教明言，卜筮等事，皆不应作；今又教人卜度前世事，不犯佛戒乎？卜何能知人事？即目前事，卜而偶中者，百中仅一耳。其不验者至多，能知前世事乎？能知沙劫以来生生世世事乎？[1]

文章针对袾宏之论，逐条批驳。在作者看来，既然佛教坚持有轮回，就应"条论其所以必有之故"，如今既不如此，反"空然坐据轮回之必有，而曲论其所以处置之术"，此可谓"不揣其本而齐其末"。作者亦认为袾宏对《梵网经》的解释仍存有较多的矛盾，不仅"戒杀与不戒婚娶"相矛盾，而且以"卜筮"来"决疑"亦甚为困难。因而作者进一步指出，为避免罔民之患，天主既"不使人转为禽兽"，亦"不使人转为人"，则

---

1 《复莲池大和尚〈竹窗天说〉四端》，朱维铮主编《利玛窦中文著译集》，附录，第670~671 页。

杀生与嫁娶皆是合理可行。此外，尽管无轮回，但是人死其魂仍常在，否则的话，不仅无法实施善恶之报，亦与佛教的"成佛升天""六道轮回"思想相矛盾。

对于袾宏有关杀生之论，《复莲池大和尚〈竹窗天说〉四端》也有详细的回应。作者认为"杀生"的功罪与否，不可一概而论，而要依"动机"而定。文章说："杀生不杀生，不可为功与罪，有所附则为功与罪。如杀生者为事邪魔，恣淫欲，及和合诸恶事，则杀生大罪也。如不杀生，为信有轮回故，是显背天主赏罚之正经，若世法擅改律令者，则不杀生大罪也。如少杀生，为事天主故，则爱物亦征其爱天主；少杀生为养人故，则爱物亦征其爱人；此为功矣。倘无所附丽，其爱情全向于物，但能不为轮回而爱之者，则非功亦非罪也。若言尽不可杀，杀之者为天下古今之大过大恶，则天主未尝有是命；古西土圣贤，及所闻于中土圣贤者，亦未尝有是训；万国君臣所以约束人民者，亦未尝有是律。何所据而名之罪恶若斯甚乎！"[1]

综观《复莲池大和尚〈竹窗天说〉四端》一文对袾宏《天说》的反驳，其仍是无法摆脱自身教派的理解来立论。作者从"取天主教之说天堂地狱""取西儒之说轮回转生""杂取中国之议论文字""尽取老易玄言"等面向批评佛教，又从"天文知识自相舛错""剿窃中西天文学""天文地理互相矛盾"的角度来论证佛经知识的"错谬"。就论辩内容而言，无论是对天文地理知识的考证，还是对佛教教义的论证，作者都是以西方知识为依据，从而不仅导致把佛教的"四天下"与"三十三

---

1 《复莲池大和尚〈竹窗天说〉四端》，朱维铮主编《利玛窦中文著译集》，附录，第676~677页。

天"分别误解为西方的"四大洲"和"三十三重天"，而且还把在西方天文知识系统中找不到相应论据的佛教理论，都界定为谬悠无当之语。而作者最终的结论是"天主教与佛教多有相左"。对于佛教与天主教而言，当时最大的遗憾是利玛窦与袾宏的相继去世，以致没能就各自的论辩进行深层次的对话。李之藻在《辩学遗牍》跋中曾感叹："悲夫！假令当年天假之缘，得以晤言一室，研义送难，各畅所诣，彼皆素怀超旷，究到水穷源尽处，必不肯封所闻识，自锢本领，更可使微言奥旨，大豁群蒙。而惜乎其不可得也。"[1] 但我们不能否认，《复莲池大和尚〈竹窗天说〉四端》一文，延续与深化了袾宏与利玛窦在文字方面的对话和论辩，建基于此次针锋相对的文字往来，日后佛教与天主教之间展开了更为激烈的讨论。

结语：晚明的宗教论辩与协调

袾宏的《天说》四篇和天主教人士的《复莲池大和尚〈竹窗天说〉四端》，为佛教与天主教在信仰立场上的一次论辩，但态度是温和而坦诚的。利玛窦和袾宏这两位代表人物都身故以后，佛教与天主教的论辩仍未结束，闽、浙两省僧俗文人纷纷撰文，加入"破邪"之论。佛教僧侣如释圆悟、释通容、释普润、释成勇、释如纯等分别撰写《辨天说》《原道辟邪说》《诛左集缘起》《辟天主教檄》《天学初辟》等文，通过严密的逻辑推理与论证，对利玛窦的《天主实义》与

---

1 《复莲池大和尚〈竹窗天说〉四端》，朱维铮主编《利玛窦中文著译集》，附录，第680页。

《复莲池大和尚〈竹窗天说〉四端》一文中的批佛之论进行了
全面驳斥，而且还对天主教的危害进行了大量论说。他们不
但口诛笔伐，释圆悟还派遣祩宏的弟子张广湉亲自带着自己
的文章到杭州的天主堂要求与传教士当面辩论："余初说既出，
恐彼教中人不闻不知，特遣润禅遍榜武林，索其辨论，得二
旬余日不报。后八月念一日，有梦宅张君湉者，毅然直持天
教之堂以告曰：湉尝游二氏之门。第未入其间奥，向闻大教
倡乎敝邦，欲领教而未得也。顷有自四明来者，持辨天初说
一纸，湉读之乃与大教辨学之说也。且闻大教中屡征诘辨，
故敢将以请教，以决所疑，以定所趋。"[1]张广湉当时见到在杭
州天主堂的主教傅泛际，傅泛际本来同意与佛教人士辨明是
非，但"遽接读之，沉吟再三，似不甚解"，最终回避不见，
没有与张广湉进行正面辩论。而且后来张广湉还亲自先后两
次拿着释圆悟的《辨天初说》与《辨天二说》到杭州教会要
求主教进行答辩，最终传教士仍然拒绝与他进行正面论辩。
所以圆悟《辨天二说》载：

> 据张君亲述如此，则见汝非不辨也，不能辨也。不能
> 辨者，盖义坠而莫可救也。惟义坠而莫救，故词穷色沮，
> 遁形露矣。[2]

因为天主教教士不愿意与佛教人士辩论，僧侣只好将他们
的不满和反驳见诸文字，对天主教进行围攻，这些文字后来大

1　徐昌治：《圣朝破邪集》卷7，第13页上。
2　徐昌治：《圣朝破邪集》卷7，第14页上。

部分被收入《圣朝破邪集》中。目前在《圣朝破邪集》中可见其收录佛教僧侣反驳天主教的文章共十四篇，包括：

释袾宏《天说》凡四

曾　时《不忍不言序》

黄　贞《不忍不言》

释圆悟《辨天说》凡三

张广湉《证妄说》

释圆悟《复张梦宅书》

释普润《证妄说跋》

张广湉《证妄后说》

释大贤《绳素共证》

刘文龙《统正序》

释通容《原道辟邪说》凡四

释普润《诛左集缘起》

释成勇《辟天主教檄》

释如纯《天学初辟》凡九

其中在释圆悟的《辨天说》和释通容的《原道辟邪说》中，都可以看到佛教人士提出了更为精辟的宗教论据，以反驳天主教的责难。《辨天说》是释圆悟在崇祯八年（1635）所作，主要由《辨天初说》《辨天二说》《辨天三说》三篇文章组成。《辨天说》撰写的缘起，据圆悟的解说，与佛教居士黄贞有密切关联。黄贞不仅自己著文批驳天主教，而且邀请当时颇有名望的释圆悟加入阵营，著书反驳天主教的排佛观点，圆悟欣然答应，遂有《辨天初说》的出版。此文虽然只有短短三百余字，却以佛教的觉悟论为切入点驳斥天主教执着天主为唯一真神的教理。[1]《辨天二说》则记载袾宏弟子张广湉持《辨天初说》前往杭州武林天主堂欲与主教傅泛际辩论的经过。《辨天三说》记载张广湉再次持《辨天说》前往武林天主教堂，遇教堂中范姓职员，收下文章，却表示"凡有书出来无不收，然必不答，实告于公，此是教中大主意"。[2]《辨天三说》相比于前两篇，更加着重于从义理上展开辩论，其中涉及灵魂说、空观、天堂地狱说等。朱琳琳的研究指出："值得注意的是，密云圆悟在论辩的时候，并非像儒家保守的士大夫，抑或佛门居士那样称天主教为'邪'教，传教士为'妖'等明显的鄙夷姿态，而是持一个相对平等的态度来与之对话。密云圆悟说到'且汝辈之来倡教于此土也，必确有一定之见'，又云'一道平等，浩然大均矣'，可见他是在对天主教给予肯定的基础之上与天主教对话的。而密云圆悟的《辨天说》也成为佛耶对话历史的重要文本。"[3]

袾宏、圆悟等人对天主教的回应与反驳，体现了佛门人士维护其信仰和宗教地位的举动。佛教人士在反驳天主教责难的过程中，试图将天主教纳入佛教的理论体系中去进行论辩，援儒入佛以论证佛教的合理性，并从天主教内部的神学体系出发论证天主教的矛盾性。同样的方法，亦见于天主教排斥佛教的立场中。虽然双方的辩护都有一定的局限，但是在论辩的过程中，双方都借机阐明自己的信仰和宗教义理。如果我们说唐代

1　参考向懿《明末清初耶佛对话探析——以利玛窦的〈天主实义〉与圆悟的〈辨天说〉、袾宏的〈天说〉为中心》，硕士学位论文，华东师范大学，2014，第 16 页。

2　徐昌治：《圣朝破邪集》卷 7，第 17 页下。

3　朱琳琳：《明末清初佛耶对话微探——以杨廷筠为例》，硕士学位论文，华东师范大学，2015，第 38 页。

的"三教讲论"给儒、佛、道机会去了解对方宗教的教义和论据，开启了后来中国历史上三教合一的传统，则晚明佛教与天主教的论辩，在另一层意义上来说，同样加深了佛教与天主教彼此的认识与交流。

《四库全书总目提要》对利玛窦的《辨学遗牍》有如是评语："是编乃其与虞淳熙论释氏书，及辩莲池和尚《竹窗三笔》攻击天主之说也。利玛窦力排释氏，故学佛者起而相争。利玛窦又反唇相诘。各持一悠谬荒唐之说，以较胜负于不可究诘之地。不知佛教可辟，非天主教所可辟；天主教可辟，又非佛教所可辟；均所谓同浴而讥裸裎耳。"[1] 佛教与天主教均为外来宗教，但佛教在中国已经有一千多年历史，在"三教合一"的传统下，已经融入中国文化之中，与儒、道鼎足而立，自然非天主教所能同日而语。所以，张西平先生在检讨佛教与天主教在明末清初的辩争时说："天主教与佛教之争，实际上是西方宗教文化同中国本土宗教文化之争。禅宗完全是中国化的佛教，本质上是中国本土的一种宗教，它虽然来自佛教，但却是佛教本地化的产物。特别是在晚明时，禅学与王学合一，焦竑等人正是在这种背景下提出三教合一的。传教士所提出的'合儒易佛'的策略被居士儒生们看得一清二楚，钟始声说得很明白：'阳排佛而阴窃其秕糠，伪尊儒而实乱其道脉。'所以，天主教同佛教的争论绝不是两种外来宗教的争论，而是中国本土宗教对天主教入华在思想上的反映。"[2]

1　朱维铮主编《利玛窦中文著译集》，第 682 页。

2　张西平：《基督教的传入与明清之际中国文化思想的变迁》，李灵、尤西林、谢文郁主编《中西文化交流：回顾与展望——纪念马礼逊来华两百周年国际学术研讨会论文集》，上海人民出版社，2009。

明末天主教来华后，立即被看成是一种外来的夷教，夷教来华的目的是要"以夷变夏"。当时，儒、佛、道人士均以天主教欲乱吾国开辟以来之学脉为理由，对其加以排斥，归根结底，是来自传统的维护道统心理。佛教与天主教争辩的根本意图，同样是要保护其已经在中国建立起来的宗教传统。所以，论辩往往不是以开放的眼光、学习的态度和理解的方法展开。但正如前面所述，论辩也不一定没有益处。论辩不一定能够"求同"，但如果能够"存异"，尊重彼此的信仰和存在，便已经是很大的进步。圆悟的《辨天三说》记载张广湉再次持《辨天说》前往武林天主教堂与教徒辩论，遇教堂中教士范君，范君的回应有如下的比喻：

> 范君曰："教中虽有欲归一之说，然而佛教与天教原是不同，必不可合者。盖佛教虽重性灵而偏虚不实，唯我天教明言人之灵魂出自天主，则有着落，方是大全真实之教。虽然佛教以天堂地狱教化众生，而我天教亦以天堂地狱教化众生，如两医者，尔我如病人，随服其医之药，唯期疗病而已，何必是此非彼，况又欲合众医为一耶？如病不瘳，则更医可也。"[1]

在晚明三教合一的环境下，范君所指"教中虽有欲归一之说"，并不一定是指教会内部出现与中国传统信仰调和或"合一"的声音。但他说宗教就如医者，信徒就如病人，医者各有其方，只要能治病，适得其所，不需要合医者为一。他的意

---

1 徐昌治：《圣朝破邪集》卷7，第18页上～下。

见，已经流露了不需要"求同"，但可以"存异"的立场。

附记：本文所用日本安政刻本《圣朝破邪集》复印本，为日本汉学家沟口雄三教授所赠。多年前因教学及研究需要，寻找该书，遍寻中国大陆及台湾地区各大图书馆不获，却意外地在当时任教东京大学的沟口雄三教授家中二楼书房发现其收藏的日本刻本，实喜出望外，深感"踏破铁鞋无觅处，得来全不费工夫"。沟口教授已经去世十年，睹物思人，倍感怀念，仅此为记。

十八世纪的西学与考证学

艾尔曼（Benjamin A. Elman）[*]

导 言

18 世纪的经学家们对古代学问（antiquity）与
新兴的学术门类满怀热情。学者将算学经典和早期
天文学重新纳入一千年来对古代智慧的探求之中。
在一个后耶稣会士的世界里（a post-Jesuit world），
乾隆时期的清廷反而因为同时代的欧洲战争以及后
来占据英法两国全部精力的革命而得以休养生息。
在这样一个地缘政治的真空中，清代文人试图将他
们所理解的、主要由耶稣会士带来的欧洲学问与中
国本土学问进行比照。尽管中国本土的学问被赋予

------

[*] 艾尔曼，美国普林斯顿大学东亚系。

优先地位，然而，古代学问的复兴使得满人和汉人都能够掌握现代欧洲人早期在数学和天文学方面的成果。[1]

来华耶稣会士曾设计出一种独特的适应策略来获取清廷及其权贵精英们的信任，这种策略很少应用于日本、印度和东南亚地区，更别说应用于"新大陆"了。明末清初，利玛窦（Matteo Ricci，1552-1610）和他的后继者们之所以赋予自然学（natural studies）与天文历算以优先性，是因为他们看到中国文人和明清皇帝对这些领域感兴趣。尽管受到礼仪之争的影响，但文人们对自然学和"西学"的兴趣即便在18世纪还是得以延续。因此，本文的论述意在向那种认为中国人对早期现代欧洲科学缺乏好奇心的惯常印象提出质疑。

当下的流行观点宣称中国人对欧洲科学不感兴趣，而与其相反的观点实际上是一种相类似的主张，即认为基督教和科学在19世纪之前对于中国文人只具有边缘性的影响。不少研究者依然强调，我们首先应当要了解的，是那些存在于明清学者经学论争（classical debates）中的关键的内在问题。总体而言，研究者的这种观点有其价值。然而，这一研究取向忽视了欧洲和中国思想史、社会史当中那些互相关联的事件，这些事件暗示文人们对欧洲科学失去兴趣并不是因为中国人对科学的冷淡态度，而是因为在康熙及康熙之后的时期内，耶稣会士并没有成功扮演传递科学与数学知识的可靠角色。耶稣会士们并未将

1　可以对比 Ming-hui Hu（胡明辉），"Provenance in Contest: Searching for the Origins of Jesuit Astronomy in Early Qing China, 1664-1705," *The International History Review*, Vol. 24, No.1 (March 2002), pp.1-36。

"现代科学"传播到中国。[1]

中国人对 18 世纪欧洲科学的发展"缺乏了解",尤其是牛顿力学和大陆微积分学（continental calculus），这代表着科学传播的失败。该失败可以直接和耶稣会在 18 世纪欧洲的衰亡挂钩，从而在科学传播的中间环节上影响了中国人对欧洲新潮流的信息获取。例如，当蒋友仁（Michel Benoist，1715-1774）最终将关于哥白尼宇宙论的精确论述介绍给中国人时，已经是 1757 年教会撤销对哥白尼天文学的禁令之后了。然而，反耶稣会的争论——首先产生于詹森派信徒（Jansenists）中，紧接着出现在启蒙哲学家中——于 1759 年就在葡萄牙引发了对耶稣会的镇压，之后法国、西班牙、那不勒斯和帕尔马也加入其中，直到教皇于 1773 年在世界范围内解散耶稣会为止。中国的"欧洲之窗"被来自欧洲历史和中国历史两者内部的力量破坏。

北京的算学馆

法国传教士于 1689 年之后来到中国，通过直接为清统治者服务而成功地为自己创造了合法的身份。事实上，他们将康熙帝和自己的"太阳王"路易十四等同视之。除了传教工作，他们还希望将当时的法国科学介绍到中国。例如，法国传教团的第一任团长洪若翰（Jean de Fontaney，1643-1710）在离开法国来到中国之前，于 1676~1685 年在巴黎耶稣会的路易大帝高中（Collège Louis le Grand）教授数学。白晋（Joachim Bouvet，

1　Benjamin A. Elman, "Jesuit Scientia and Natural Studies in Late Imperil China," *Journal of Early Modern History: Contacts, Comparison, Contrasts*, Vol.6, No.3 (Fall 2002), pp.209-232.

1656-1730）还希望康熙帝仿照巴黎的法国皇家科学院（The Academy of Sciences in Paris）建立起他自己的科学院。[1]

为了宫廷内的天文历算工作，在 1712~1713 年，蒙养斋被设立在了北京郊外的皇家园林圆明园之中。礼仪之争后，尽管康熙帝对罗马教皇的中国政策不满，但是他也意识到，在制定历法上要继续任用法国耶稣会士。他邀请法国耶稣会士为他工作，就像身处海外的耶稣会士为法国科学院工作一样。[2]

康熙帝还按照法国皇家科学院的模式创立了宫廷数学学院，但是策略性地沿用了唐代官学"算学馆"这一名称。为了制定历法，算学馆于 1713 年在蒙养斋设立，不过只任用清朝文人和旗人。任何耶稣会士都不允许进入这个由皇家学者组成的内部圈子，三皇子胤祉（1677~1732）也是圈中一员。礼仪之争后所确立的这个政策确保了耶稣会士不再对宫廷历算造成过度的影响。[3]

康熙试图使清王朝在历法定制的问题上摆脱对耶稣会士的依赖。李光地的门生之一王兰生，因算学造诣于 1721 年被皇帝赐予"畴人进士"。之后，王兰生进入蒙养斋，法国耶稣会士在那里帮助他翻译了收录于《律历渊源》这套丛书中的著作，梅毂成（卒于 1763 年）和陈厚耀（1648~1722）也协助了该丛

1　韩琦：《白晋的易经研究和康熙时代的西学中源说》，《汉学研究》第 16 卷第 1 期，1998 年 6 月，第 185~201 页。

2　Horng Wann-sheng（洪万生），*Li Shan-lan: the Impact of Western Mathematics in China during the Late 19th Century*, Ph. D. dissertation, New York: City University of New York, 1991, pp.16-17.

3　Catherine Jami, "From Louis XIV's Court to Kanxi's Court: An Institutional Analysis of the French Jesuit Mission to China (1688-1722)," in Hashimoto Keiz（桥本敬造）et al., eds., *East Asian Science: Tradition and Beyond* (Osaka: Kansai University Press, 1995), pp.493-499.

书的纂修工作。

1712 年，陈厚耀提请编纂一部新的欧洲算学概要，以便替代晚明时耶稣会士参与编纂的《崇祯历书》。其成果就是《律历渊源》，《数理精蕴》包括其中。1713 年，康熙帝指派梅毂成和陈厚耀指导何国宗、明安图（卒于 1763 年）等人共同完成这项工程。《律历渊源》于 1723 年刊刻。而由历算专家组成的特殊群体还包括魏廷珍及其他一些由梅文鼎（1633~1721）在去世之前训练过的人。[1]

康熙帝召集了一百多个有前途的学者加入算学馆，而不论其科举功名如何。编纂《数理精蕴》时，梅毂成被任命为汇编，明安图任分校。除了那些在算学馆修习算学、历学和律学的学生外，算学馆还雇用了相当数量的仪器工匠，以便满足该馆在技术上的需求。一个由十五名中算家组成的小组依据理论概念、推算技巧与应用，以及《数理精蕴》第一部分收录的数表负责校算。

以耶稣会士学校中使用的教材为样本，《数理精蕴》介绍了欧洲的代数学，并在最后一卷讲解了以十为底的对数，利用欧洲方法进行对数计算。《数理精蕴》介绍的中国算法包括传统方程术和勾股的计算技巧，这些都建立在梅文鼎对传统线性联立方程组解法的重新解释之上。

1　Li Yan（李俨）and Du Shiran（杜石然），*Chinese Mathematics: A Concise History*（《中国古代数学简史》），translated by John Crossley（郭树理）and Anthony Lun（伦华祥）(Oxford: Clarendon Press, 1987), p.218; Jean-Claude Martzloff（马若安），*A History of Chinese Mathematics,* translated by Stephen Wilson (New York: Springer-Verlag, 1997), pp. 218–219; Catherine Jami, "Learning Mathematics Sciences during the Early and Mid-Ch'ing," in Benjamin Elman and Alexander Woodside, eds., *Education and Society in Late Imperial China, 1600–1900* (Berkeley: University of California Press, 1994), pp. 231, 238–240.

作为晚明《崇祯历书》的替代者,《律历渊源》这部影响深远的丛书包括《历象考成》、《数理精蕴》和《律吕正义》,它们都是从 1712 年开始在蒙养斋编纂的。编纂目的最初是给蒙养斋和国子监算学馆的学生们提供一套学习的教本。

从 1723 年《数理精蕴》刊刻到鸦片战争（1839~1842）爆发之前,都没有其他欧洲数学著作被介绍到中国来。中国尤其缺乏了解的,是在欧洲同时被莱布尼茨和牛顿发现的更具动态性（dynamic）的微分和积分,这些发现业已突破了希腊几何学和伊斯兰代数学的静态局限（static limits）。此外,在 1865 年之前,《数理精蕴》所收入的欧几里德《几何原本》一直是官方采用的版本。[1]

康熙朝的《历象考成》

康熙时期历法改革的成就以 1724 年《历象考成》的颁布和其后编的编纂为顶点。《历象考成》中的天文学知识大都落后了欧洲一个世纪,但是 1742 年颁布的《历象考成后编》,出于改革传统历法的目的,则更多地吸收了当时欧洲天文学的新发现,比如开普勒的椭圆轨道理论。[2]

总体而言,康熙帝任命的清朝专家们都仿效梅文鼎的做法,反对耶稣会士将基督教教义渗透进中国的天文历算之学。

1　Catherine Jami, "Western Influence and Chinese Tradition in an Eighteen-Century Chinese Mathematical Work," *Historia Mathematica,* Vol.15,1988, pp.311-331.

2　Nathan Sivin（席文）, "Copernicus in China," *Colloquia Copernica II. Etudes sur l'audience de la theorie heliocentrique* (Warsaw: Union Internationale d' Historie et Philosophie des Sciences, 1973), pp.63-75, 89-92.

梅文鼎的推算工作与朝廷的努力方向一致，即制定一种历法，从而将欧洲与中国的方法融合进一个更大的体系当中。例如，1722 年起草、1724 年颁布的《历象考成》就参考了欧洲的范本，但是却由中国朝臣编纂，耶稣会士只是间接地参与而已。[1]

清朝早期由耶稣会士编写的历法完全建立在欧洲范本之上，但是《历象考成》所代表的新历法体系却将欧洲方法和"中法"融合。梅毂成和他的本土历算专家团队肯定了梅文鼎的努力，即创立一个更高级的综合体系，以取代原先欧洲与中国的历法体系。18 世纪 20 年代，宫廷专家们掌握了耶稣会士的天文学方法，并将其纳入皇家天文历算学的整体架构。

然而，并没有任何来自本土的激励因素促使清朝的专家们去超越眼下制定历法的需求，尤其当历法改革已经成功之后，也更没有在智识（intellectually）上受到来自耶稣会士的压力而促使他们去超越。到了 1725 年，就连耶稣会士也退离了早期现代科学的最前沿，他们所掌握的数学知识仅仅停留在简单的代数学、三角学和对数层面，而这些知识已经被明末清初的一小群专家本土化了。18 世纪，一大批从事考证学的清代经学家们将重建传统中国算学的声望。[2]

尽管蒙养斋并未持续到雍正朝，不过，1670 年肇始于康熙帝、挑选八旗子弟以对算法进行官方研究的举措，在 1734 年被雍正帝强化。1739 年，乾隆帝将算学列为官学系统内的一个领域，钦天监之外的汉人学生从此便可以正式学习算法了。虽然

1　王萍：《清初历算研究与教育》，《中央研究院近代史研究所集刊》第 3 期，1972 年，第 369 页。

2　橋本敬造「曆象考成の成立」藪内清、吉田光邦編『明清時代の科學技術史』京都大学人文科学研究所、1970、49~92 頁。

雍正帝在朝中抵制来自耶稣会士的知识，但是康熙时期那些追随梅毂成的中坚士人却在其后的乾隆朝依旧扮演着具有影响力的角色。[1]

然而，和欧洲 18 世纪的发展相对比，考察清朝算学馆的命运是具有启发性的。法国皇家科学院在使法国的科学从业者及其资助机构数量不断增长的过程中，发挥了基石的作用。这些制度变更致使那些从事一般研究的学术团体逐渐走向衰落，从而促进了更为专门化的机构的壮大。在 18 世纪晚期以前，在关乎科学的学科门类中，专业标准的建立正是与大学和研究性学会的扩展相伴而随的，并且在这些大学和研究性学会等高等学术机构中，专门性的科学正在缓慢地孕育着，专业化的实验室最终取代了绅士们的学术团体。而直到 19 世纪晚期，这些才在中国起步。[2]

古代中国算学的复兴

梅毂成痛惜钦天监里那些元明时期天学仪器的毁坏。在 1672 年南怀仁（Ferdinand Verbiest，1623-1688）替换新仪器之前，这些古仪器一直存放在钦天监中，并且梅氏曾于 1713~1714 年在库房中见到过它们。不过，掌管钦天监的纪理安（Bernard-Kilian Stumpf，1655-1720）在 1715 年熔化了其中

---

1 王萍：《清初历算研究与教育》，第 370~371 页。另可参见 Ming-hui Hu, *Cosmopolitan Confucianism: China's Different Road to Modern Science (1664-1830)*, Ph. D. dissertation, Los Angeles: UCLA, Dept. of History, 2003，第 3 章。

2 Roger Hahn, *The Anatomy of a Scientific Institution: The Paris Academy of Science, 1666-1803* (Berkeley: University of California Press, 1971), pp. 275-285.

的一些，重铸成了青铜象限仪。到 1744 年，这些元明古仪器只剩下了浑仪、简仪和天球仪。正是这些传统历法遗产的损失，促使梅氏努力复原宋元时期"天元术"的代数方法，利用其处理多个关于未知数的问题，这项事业后来成了考证学在算学上的一项主要特色。

为此，梅氏集中研究了元代一位名叫李冶（1192~1279，原名为李治）的小官员于 1248 年所著的《测圆海镜》，这是现存有关天元术的最早著作。在明朝统治下，与《九章算术》相关的算术传统被延续了下来。然而，由秦九韶（1202~1261）、李冶和朱世杰（活动时间为 13 世纪末）发展起来的解决多项式方程的具有先驱性的代数方法，却并有没得到研究。[1]

古代中国算书的辑佚与校勘

清中期，在算学复兴的同时，梅毂成等人同样意识到，自己很难再有机会接触那些收于中古时期的《算经十书》中的算书。而且，除李冶的《测圆海镜》外，秦九韶在多项式代数学上的开创性研究到梅文鼎的时代已经散佚。在雍正及其后继者实施闭关政策的背景下，复原与整理古代中国算学遗产成为 18 世纪末和 19 世纪初考证学研究内在转向的主要面向之一。[2]

1　Arthur Hummel（恒慕义），ed., *Eminent Chinese of the Ch'ing Period (1644-1912)*（以下简称 *ECCP*），Washington: U.S. Government Printing Office, 1943, p.569; Martzloff, *A History of Chinese Mathematics*, p. 20.

2　Elman, "Geographical Research in the Ming-Ch'ing Period," *Monumenta Serica*, Vol.35, 1981-1983, pp. 1-18.

除了戴震（1724~1777）、钱大昕（1728~1804）、阮元
（1764~1849）和焦循（1763~1820）等几位较为著名的考证学家
在其研究中强调算学的重要性外，一批同样热衷考证学的文人
算学家也从事着古代算书的校勘和编订工作，同时不断吸收欧
洲的数学知识。这些学者有：

陈世仁（1676~1722）　　　　　沈钦裴（生卒年不详）

明安图（卒于 1763 年）　　　　罗士琳（1789~1853）

李　潢（卒于 1812 年）　　　　董佑城（1791~1823）

汪　莱（1768~1813）　　　　　戴　煦（1805~1860）

李　锐（1773~1817）　　　　　李善兰（1811~1882）[1]

项名达（1789~1850）

许多算书的校勘，都是在康熙朝最后几年《古今图书集
成》编纂完成时，在皇帝的资助下进行的。1726 年，雍正在位
期间，《古今图书集成》刊印，其中辑录了一些欧洲的历法和数
学文本，它们出自《西洋新法历书》——前身为晚明《崇祯历
书》，在清代被重新编纂。同时收录于《古今图书集成》这部
类书历法部分的还有以下五种古代传统算书：

（1）《周髀算经》

（2）《数术记遗》

（3）《谢察微算经》

（4）《梦溪笔谈》

1　Li and Du, *Chinese Mathematics*, pp. 223–224.

（5）《算法统宗》

在乾隆《四库全书》第一部于1773~1781年编纂的过程中，四库馆臣当中也出现了一些像戴震一样精通算法的经学家，如孔继涵（1739~1784）、陈际新、郭长发和倪廷梅。"天文算法"类下辑录了58种著作（见下文）。一些更为古老的散佚了的算书则从明朝初期编纂的《永乐大典》中辑出，由于它们被保存于宫廷之中，所以相对而言更加完整。例如，《四库全书总目》中收录了25种算书的提要，其中有9种唐代算经、3种宋元著作、4种明代著作，包括利玛窦和李之藻（1565~1630）翻译的一部分欧几里德的《几何原本》。此外还有9种清代著作，其中最重要的是《数理精蕴》和梅文鼎的几部著作。[1]

18世纪复原古代算书的工作超越了国界。在保存中国散佚的著作上，朝鲜和日本的作用是众所周知的。然而，在这里尤为值得一提的是，阮元根据1660年的朝鲜版本复原了那本已经遗失的、由朱世杰撰写的《算学启蒙》。这本书于1433年在朝鲜重印，15世纪时被朝鲜当作教科书来使用。[2]

《算学启蒙》于1299年在扬州出版。朱世杰在书中讲解了多项式代数学的入门知识。19世纪初期，不少朝鲜使节来到北京，时值阮元因为学识而在北京发挥着影响力，尤其他那本研究古代科技的著作《考工记车制图解》影响甚大。后来，金正

---

1 纪昀等编《四库全书总目》卷106—107，台北：艺文印书馆，1974年重印本；Martzloff, *A History of Chinese Mathematics*, pp. 32-33; ECCP, p. 637。

2 Satō Ken'ichi（佐藤健一），"Re-evaluation of *Tengenjutsu or Tianyuanshu*: In the Context of Comparison between China and Japan," *Historia Scientiarum*, Vol. 5, No. 1, 1995, pp. 57-67.

熹（1786~1856）于1809年造访北京，并于1810年与阮元相识。会面之后，金正熹送给阮元一本朝鲜版的《算学启蒙》，阮元也将自己的相当一部分著作回赠给了金正熹。让阮元等学者感兴趣的是，在"天元术"的衍生过程中，朱世杰到底扮演了什么样的角色。[1]

此外，得益于《算经十书》的辑佚，宋元时期秦九韶、朱世杰和李冶等人的著作也重新浮出水面。《算经十书》中的7部用武英殿聚珍版刊刻，其中包括《周髀算经》和《九章算术》。此外，刊刻的还有康熙朝《律历渊源》中的一百卷。许多传统算书也因被诸如《微波榭丛书》、《知不足斋丛书》以及《宜稼堂丛书》等丛书收录而得到重印。[2]

《算经十书》的复原

明代晚期，徐光启（1562~1633）在利玛窦《同文算指》一书的序文（指《刻同文算指序》——译者注）里提出，《算经十书》远不如耶稣会士的数学来得精妙。得益于古代算书的辑佚与校勘，徐光启关于耶稣会士数学研究优越性的断言正被越来越多的考证学家贬斥，他们对"西学中源说"心向往之，认为这就是历史事实，并非仅仅将历法改革合法化的政治策略——而利用"西学中源说"作为政治策略，正是徐光启

1　Lam Lay-Yong（蓝丽荣），"Chu Shih-chieh's 'Suan hsüeh ch'i meng' (Introduction to Mathematical Studies)," *Archive for History of Exact Sciences*, Vol.21, No. 1, 1979, pp. 1-31; 藤冢邻『日鲜清の文化交流』中文馆书店、1947、77 頁。

2　Li and Du, *Chinese Mathematics*, pp. 225-226.

本人在明朝最后几年里所尝试的。[1]

实际上，明代只有《周髀算经》还在刊印和广泛流传。对学者而言，其他算经要么佚失了，要么难得一见。晚明时期留下的文献不是南宋的版本就是来自明代初期的《永乐大典》。幸运的是，在明代晚期，毛晋（1599~1659）和毛扆（1640~约1710）为其名为"汲古阁"的苏州印书局，根据南宋的版本校勘了这些算经中的 7 部，分别是：

（1）《周髀算经》

（2）《孙子算经》

（3）《五曹算经》

（4）《张邱建算经》

（5）《辑古算经》

（6）《夏侯阳算经》

（7）《九章算术》部分

汲古阁刊刻的经史典籍虽然因为一些木刻时的疏忽造成的错误而被诟病，但总体而言还是获得了高度的赞誉。毛氏的专长之一，是通过描摹其从收藏家手中借来的善本的每一处特征，复制出宋代的版本。《周髀算经》与《数术记遗》也于万历年间（1573~1619）刊印。[2]

然而，不久之后，汲古阁版的算经就散佚了，落入藏书家之手。其间，《算经十书》中只有五部到清初时还保存完整。

---

1 Roger Hart, "Xu Guangqi, Memorialist," 该论文于 2002 年 4 月 15 日在由加州大学洛杉矶分校历史系科学、医学、技术文化研究中心资助的讨论会上被宣读。

2 Martzloff, *A History of Chinese Mathematics*, p. 125.

《九章算术》的一份手稿被送至康熙宫廷内，保存在一个皇家藏书阁中。随后，继《周髀算经》和《数术记遗》于 1728 年被收入《古今图书集成》出版，《算经十书》的校勘也加快了速度。梅文鼎以历算家身份在当时所获得的名望，以及康熙朝晚期出版的那些新的欧洲数学著作，将天文历算纳入了经学的主流之中。

1770 年，供职于四库馆的戴震从《永乐大典》中辑出《算经十书》中的七部。另外，他还从原先保存于毛氏家族的一些手稿本中辑出了两部，收入《武英殿聚珍版丛书》刊刻。戴震的同僚孔继涵于 1773 年将它们一起以《算经十书》这个名目收入《微波榭丛书》重印。随后的版本都是以这些版本为底本的。[1]

算经的重现与复原激发了学者对它们的兴趣，这些著作被戴震、李潢、沈钦裴和顾观光等考证学家着重研究。他们由此撰写出一些关于算经的重要著作，此即后来的清代经学著作中名为"补正"一类的学问。例如，李潢撰写了名为《九章算术细草图说》、《海岛算经细草图说》以及《缉古算经考注》的著作。又如，顾观光刊印了他的《周髀算经校勘记》。[2]

宋元算书的重现

乾隆晚期，复原提供多元多项式方程组解法的"天元术"

1　Li and Du, *Chinese Mathematics*, pp. 226-227.

2　Li and Du, *Chinese Mathematics*, pp. 227-230; Elman, *From Philosophy to Philology: Social and Intellectual Aspects of Change in Late Imperial China* (Second edition) (Los Angeles: UCLA Asian Pacific Monograph Series, 2001), pp. 242-244.

与"四元术",带动了学者们对那些长期被忽视的宋元小官员及普通算学家群体的著作的校勘与研究。例如,秦九韶的《数书九章》(1247)提出了解决线性联立方程的一般运算法则和解决一次同余问题的"大衍求一术"。他的方法与19世纪早期发明的霍纳 – 鲁菲尼法则(Horner/Ruffini Rule)相似,后者创造了多项式方程的数值解法。《数书九章》中,秦氏使用了一种相类似的带从开方正负损益法,杨辉(其活动时间、地点为南宋时期的杭州)、朱世杰等学者也都使用了这种方法。[1]

虽然秦九韶的著作在相当程度上沿用了《九章算术》的整体结构,但其运算法则却更为高级。此外,因为年少时曾在南宋京都杭州太史局学习历算,他在著作中也应用"大衍术"来推演上元积年。最后,《数书九章》还给出了任意三角形面积的计算方法,即将面积表示为三边长度的函数,这和利用基本三角形关系特征来计算勾股很相似。后来,秦九韶的方法引起了戴震等人的关注,他们志在将这种基本三角形关系特征(即勾股术——译者注)与耶稣会士的三角学画上等号。[2]

戴震从《永乐大典》中抄出秦九韶的《数书九章》,并辑入《四库全书》。焦循和李锐分别就秦九韶的发现进行了研究和论述。之后,沈钦裴找到《数书九章》的一份明代手稿,将其与《永乐大典》中收录的版本进行互校。《数书九章》的最终版本后来被收入1842年的《宜稼堂丛书》,成为这本书现代各

---

1 《钱宝琮科学史论文选集》,科学出版社,1983,第22~36页;Alexander Wylie(伟烈亚力),*Notes on Chinese Literature*(台北:钟山书局,1970年再版;上海美华书馆,1867年初版),p. 116;Martzloff, *A History of Chinese Mathematics*, pp. 149–152。

2 参见 Ulrich Libbrecht(李倍始),*Chinese Mathematics in the Twentieth Century: The Shu-shu Chiu-chang of Ch'in Chiu-shao*(Cambridge: MIT Press, 1973)。另见 Martzloff, *A History of Chinese Mathematics*, pp. 2–12, 231–247。

版的底本。华蘅芳（1833~1902）在 1882~1888 年撰写的《学算笔谈》中曾列出一份同时涵盖中国与西方著作的必读书目。虽然他非常精通现代数学，但他还是力荐《数书九章》来解一次同余式。[1]

1232 年，在蒙古人攻占了中国北方之后，李冶撰写了两部著作——《测圆海镜》（1248）和《益古演段》（1259），都被辑入《四库全书》当中。尽管李冶在蒙古获胜之后隐居山西，但他还是受诏于蒙古朝廷，前去商议政事治理与地震等问题。《测圆海镜》因李潢的私人藏书楼里藏有一本而得以保存下来，《益古演段》则被辑入《永乐大典》。之后，李锐校勘了这两本书，它们也被收入《知不足斋丛书》中重印。李锐整理《测圆海镜》时还撰述了一系列说明性文字（指《测圆海镜细草》——译者注）。[2]

虽然杨辉的算学著作全部收于《永乐大典》中，但戴震并未将其辑入《四库全书》。不过，杨辉《续古摘奇算法》当中的一部分被收入《知不足斋丛书》，由杭州书商鲍廷博（1728~1814）刊印。1840 年，杨辉对《九章算术》的注释进行增补（指《详解九章算法》——译者注），《杨辉算法》也被收入《宜稼堂丛书》。此前，杨辉的完整著作在中国已经散佚，但在清代被李锐重新发现。20 世纪早期，一本 1433 年在朝鲜出版的、以 1378 年明朝版本为底本的《杨辉算法》在日本被发现。[3]

1　Wylie, *Chinese Literature*, p.116; Hu Mingjie（胡明杰）, *Merging Chinese and Western Mathematics: The Introduction of Algebra and the Calculus in China, 1859-1903*, Ph. D. dissertation, Princeton: Princeton University. Dept. of History, 1998, pp. 252-253.

2　Wylie, *Chinese Literature*, pp. 116-117.

3　Li and Du, *Chinese Mathematics*, pp. 230-231; Martzloff, *A History of Chinese Mathematics*, pp. 149-152, 157-159; Lay-Yong Lam, *A Critical Study of the Yang Hui Suan Fa, a Thirteenth-Century Chinese Mathematical Treaties* (Singapore: Singapore University Press, 1977).

另一方面，朱世杰 1303 年的《四元玉鉴》和 1299 年的《算学启蒙》（见上文）并未被及时复原并赶上《四库全书》的纂修。虽然《四元玉鉴》着眼于建筑、财政、军事后勤等具有实践性的问题，它却激励了清代晚期的考证学者，他们于该书中发现了一种处理开方的中国代数学方法（指天元术——译者注），时间上早于耶稣会士的方法（指借根方——译者注）。朱世杰的多项式方程的次数超过了二次和三次，一直达到十四次。

阮元在嘉庆朝（1796~1820）官拜浙江巡抚之时，从朝鲜使节那里获得了一本《算学启蒙》，阮氏正是利用其复原《四元玉鉴》的。后来，阮元将其作为对四库未收古籍的增补进呈北京。他同时交付李锐一部副抄本供其校勘，不过李锐并未完成。其他一些学者如徐有壬（1800~1860）和沈钦裴，都曾研读此书，尽管沈钦裴对此书的评注从未得以出版。[1]

罗士琳于 1822 年得到一本《四元玉鉴》，经过十年的校勘，复原出关于"四元术"的最终定本，命名为《四元玉鉴细草》，于 1843 年在扬州刊印。朱世杰的《算学启蒙》被重新发现后，罗士琳也于 1839 年根据阮元所获 1660 年的朝鲜版本将其重印。正如上文提到的，《算学启蒙》还为秦九韶和李冶所发展的解多项式方程的"天元术"和"四元术"等代数方法的基本原理提供了重要的提示。[2]

---

1 Jock Hoe（谢元作），"Zhu Shijie and His 'Jade Mirror of the Four Unknowns'," *First Australian Conference on the History of Mathematics: Proceedings of a Conference at Monash University* (November 1980: Clayton, Austrilia)，No. 6&7, p. 105.

2 朱世杰撰，罗士琳补草《四元玉鉴细草》卷 1,1836 年刊本，商务印书馆,1937 年重印；Li and Du, *Chinese Mathematics*, pp. 115–117, 231–232; Martzloff, *A History of Chinese Mathematics*, pp. 153–157。

1801 年，张敦仁以"天元术"重解了《辑古算经》中的所有问题。他还于 1831 年撰写了《求一算术》，即阐释以大衍术为基础的不定算法来解联立方程组。身为张敦仁的私人助手，李锐协助其校算复原出大衍术这项宋元算学的成就，并将其纳入 19 世纪前半期考证学的主流领域。

这种本土算学的"内在转向"，使得中国的经学家们在考证学发展的关键时刻，领会了利用先进的代数方法以解决高深数学问题中的复杂方程的重要性。当微分和积分于 19 世纪中期被伟烈亚力（Alexander Wylie，1815–1887）和傅兰雅（John Fryer，1839–1928）介绍进中国时，李善兰和一些已经掌握了"天元术"与"四元术"解题技巧的人，便欣然领会到了这些知识的复杂与精深。[1]

乾隆《四库全书》对西学的批评

因为提倡汉学和崇尚考证，参与乾隆《四库全书》这项雄心勃勃的工程的编修官员们，于 18 世纪 70 年代发起了几乎众所周知的对国内每一种著述的搜访征集工作。紧接着，他们为其能获致的每一部书籍撰写提要，筛选值得编入《四库全书》的书籍，并且精心校勘入选书籍的最终定本。各个领域的重要经学家几乎都供职于四库馆，审定和校勘与其自身领域相关的书籍。在北京，共有超过 360 名学者参与正式的编修工作，其下则是几千名文书。

四库馆臣之中有不少人热衷汉学，他们将"格物致知"从

1　Wylie, *Notes on Chinese Literature*, pp.115–116; Li and Du, *Chinese Mathematics*, pp. 242, 251.

其与程朱宋学的长久渊源中分离出来，转而与其自身对考证的重视衔接了起来，即重视从经验性的研究（empirical studies）中获得实证性的知识。例如，他们称赞陈元龙（1652~1736）在18世纪早期的《格致镜原》中的百科全书式的条目门类为"皆博物之学，故曰格致"。[1]

在很多情况下，四库馆臣都避免提及欧洲的知识。比如，为明代晚期方以智（1611~1671）的《物理小识》——一本大体上接受了耶稣会士对自然现象的解释的著作——撰写的提要，是基于中古以来中国的类书编纂传统来介绍方以智的"物理"的。四库的提要最终并没有提及地圆说（a spherical earth）、有限的日心说（limited heliocentrism），或是人体生理学（human physiology）等这些方以智从耶稣会士的译著中所摘选出来的概念。[2]

四库馆臣并不能忽视那些晚明以来由耶稣会士及其助手以中文编成的译著及其他著作。耶稣会士在康熙朝《历象考成》及其后编的编纂工作中所扮演的角色，在《四库全书总目》中同样有所提及。这部声望极高的目录提到了36本欧洲著作，其中20本辑入《四库全书》当中。它们都是关于自然学的著作。

另一方面，李之藻《天学初函》"器编"部分的10部著作——而非"理编"当中的著作——全部被收录于《四库全书》中。同时收录的著作中，唯有艾儒略（Giulio Aleni，

1 《四库全书总目》卷136，第25a~26a页；R. Kent Guy, *The Emperor's Four Treasuries: Scholars and the State in the Late Chi'en-lung Era* (Cambridge, Mass.: Council on East Asian Studies, Harvard University, 1987)。

2 《四库全书总目》卷122，第29a~29b页。

1582-1649）的一本地理学著作（指《职方外纪》——译者注）来自"理编"。李之藻 1628 年所刊行的《天学初函》将耶稣会士的自然神学编入"理编"之内，并将质测一类列于"器编"之中。同样，南怀仁的著作也只有两部被《四库全书》采用。四库全书总目虽然提到了艾儒略的《西学凡》，但将其贬斥为异端著作，并未辑入《四库全书》当中。[1]

在艾儒略《西学凡》一书的提要中，四库馆臣介绍了 16 世纪欧洲学问标准下所划分的六种学科。在看到其中与自身传统学问的相似之处后，他们将耶稣会士那里涵盖了语法、历史、诗歌和写作的"文科"门类与中国传统知识分类中的"小学"相类比，还将"理科"这个在耶稣会士那里涵盖了逻辑、物理、形而上学、数学以及伦理学的门类，与《大学》中的经典学说相对应。此外，他们还称赞了艾儒略《西学凡》中的知识系统，并根据"格物穷理"来阐释这一系统。对艾儒略而言，"格物""穷理"是当时的欧洲哲学在汉语中的指称。[2]

尽管存在这些相似之处，乾隆的四库馆臣却将《大学》中的学说与对实证研究的重视联系了起来。此外，他们还得出结论，认为艾儒略将欧洲的学问与中国的本土学问强行等同起来，以便证明基督教教义是中国的古老教义，而晚明时期受王

1　《四库全书总目》卷 106，第 28a~36a 页；计文德：《从四库全书探究明清间输入之西学》，台北：汉美图书有限公司，1991，第 404~436 页。

2　《四库全书总目》卷 106，第 1a~51a 页；卷 107，第 23a~24a 页；卷 125，第 27b~35b 页；卷 134，第 10a~11b 页；Nicolas Standaert, S.J.（钟鸣旦），"The Investigation of Things and the Fathoming of Principles (Ko wu ch'iung li) in the Seventeenth-Century Contact Between Jesuit and Chinese Scholars," in John W. Witek, S.J.（魏若望），ed., *Derninand Verbiest (1622-1688): Jesuit Missionary: Scientist, Engineer and Diplomat* (Nettetal: Steyler Verlag, 1994), pp. 412-417。

阳明（1472~1528）心学影响的学者们却未能发现这一点：

> 其致力亦以格物穷理为本，以明体达用为功，与儒学次序略似。特所格之物皆器数之末，而所穷之理又支离神怪而不可诘，是所以为异学耳。

在此基础上，四库馆臣也同样奚落了高一志（Alfonso Vagnoni，1566–1640）1633 年的《空际格致》一书，认为其试图凭借古希腊四元素的概念重新建立一种对于"气"（即亚里士多德学派的"空气"）的解释。[1]

清代《四库全书》中的天文算法

1782 年编撰完成的《四库全书总目》试图以提要的形式介绍每本书的要旨，以便使读者大致了解书的内容。除与耶稣会士相关的条目外，这些提要通常能在书的特点和重要性方面给读者提供准确而清晰的概念。不过，即使编修者们有意忽略或者贬低《四库全书总目》所收录的耶稣会士的著作，他们也在介绍一些天文算法书籍的版本留存状况的同时，确乎有所创见。

戴震供职于四库馆，负责"天文算法"类下的天文历算书

---

1 《四库全书总目》卷 125，第 31b~34a 页；卷 125，第 34b~35a 页。对照 Erik Zürcher（许理和），"Renaissance Rthetoric in Late Ming China: Alfonso Vagnoni's Introduction to His Science of Comparison," in Federico Masini（马西尼），ed., *Western Humanistic Culture Presented to China by Jesuit Missionaries (XVII–XVIII centuries)* (Rome: Institutum Historicum S.I., 1996), pp. 331–359。

籍的编修工作。我们在上文已经看到，对这部分书籍的校勘使戴震有机会重新发现了《算经十书》当中的不少内容。经四库馆臣撰写提要的一万种书目当中，三分之一被誊录于《四库全书》的最终抄本当中，包括58部"天文算法"类的著作，其中的50部都是由戴震和他的同事们从《永乐大典》中辑出的。[1]

18世纪晚期的知识分类体现了当时人对学问类别的认知方式。我们同样也了解了，在清代经学学术内部新兴的学科当中，那些被用来为这些学术门类排序的概念的特征与结构。在乾隆《四库全书》中，书目依据主题而被安排的门类具体地体现了清代汉学与宋学之间的差异。此外，18世纪的知识结构塑造了考证学，并影响了人们对新的天文历算之学的理解方式。

《四库全书》代表着18世纪晚期学科体系的经典方案。它根据"四部"分类，将天文算法类以及医家类列入"子部"这一大门类之下，作为次类。类似地，将乐类列于"经部"之下，而时令类和地理类则列于"史部"之下（见表1）。[2]

与17世纪晚期明史的编修者们不同，四库馆臣拒绝将算学置于"小学"类下，他们认为在常识上算学与天文学之间联系更为紧密。正因为与占星、占卜（chronomancy）、五行、占蓍（milfoil divination）、预言以及风水等"诡说"有所关联，四库馆臣将"术数"从其传统归属即算学门类中分列出来，单独作为一类。[3]

1　计文德：《从四库全书探究明清间输入之西学》，第410~426页。

2　《四库全书总目》卷106~107；伟烈亚力在1867年的 Notes on Chinese Literature 里介绍了"天文算法"门类下的中国著作的目录，参见 Wylie, *Notes on Chinese Literature,* pp. 106–130。另可参见 Elman, *From Philology to Philosophy,* pp. 202–204。

3　参见《四库全书总目》中"天文算法"类的序言，《四库全书总目》卷106，第1a~2a页。

表 1 《四库全书》的 44 个类目

经	史	子	集
易类	正史类	儒家类	楚辞类
书类	编年类	兵家类	别集类
诗类	纪事本末类	法家类	总集类
礼类	别史类	**农家类**	诗文评类
春秋类	杂史类	**医家类**	词曲类
孝经类	诏令奏议类	**天文算法类**	
五经总义类	传记类	**数术类**	
四书类	史钞类	**艺术类**	
乐类	载记类	**谱录类**	
小学类	**时令类**	杂家类	
政书类	**地理类**	类书类	
	职官类	小说家类	
	目录类	释迦类	
	史评类	道家类	

注：其中与自然学有关的部分已经加粗。

　　尽管四库馆臣实际上并不相信耶稣会士有革新之处，但是他们却通过将算学与天文学置于同一架构下而开启了新的视野。《四库全书总目》"天文算法"类目的小序体现了对耶稣会士"新法"所带来冲击的本土回应，尽管这一新法业已成功地将历法推算的准确度向前推进了一步。此外，在赞许清代学者如何通过复原"天元术"而平衡与统一了"西方与中国"的算学知识时，四库馆臣所显示出的自豪，清楚地体现了他们将"西学中源"的发现视作自己胜过其明代前任者捉襟见肘的算学知识的关键因素。[1]

----

[1] 《四库全书总目》卷 106，第 1b 页。

阮元与《畴人传》

　　1797~1799 年，阮元在杭州任浙江巡抚时，聚集了一群学者共同编撰《畴人传》，这标志着 18 世纪晚期江南地区文人团体内部自然学研究风气达到了顶点。阮元本人在技术方面的兴趣之所以具有影响力，与他对江南地区学术研究的资助，尤其对扬州考证学者的资助是分不开的。1791 年大考翰詹之时，在一场涉及元代早期天文学的考试中，阮元的诗赋受到乾隆皇帝擢奖，这时的阮元已经在同辈中声名鹊起了。[1]

　　在杭州的编撰工程当中，阮元得到了乾隆晚期许多重要的考证学家的帮助，其中有李锐、钱大昕、焦循、凌廷堪（1757~1809）、谈泰等。席文（Nathan Sivin）曾将这些人在天文学上的努力成果描述为"为鼓励对西方天文学的研究而设计，将传统天文学与西方天文学进行有计划的综合，从而增进对传统天文学的研究。阮元和他的合作者李锐始终强调一个旧有的观念，即现代天文学是源于古代中国的"。他们的成果重新肯定了天文历算作为经典教育中的一部分而存在的价值。

　　阮元并未将算命、数术一类编入书中，他还反对将天文历算与乐律或是《易经》研究联系在一起。然而，作为一个守旧派，他也对蒋友仁介绍的三种新发现表示批评，这三种新发

1　王萍：《阮元与畴人传》，《中央研究院近代史研究所集刊》第 4 期，1973 年，第 601~611 页。大考翰詹，即大考。按照清制，大考是专为翰林官而设的考试，始于顺治年间，是关系到翰林升迁的考绩形式之一。此处所谓"大考翰詹"只是具体指明是针对翰林院、詹事府人员（詹事府也是翰林迁转之地）而进行的考试。——译者注

现分别是：第一，天与地是圆的；第二，行星按照椭圆形轨道
运行；第三，太阳是静止不动的。尽管蒋友仁最终向中国介绍
了哥白尼的"日心说"，但阮元觉得难以接受，部分因为它与
早期耶稣会士对哥白尼体系的介绍相抵触，因为早期耶稣会士
将哥白尼的观点简化为倡导"地心说"的第谷体系。阮元寻求
一种将欧洲与中国算学建立在同一概念基础上的融合。对于天
文学，他寻求一种准确的、可通过计算来推测的体系，这种体
系将建立在对原有技巧的改良上，而非建立在哥白尼的宇宙论
上。阮元的观点在整个国家范围内影响深远，因为他还于 1799
年开始掌管国子监的算学馆。[1]

　　《畴人传》囊括了 280 位历算家著作的提要，其中还包括
对 37 个欧洲人著作所做的提要。四本续编在 19 世纪紧随其后
问世。书中有关清代学者的传记部分于 1825 年重新发行，1849
年该书内容进一步扩充并重印。例如，1840 年罗士琳根据重获
的关于"天元术"与"四元术"的宋元新算书，比如《杨辉算
法》与《四元玉鉴》，而新增了从宋到清的 43 位算学家。1857
年，伟烈亚力与王韬（1828~1897）合作，一同改进书中观点，
尤其对书中"（西学）中源"的叙述表示批评。[2]

　　从梅文鼎开始就不断稳步发展的文人圈子中对天文历算的
兴趣，到 18 世纪晚期在皇家宫廷之外变得更为重要。这种变化
与考证学在满洲朝廷资助网络之外的流行密切相关，尽管满洲

1 Sivin, "Copernicus in China," *Colloquia Copernica* Ⅱ . *Etudes sur l'audience de la theorie heliocentrique*, pp.45–50; Martzloff, *A History of Chinese Mathematics*, pp. 166–172.

2 Li and Du, *Chinese Mathematics*, pp. 232–233;《钱宝琮科学史论文选集》，第 308~309 页。Paul Cohen（柯文），*Between Tradition and Modernity: Wang T'ao and Reform in Late Ch'ing China* (Cambridge, Mass.: Council on East Asian Studies, Harvard University, 1987), pp. 176–177。

朝廷曾试图资助满洲和蒙古的旗人控制这类知识。通过将天文历算与经学研究连接起来，阮元成功地将天文历算与考证学整合在了一起。因为，在经学研究中，算学与自然学是相互依靠的，所以阮元和他的同僚们复兴了"畴人"这一古老的指称，并在当时赋予其"历算家"的含义。

18 世纪中期，官方编修的《明史》已经提到传统畴人在古代就过西域，具体而言是伊斯兰世界。同时，传统的"畴人"这一指称在汉代就已被《考工记》和司马迁的《史记》使用。从上文我们看到，18 世纪早期，康熙帝已经授予诸如王兰生、明安图和梅瑴成等人"畴人进士"这样的专门名号以示恩宠。

在《畴人传》中阮元与谈泰对"历算家"意义范围所做的主要说明里，"畴人"的这些用法被改写了。他们通过使用这一名词，不仅给予当时诸如梅文鼎、戴震和钱大昕等学者文人（scholar-literati）这个新兴的知识与社会群体以传统上的认可，还建立起一个从古到今的关于天文历算专门技艺的系谱。"畴人"这个被普遍接受的指称，在 18 和 19 世纪以古典汉语描述欧洲"科学家"身份的若干名词中居于首位。[1]

作为古代贵族学者所习的"六艺"之一，算学同样给"畴人"这个类别确立了概念上的根源。从明代晚期开始，随着越来越多的文人投身于天文历算，两种专家逐渐浮现：第一，编制历法的专家；第二，对算学抱有学术兴趣的文人。这两类人的存在在康熙时期最为明显，算学研究——这项历法改革必须

1　阮元:《畴人传凡例》，阮元编《畴人传》，台北：世界书局，1962，第 1~5 页；谈泰:《畴人解》，阮元编《畴人传》，第 1~4 页。

使用的工具——从一项微不足道的技巧逐渐得到重视。考证学家们的学术风气，加上皇家的资助，共同促使天文和算学转变成为经学的分支。[1]

　　尽管和朝廷保持着一定的距离，但如阮元这样喜欢天文算法的文人们从未想过这门学问会最终脱离经学中的其他领域而独立。18 世纪，在明清耶稣会士和其中国同伴的启发下，历法改革获得成功。因此，解决历法制定方面的困难也渐渐地不再那么紧要。算学因而成为考证学与汉学家们探究的一个独立领域，扬州的文人群体尤其如此。正因为文化与政治上围绕历法的争论逐渐平息，19 世纪早期，文人之间对中西算学的论争逐渐转移到了对本土算学成就的赞颂上。[2]

文人的自然学：经典与算学

　　清代学术界对经学的崇尚，并非注定妨碍 19 世纪的文人在鸦片战争之前产生对自然学和算学的兴趣。马戛尔尼（Lord Macartney）认识到了中国人对天文学的兴趣，但是他错在将其简化为了"微不足道的对占星学的兴趣，其目的就是推算吉时而已"。再者，因为并不了解中国人在天文历算上的专门技能，马戛尔尼认为中国人不具备任何代数概念，而仅仅沉迷于一些对几何学和平面三角学的有限理解中。如马戛尔尼一类的英国

1　Limin Bai（白莉民），"Mathematical Study and Intellectual Transition in the Early and Mid-Qing," *Late Imperial China*, Vol.16, No.2 (December 1995), pp. 23－62.

2　Pingyi Chu（祝平一），"Western Astronomy and Evidential Study: Tai Chen on Astronomy," in Yung Sik Kim and Francesca Bray（白馥兰）, eds., *Current Perspectives in the History of Science in East Asia* (Seoul: Seoul National University Press, 1999), p. 144.

人延续着欧洲人一种自耶稣会士时就开始贬低中国自然学的传统做法。[1]

尽管 18 世纪的考证学家的注意力主要在经典文献的校勘、考订上，不过他们却成功地在"西学中源说"的框架下为算学重新确立了一个位置。就连卷帙浩繁的《皇清经解》这部出版于 19 世纪早期、仅仅专注于考证学的学术丛书，也收入了相当多的自然学和天文算法类的著作。正因为《皇清经解》是清代第一部综合性的经学研究丛书，因此当它在两广总督阮元的资助下，经过学海堂历时四年的编纂，最终于 1829 年在广州出版的时候，无论在中国、朝鲜还是日本，它都被致以赞誉。[2]

《皇清经解》这部规模宏大的丛书容纳了 17~18 世纪 75 位学者的 180 多种不同的著作，分列 360 多册，凡 1400 多卷，代表着考证学家学术研究的主要成果。它被看作 17、18 世纪江南学术共同体典范性著作的合集。虽然这部书是先前对四书五经注释的延续，却同样也是对清代早期一直重视程朱理学的丛书与类书的回应。[3]

阮元资助的这部对清代经学的总结之作，引人瞩目之处不仅是其聚焦了在江南学术中心的文人们的所从事的汉学与考证学，同时，他也将皇朝经学研究的范围扩展到了宋学和程朱理学之外。由于对汉学推崇备至，阮元及其属下在丛书中辑入了许多之前被他列入《畴人传》名目的清代学者的著作。

1　George Macartney, *An Embassy to China; Being the Journal Kept by Lord Macartney During His Embassy to the Emperor Ch'ien-lung, 1793–1794*, 其中编入 J. L. Cranmer-Byng 所撰的导言和注释（London: Longmans, 1962), p. 264。

2　藤塚鄰『日鮮清の文化交流』108 頁。

3　参见 Elman, *From Philosophy to Philology*, pp. 126–133。

例如,《畴人传》中涉及清代天文历算学家的主要部分被他逐字抄入丛书当中,从关于算学家王锡阐（1628~1682）的两卷开始,紧接着是梅文鼎的部分,以及详尽介绍戴震的一卷。值得注意的是,《畴人传》中撰述"西人"的四卷也被收入丛书,被论及的古希腊学者包括亚里士多德和托勒密,还有哥白尼、第谷（Tycho Brahe, 1546–1601）、利玛窦、汤若望（Adam Schall, 1592–1666）、南怀仁、穆尼阁（Nicolas Smogolenski, 1611–1656）等欧洲人。牛顿因对第谷回归年长度的修正,也被简要提及,该部分内容,阮元等人抄自1742年的《历象考成后编》。在中国经学研究的学术范畴内,如此广泛地论述外国人是空前的。从雍正朝便开始占据主导的、有意忽略欧洲天文学的时代,在鸦片战争到来之前四十年被扭转了过来。[1]

另外,三部研究《周礼》中的《考工记》的著作也被收入《皇清经解》,包括戴震和程瑶田（1725~1814）对古代典礼钟磬的图解（分别为戴震《考工记图》与程瑶田《考工创物小记》——译者注）。阮元也将自己出版的第一本书——《考工记车制图解》收入其中。同时,他还刊印了研究《尚书·禹贡》的两部十分重要的舆地著作。其中首先当推胡渭（1633~1714）那部备受赞誉的《禹贡锥指》,它修正了历代《尚书·禹贡》考释的错误。除此之外,众多对经书中地理和年代进行考订的著作也在阮元的丛书中出版。[2]

盛百二（活动时间约为1756年）对《尚书》中天学的考

---

1 阮元编《皇清经解》卷1059~1068（根据1892年刊本再版,台北:复兴书局,1961）,尤其是第1067卷,第1a~1b页（第15册,第11324页）关于牛顿的部分。

2 参见阮元所编《皇清经解》的目录,第1册,第9~32页。另可参见 Elman, *From Philosophy to Philology*, p.243。

释（指《尚书释天》——译者注）被编入《皇清经解》，此外他再未因其他著作而闻名。不过，他在书院中执教超过十年，因专攻天文学和三角学影响了众多门生。盛氏的著作中布满了图示，均以康熙朝晚期《历象考成》中所描述的第谷地心说体系为基础而作。书中也多次提及耶稣会士在天体图、日月食和行星运动等问题上的知识。[1]

阮元还将陈懋龄 1797 年的《经书算学天文考》编入丛书。陈氏于 1793 年开始对梅文鼎的著作产生兴趣，之后向一个身在广州的欧洲人请教西学，当时这个欧洲人正在前往北京钦天监奉职的路上。通过自己的考察，陈氏强调《九章算术》这部算经正是"大衍术"、"天元术"及其他一些算学技巧的源头。

例如，根据阮元的发现，陈懋龄肯定了地球为圆的理论。接着，他声明了自己地心说的立场，认为最初《周礼》已有阐释，证明了地球是圆的，而阮元却曾拒绝接受地球是圆的这一观点。实际上，陈懋龄的《经书算学天文考》充当了本土天文算法的知识宝库（repository），这个知识宝库正是在耶稣会士所带来的冲击下而复兴的。[2]

许多同样牵涉到自然学并且简单明了的经典也被辑录，但其专门目录却难以查找。为了使《皇清经解》中的专门主题更易查阅，翰林院编修俞樾（1821~1907）的弟子蔡启盛为阮元的丛书编撰了一个检目。这项工作正是在新教传教士将科学引进中国时，晚清学者为证明中国人在科学知识上的优先地位而努

1　阮元编《皇清经解》卷 485~490（第 7 册，第 5305~5394 页），尤其参见卷 488，第 2b~4b 页（第 5348~5349 页）。

2　阮元编《皇清经解》卷 1328，第 1a~2a 页（第 19 册，第 24459 页），尤其参见卷 1328，第 22a~33a 页（第 14471~14472 页）；阮元编《畴人传》第 2 册卷 48，第 634~637 页。

力的部分成果。俞樾和蔡启盛都认为这个目录对俞氏杭州诂经精舍书院的学生非常重要，从 1867 年开始俞氏就在这所书院中教书，持续了三十余年。1801 年阮元官拜浙江巡抚之时，在杭州建立了这所"诂经精舍"，目的是向后汉经学家致敬，并在经典教育中提高对"实学"的重视。阮元主张，在辞章和考据之外，书院还应考核学生们在天文、算学和地理方面的知识。[1]

乍一看，蔡启盛为《皇清经解》编撰的检目和明清类书的目录很相似。检目从天文类开始，天文类内容与用算学来测量天紧密联系。紧接着涵盖了 42 个其他门类，从人伦、道德、政事到礼仪，从食物到饮用，以及物，等等。"物"被界定为动物（有羽或者毛的）和草、蔬菜、农作物、树木、竹子等植物。尽管检目与早期百科全书的目录有相似之处，但是蔡启盛所使用的名词却来自一个新的时代。蔡启盛所用的"天文"曾是占星术早期的称呼；"植物"这个新名词取代了"本草"。"植物"一词来源于园艺学，而这门学问正是鸦片战争之后由新教传教士译介到中国的。[2]

考证研究时代文人的算学

除典籍之外，我们在晚清的小说中同样也能发现对算学与自然学更为普遍的兴趣。18 世纪晚期，夏敬渠（1705~1787）

1 Elman, "The Hsüeh-hai T'ang and the Rise of New Text Scholarship in Canton," *Ch'ing-shih-wen t'i*（《清史问题》，现为 *Late Imperial China*）, Vol. 4, No.2 (December 1979), pp. 51–82.

2 参见俞樾为蔡启盛《皇清经解检目》（1886 年刊本）所撰《皇清经解检目序》，第 1a~2a 页。感谢胡明辉给我提供了蔡启盛这份目录的拷贝文件。同样参见 *ECCP*, pp. 944–945; Elman, *From Philosophy to Philology*, p.162。

的小说《野叟曝言》（约 1780 年）已然不经意地提及了中国算学中的某些内容。而 19 世纪早期李汝珍（约 1763~1830）的小说《镜花缘》（约 1821~1828），则更为详尽地展现了算学与自然学的主题。在该小说中，这些具有专门性的题目是在妇女为庆贺科考中第而宴饮时或聊天猜谜的语境下被提及的。其中七位女学者懂得一些算学知识。[1]

尽管李汝珍以回叙当下真实文人世界的方式结束了小说，但小说中妇女精通经学与算学知识的幻想王国在 19 世纪早期却是相当有预见性的。小说中的妇女了解算学，这是对当时学术圈的嘲讽，因为这个圈子里的大多数文人对自然学依旧一无所知。我们上文所关注的那些人，正如欧洲那些与他们有相同境遇的人一样，都是并不寻常的群体。《镜花缘》对诸如妇女服从男性、喜好缠足等传统观念和行为提出质疑，使得小说中那些被李汝珍掺入的算学谜语既有趣又神秘。[2]

李氏可以被算作扬州学术圈中的一员，这个圈子的学者身上体现了考证学和算学的重叠，这种重叠的情形在小说中映射在了妇女的身上。李汝珍师从扬州学者凌廷堪，一位公认的天文历算家，曾协助阮元编撰《畴人传》。凌廷堪曾入戴震门下，受到戴震许多著作的影响，例如《测算》《勾股割圆记》，还有

1　李汝珍：《镜花缘》，台北：学海出版社，1985，第 415~418、484~492、527~534 页；英文版为 *Flowers in the Mirror*，由 Lin Tai-yi（林太乙）译，有删节（Berkeley: University of California Press, 1965），pp. 133–141, 229–235, 242–244。对比 Yu Wang-Luen, "Knowledge of Mathematics and Sciences in Ching-Hua-Yuan," *Oriens Extremus*, Vol. 21, No.2 (1974), pp. 217–236。

2　李汝珍：《镜花缘》，第 229~235 页。另可参见 Maram Epstein, "Engendering Order: Structure, Gender, and Meaning in the Qing Novel *Jinghua Yuan*," *Chinese Literature: Essays, Articles, Reviews*, Vol.18 (December, 1996), pp. 101–127。

戴震从四库中复原的诸多算学典籍。

　　另一个扬州人程瑶田与凌廷堪和戴震都有联系，他曾撰写过两部考注《周髀算经》中矩形用法的著作（指《周髀用矩述言》《周髀用矩法》——译者注）。扬州学派中的另外一人焦循编撰了一部对矩形算术和运算法则进行阐释的著作（指《加减乘除释》——译者注）。他同样也编订了一部名为《开方通释》的教科书和另一部更为专业的著作《天元一释》。此外，李汝珍的姐夫许桂林（1778~1821）曾编写过介绍"天元术"与计算的手册。[1]

　　李汝珍的小说中，圆周长度是根据周长等于直径乘以 π 的公式得来的。他选取的 π 值大小很有趣，因为相比之下，一些考证学者更倾向于借鉴古算选择一个稍不精确的值，而非那些宋代以来的更为准确的数值。例如《周髀算经》赋予 π 的大小为 3，但是从汉代以来就有不少人试图得到一个更为精确的数值。大约公元 263 年，刘徽在为《九章算术》所做的注释中（指《九章算术注》——译者注），通过圆的内接六边形（边与所在圆的半径相等）来说明 π 的值一定要比 3 大。刘氏通过计算圆内接正九十六边形的周长而得出了一个较小的值，即 3.14 加上 64/625。他也通过计算一个多边形的内切圆得出了一个较大的值，即 3.14 加上 169/625。π 的实际大小介于这两个数值中间。

　　中古时，祖冲之（429~500）曾经得出过一个介于 3.1415926 和 3.1415927 之间的更为精确的值。紧接着，中间值

1　Lin Tai-yi, "Introduction," *Flower in the Mirror*, pp. 5−9; Yu Wang-Luen, "Knowledge of Mathematics and Sciences in Ching-Hua-Yuan," *Oriens Extremus*, Vol. 21, No.2 (1974), pp. 235−236.

3.14159265 被计算出来。隋晋两代对中古历法的论说都使用了
祖冲之的计算结果"3.14159265"。康熙时代晚期，《数理精蕴》
给 π 赋了"3.141592653"的值，而朱鸿在 18 世纪晚期使 π
的值延伸到了小数点后 39 位。与钱大昕和李锐这样的将 π 定
为 3.16 的考证学者不同，李汝珍在小说中使用的是 3.14。[1]

　　自然界的方方面面也同样被《镜花缘》中的妇女们探
讨。例如，李汝珍根据声音通过雷电介质的速率提出了问
题，目的是测定物体的重量和声音的速率。小说给出的声音
速度是每秒钟 1285.7 尺。牛顿曾经对声音的速度给出过一
个理论上每秒钟 979 尺和一个实验中每秒钟 1142 尺的数值。
李汝珍的数值很有可能来源于《数理精蕴》，该书将炮声的
速率界定为每秒 1285.7 尺，换算成米之后大致是每秒 393.3
米，比现代数值高出大约 20%。[2]

　　李汝珍小说中所体现的算学与自然学的知识水平，反映
了考证学者们共有的学术风气，这种风气促使天文历算之学
在经学中占据了重要地位。在 18 世纪早期康熙下令编纂《数
理精蕴》的鼓舞之下，耶稣会士对欧洲数学和天文学的介绍
受到主流经学家们的重视。尽管从 1723 年起雍正实行闭关
政策，影响了 18 世纪欧洲科学知识的传播，但是传统算学在
18 世纪的复兴却是引人注目的。

　　例如，戴震坚持在吸收外来知识的同时也要遵从固有传
统。他认为中国经典业已涵盖了天文算法的精义。根据他的看

1　李汝珍：《镜花缘》，第 531~532 页；*Flowers in the Mirror*, p. 243；Yu Wang-Luen, "Knowledge
　of Mathematics and Sciences in Ching-Hua-Yuan," *Oriens Extremus*, Vol. 21, No.2 (1974),
　pp. 221-224。

2　李汝珍：《镜花缘》，第 533~534 页；Luen, Yu Wang-Luen, "Knowledge of Mathematics
　and Sciences in Ching-Hua-Yuan," *Oriens Extremus*, Vol. 21, No.2 (1974), pp. 233-234。

法，如果研究得当，就足以证明经典本身即是汇集天文算法知识的宝库，而这些知识只是因为疏忽或缺乏理解才遗失多年的。例如，他从《尚书》中一处深奥的段落入手，认为其表明古人早已发现太阳在天体中运行的复杂轨道，这在后来被证明是错误的。通过这一论证，戴震总结道："西法出于《周髀》，此皆显证。"《周髀算经》正是他从明代《永乐大典》中辑出的经书。[1]

相似地，其他的考证学者同样重视古代算书的复原。例如，《畴人传》中李锐在为钱塘（1735~1790）所作的传中，赞扬钱塘证实了 π 的古代数值曾为 3.16，并认为这个数值比刘徽和祖冲之所得出的、那个更为准确的——不过时间上更晚一些的——3.14 的数值更令人满意。李锐和钱大昕都表示出对这种更古老的发现的青睐，这说明许多考证学者都一心追随古代学问，而偏离了自身"实事求是"的路径。

这样，对古算的复兴排除了算学自身发展的可能性。另一方面，汪莱则倾向于使用钦天监里的欧洲数学符号，为此他遭到了谴责。董佑城通过引证在耶稣会士启发下而编纂的《数理精蕴》，批评钱塘将 π 值确定为 3.16，并肯定了刘徽得出的 3.14。如洪万生所言，汪莱还讽刺那些考证学者，认为他们总是关注前人，除了重复那些已经写在纸上的东西之外毫无作为，他们永远也无法发现前人所未曾发现的东西。[2]

---

1 Elman, *From Philosophy to Philology*, pp.118–119.

2 阮元编《畴人传》卷 42，第 545 页；Horng Wann-sheng, "Chinese Mathematics at the Turn of the 19th Century," in Cheng-hung Lin（林正弘）and Daiwie Fu（傅大卫），eds., *Philosophy and Conceptual History of Science in Taiwan* (Netherlands: Kluwer Academic Publishers, 1993), pp.183–190, 尤其参见 p.186.

清代学术界在文本校勘上对天文历算学所产生的兴趣，并未妨碍戴震和钱大昕一类的学者致力于天文历算之学本身，但是他们把这些研究和对其而言更为重要的目标统一了起来，这个目标就是对古代的重建。因为较少关注算学的新发现，阻碍了他们认识到自然学在 19 世纪晚期之前成为一个独立的知识研究领域的全部潜力。另一方面，从 1750 年起一直到 1793 年马戛尔尼使团的到来，中国人与欧洲人几乎没有接触，甚至在那之后，法国大革命时期和紧跟着的拿破仑时代，都没有欧洲人将英法两国的新式科学与微积分学传入中国。

对文献的关注将 18 世纪考证学者的眼光局限在了文本校勘之上，尽管他们偶尔会利用一下考古发现，或是从事一些天文调查。一旦确保历法的准确编订不再是难以逾越的技术问题，他们便会以能不能应用于经学研究来评价古代天文学的研究。天文学和算学的确切研究领域很少不被认为是更为重要的经学和史学的附庸。对于自然现象的研究，多半还是凭借文本证据而不是实验方法。

复兴古代算学的作用

18 世纪的考证学者并非注定会对自然界与算学缺乏好奇心，但是，仅仅凭借主导他们学问的考据学偏好，不足以独立发展出逐步将自然界量化（quantification）所需的学术研究和实验方法。然而，鉴于天文历算在考证学研究中所占据的重要地位，我们不能假设是由于当时的中国没有发生一场科学革命，所以以上提到的将自然界量化所需的学术研究和实验方法才没有出现。一个十分引人瞩目的现象是，19 世纪晚期的中国人很快对科技需求司空见惯，尽管这种变化并非一夜之间突然出现于中国。那些使得清朝在 1894 年至 1895 年的甲午战争战败之前看似毫无进步的因素，在于政治和经济，而不是科技。

如同在欧洲一样，现代科学在中国的兴盛需要一场跨出文本考证藩篱的思想变革，以及挑战经学研究正当性的社会、经济与政治的全面变革。在欧洲，这一涉及思想、技术的变革始于牛顿所生活的时代，这比其在中国被完全领会要早一个世纪。欧洲科学之所以没有在 18 世纪的中国得以建立并且在一定程度上得到发展，是由于耶稣会士的传播不力，他们的科学传播并没有对中国的经学形成挑战，或者为中国人提供另一种可资替代的学术。经学无与伦比的地位，连同其对于史学的关注，一并完好无损地保留下来。而经学的这一地位将会由于太平天国运动而发生动摇。[1]

尽管如此，当新教传教士在拿破仑之后的时代来到中国沿海时，一些重要的算学研究已然出现，并且从事精确学问所需的一些教育机构也已经存在。此外，对于宋、元、清三个朝代的算学文本的复原，也使得 19 世纪数量可观的一批中国文人能够确切意识到新教传教士译介的高等代数、解析几何与微分学、积分学的重要性，并且还意识到掌握欧洲在此领域的新近发展的必要性。"天元术"和"四元术"的成功复原，使得中国的算学家们完全掌握了这两种算学方法，因而，在这些中国的"传统"算学家合作的背景下，新教传教士对高等代数、解析几何与微积分等内容的译介也成为可能。

1　相关讨论，参见 Nathan Sivin, "Why the Scientific Revolution Did Not Take Place in China— or Didn't It?" reprinted in Sivin, *Science in Ancient China: Researches and Reflections* VII(Aldershot, Great Britain: Variorum, 1995), pp. 45–66。

　　例如，在 19 世纪早期，罗士琳曾就中国传统算学和欧洲数学的各自优势做出过评论。在作为一名天文生在钦天监学习了 7 年以后，罗氏变得精通欧洲数学。虽然其在早期的著作中遵循着钦天监中的欧洲传统，但当他在 1822 年赴京兆参加其一生都未考取功名的乡试时，他改变了想法。在北京期间，罗氏终于得以读到朱世杰论证"天元术"的《四元玉鉴》一书。在朱世杰的著作中，他发现了一种足以解决复杂算学问题的有效方法。

　　1853 年，罗士琳在太平军攻陷扬州时去世。罗士琳指出欧洲的数学——三角学、对数学，以及借根方的方法——并不如当时已经完全复原的宋元时期的"天元术"和"四元术"有效，认为"天元术"和"四元术"能够解决耶稣会士的代数学所不能解决的问题。罗氏成功地探索了"天元术"可以应用于圆锥体的几何特性，并且他在 1840 年的《弧失算术补》一书内加入了他以"天元术"的方法解决的许多问题，扩充了李锐关于弧线的著述。尽管还不知道微积分，罗士琳还是力劝中国学者在面对实际问题时，切勿对欧洲的数学亦步亦趋。[1]

　　19 世纪中叶，微分学和积分学被介绍进中国。由于中国人对此并不能寻找到一个古代的、本土的先例，所以李善兰以及华蘅芳等中国算学家们承认，尽管"四元术"可能比耶稣会士的代数学高明——这一点还得到了伟烈亚力的承认，但是中

1　Horng Wann-sheng, "Chinese Mathematics at the Turn of the 19th Century," in Cheng-hung Lin and Daiwie Fu, eds., *Philosophy and Conceptual History of Science in Taiwan*, pp. 187, 199; Hu Mingjie, *Merging Chinese and Western Mathematics: The Introduction of Algebra and the Calculus in China, 1859–1903*, pp. 214–223; ECCP, pp. 538–539; Wylie, *Notes on Chinese Literature*, p.125.

国人从未获得任何类似于微积分的数学成果。而且，鸦片战争之后，那些最富影响力的中国算学家不再仅仅致力于中国古代算学的复兴，他们将欧洲和中国的数学融合在一起，使其成为全新的综合体，其中大量地利用了乾隆时期算学的考证研究成果。

（于文　曹南屏 译，曹南屏 校）

思想史中的东方与西方

十八世纪进入全球公共领域的中国《邸报》*

钟鸣旦（Nicolas Standaert）**

引　言

　　近年来，清代以印本或抄本等形式公开发行、流通和出售的政府公报引起了中国和西方学者的新

---

* 本文标题受到《进入全球公共领域：早期中国报纸中的文字、想象与城市（1870~1910）》的启发，参见 Rudolf G. Wagner,ed., *Joining the Global Public: Word, Images, and City in Early Chinese Newspapers, 1870−1910* (Albany: State Univ. of New York Press, 2007)。

** 钟鸣旦，比利时鲁汶大学汉学系。

兴趣。[1] 该报在英文中通常被称作 *Peking Gazette*（《京报》），汉语中则有着多种名称，如《邸报》、《题奏事件》或《京报》等，这些不同名称主要是刊发时间不同及其版式和内容的差异所致。[2] 尽管 19 世纪末著录、修订，甚至翻译原始文献的活动，[3] 为《京报》（作为一份在中国以"京报"命名的刊物）保留了较为充分的记载，但关于它早期情况的文献仍相当不足。19 世纪前

1　尹韵公：《中国明代新闻传播史》，重庆出版社，1990；方汉奇：《中国新闻事业通史》（三卷本），中国人民大学出版社，1992、1996、1999，第一卷第一章，尤其是有关明清时期的部分，第 121~187、188~245 页；潘天祯：《乾隆、嘉庆间所印日报〈题奏事件〉的发现》，《文物》1992 年第 3 期，第 82~91 页；Barbara Mittler, *A Newspaper for China? Power, Identity, and Change in Shanghai's News Media, 1872–1912* (Cambridge, Mass.: Harvard Univ. Asia Center, 2004), pp.173–242; Fang Hanqi, ed., *A History of Journalism in China: Volume 1* (Singapore: Silkroad Press, 2013)；孔正毅、王书川：《清代"邸报"版本问题初探》，《新闻与传播评论》2015 年第 1 期，第 93~106 页；Emily C. Mokros, "Communication, Empire, and Authority in the Qing Gazette," Ph.D. diss. Johns Hopkins Univ., 2016；殷晴「清代における邸报の発行と流通：清朝中央情报の伝播の一側面」『史学雑誌』127：12（2018）：1807~1844。还可参见耶鲁大学项目 "Exploring the Peking Gazette"，其中对它进行了整体概述，https://tenthousandrooms.yale.edu/project/exploring-peking-gazette-jingbao-jing-bao。

2　关于《邸报》的不同名称，可参见方汉奇《中国新闻事业通史》第 1 卷，第 192 页；方汉奇《〈清史报刊表〉中有关古代报纸的几个问题》，《历史档案》2007 年第 2 期，第 10~11 页；Mittler, *A Newspaper for China?*, p. 178; Fang Hanqi, ed., *A History of Journalism in China: Volume 1*, pp. 33, 36; Mokros, "Communication, Empire, and Authority in the Qing Gazette," Ph.D.diss. Johns Hopkins Univ., 2016, p. 29. 此外，《邸报》还曾被称作《邸抄》、《邸钞》、《京钞》、《科抄》（由六科给事中抄发）、《阁抄》（由内阁抄发）、《朝报》，并且还有其他像小报（tabloid）这类的消息来源。

3　参见 Lane J. Harris, *The Peking Gazette: A Reader in Nineteenth-Century Chinese History* (Leiden: Brill, 2018)。哈里斯（Lane J. Harris）同时还是"《京报》在线译文"（Translations of the *Peking Gazette* Online）的编译者，参见 Brill Online Primary Sources, https://primarysources.brillonline.com/browse/the-peking-gazette，这是一个较为全面的数据库，收录了 1799~1912 年清朝官方发布的公告和奏折的英译文本近 8500 页。

的原始副本留存数量非常有限，[1]因此学者不得不依靠其他资料，尝试从私人笔记、书信和诗歌中发掘相关信息（对宋明时期的研究尤为如此）。[2]

其他有关1800年以前的《邸报》的资料来源——迄今为止几乎未被发掘——主要是清初生活在中国的传教士编纂的欧语文献。[3]这些文献包括在中国汇编完成后送至欧洲、于18世纪在欧洲出版的手稿（包括私人信件、报告以及翻译等），它们大多被收录在有关中国文化的文集中。尽管这些资料来源仍然有限，但其数量似乎超出了我们最初的预期。此外，可获取的18世纪资料来源的数量也有所增加。一方面，它们记录了中国《邸报》早期的实貌、规格、版式、内容和使用情况，并涵盖了中文史料中未记载的信息。另一方面，它们介绍了这些欧洲人在中国如何阅读《邸报》，以及他们作为全球代理人（global agents）如何向欧洲介绍中国，进而使中国《邸报》加入全球信

---

1 大陆现存的乾隆时期《邸报》副本清单，参见孔正毅、张露《清代邸报文献的系统考察》，《新闻与传播评论》2014年第1期，第170~172页；日本国立国会图书馆藏《邸报》副本可参见 http://www.ndl.go.jp/en/：QL36/6/24-29；QL38/7/4-21；8/9-15；11/26-29；QL40/7/1-5；10/16-23；QL41/3/21,23-26；6/9-15。

2 Hilde De Weerdt, *Information, Territory, and Networks: The Crisis and Maintenance of Empire in Song China* (Cambridge, Mass.: Harvard Univ. Asia Center, 2015), pp.76~104.

3 关于龚当信书信的中文文献参见吴伯娅《耶稣会士笔下的清代邸报》，《明清论丛》2015年第1期，第368~375页。另外，尹文涓早年发表的一篇关于《京报》的文章对该话题也略有论述，参见尹文涓《耶稣会士与新教传教士对〈京报〉的节译》，《世界宗教研究》2005年第2期，第71~82页。矢泽利彦编译的雍正时期龚当信书信的日文版本的注释中也提到了相关内容，参见矢泽利彦编訳『イエズス会士中国書簡集 4 社会編』Tokyo: Heibonsha、1973。新居洋子讨论了乾隆时期钱德明对《邸报》的使用，参见新居洋子「イエズス会士アミオのみた乾隆帝と清朝官僚」『中国：社会と文化』26（July 2011）：107~123。关于钱德明对中文著作的翻译情况，参见新居洋子『イエズス会士と普遍の帝国：在華宣教師による文明の翻訳』名古屋大学出版会、2017、第6章。

息网络的情况。

　　本文重点关注清代早期——更确切地说是自雍正时期（1723~1735）以来——的欧语资料，主要回应了两个相关联的问题：这些资料介绍了关于《邸报》的规格、版式和内容的哪些方面？欧洲人又是怎样使用它们的？透过17世纪末至18世纪《邸报》的翻译和出版，我们发现中国进入全球公共领域的记载似乎远远早于我们当前的预想。

　　我们尽可能地找出所有文中引用的欧语资料对应的中文资料。第一步通常是根据翻译文本中的一些提示，在《清实录》全文检索数据库中找出相关段落，当然，我们需要充分意识到《清实录》本身并不是《邸报》的原始文献。[1]待事件、日期和官员姓名辨认清楚后，我们便尝试从更原始的资料中搜寻信息，例如《上谕档》[2]或《起居注》这类接近于《邸报》所依照的文本的资料。在某些情况下，我们还会从地方志或私人笔记中发掘资料来源。通过这些方式，中国《邸报》的内容在一定程度上被"复原"。所有法语文献和中文资料都将标注在注释中。

　　这里先就本文研究对象的名称术语做初步介绍。"邸报"和"京报"是中国学术出版物中最常用到的名称，而"题奏事件"则较少使用。不过，潘天祯曾颇具说服力地论证了"邸

1　《清实录》（共60卷），中华书局，1982；汉籍电子文献，台湾："中央研究院"；其他常用的数据库为（文渊阁）四库全书、中国方志库、中国基本古籍库，以及中国基督教文本数据库（CCT-Database），http://www.arts.kuleuven.be/sinology/cct。

2　关于雍正时期的史料，参见中国第一历史档案馆编《雍正朝汉文谕旨汇编》（共10卷），广西师范大学出版社，1999。文渊阁《四库全书》（1500卷），台北：商务印书馆，1983~1986；《世宗宪皇帝上谕八旗》，13 + 12 +13卷（YZ9 = 1731），《四库全书》第413卷；《世宗宪皇帝上谕内阁》，159卷（YZ9 = 1731），《四库全书》第414~415卷；《世宗宪皇帝圣训》，36卷（QL9 = 1744），《四库全书》第412卷；《世宗宪皇帝朱批谕旨》，360卷（QL3 = 1738），《四库全书》第416~425卷。

报"这一名称曾用于宋、明以及清代早期,"题奏事件"主要用于乾隆(1736~1795)和嘉庆(1796~1820)年间,而"京报"作为公报名称则已至道光(1821~1850)和咸丰(1851~1861)时期,其首次作为正式名称的时间据推测应在 1852 年(即咸丰二年)。[1] 他论证了晚清的"京报"这一名称如何被追溯至更早的时期,尽管当时它还只在极少的情况下被使用,尚未成为一种通用的名称。因此,本文尽量避免使用"京报"这一术语。出于同样的考虑,西方文献中常见的与之近似的"Peking Gazette",本文也将尽量回避。此外,我们观察到 1800 年以前的欧洲文献中,像"Peking Gazette"这样的名称仅仅出现过两次。

通常,欧洲人甚少用拉丁字母转写"邸报"这一名称,他们几乎总是用欧洲术语来翻译它。本文所参考的大部分是法语文献,其中"Gazette"是最常见的名称。[2] 可见他们在较早的时期就已经以"gazette"这样一个当时在欧洲还很新的词来为其命名。这种做法最早见于 16 世纪晚期至 17 世纪早期的威尼斯,在那里,每周发行一次的报纸被称作"gazetta",这是一种当时在威尼斯很常见的小面额硬币,民众常用它来买这种报纸。[3] "gazettes"在传教士的记载中最常用的一个释义是"公共

1　潘天祯:《乾隆、嘉庆间所印日报〈题奏事件〉的发现》,《文物》1992 年第 3 期,第 90 页。其中提到我国正式的"官报"直至 1907 年(即光绪三十三年)才创刊。

2　龚当信在文中使用了该名称,参见 Lettres édifiantes et curieuses, écrites des missions étrangères par quelques missionnaires de la Compagnie de Jésus [以下简称 LEC, 34 vols, Paris: Nicolas Le Clerc (etc.), 1703–1776] (1729), Vol. 19, pp. 266–267。

3　Voltaire, "Gazette," in *Encyclopédie,* Vol. VII (1757), p. 534; 参见(带有注释的)在线版本: Édition Numérique Collaborative et CRitique de l'Encyclopédie, http://enccre.academie-sciences.fr/, 19 Jan. 2019; 还可参见 Voltaire, *Œuvres alphabétiques I* [*Les œuvres complètes de Voltaire* (以下简称 OCV) 33] (Oxford: Voltaire Foundation, 1987), pp. 113–114。

的报纸"（Gazettes publiques）。[1] 如果要解释它与北京有何关联，那便是它们是"在北京印制"（Gazette qui s'imprime à Pékin）[2] 的。而"每日印制的北京公报"（la gazette de Pekin imprimée chaque jour）[3] 这一表达在法语中仅出现过一次。这一全新的表述并非传教士提出的，而是来自一位启蒙思想家。不过，他显然没有途径获取中文资料，并将"京报"[4] 这样的词翻译到欧洲。此外，"朝廷公报"（la gazette de la court）[5] 在法文中也只出现过一次，而"帝国公报"（gazette of the empire）则稍为常见，如"帝国公报"（la gazette de l'empire）[6]、"帝国内政公报"（la gazette du gouvernement intérieur de l'empire）。[7] 不过，更常见的是与"中国"连起来使用，如"中国公报"（Gazette de

1 Jean-Baptiste Du Halde, ed., *Description géographique, historique, chronologique, politique, et physique de l'empire de la Chine et de la Tartarie chinoise*, 4 vols. (Paris: P. G. Le Mercier, 1735), Vol. 1, p. 547; Vol. 2, p. 11.

2 *LEC* (1729), Vol. 19, p. 270.

3 Charles de Secondat Montesquieu, *Geographica* (*Œuvres complètes de Montesquieu* 16) (Oxford: Voltaire Foundation 2007), p. 214; 其中参考了《中华帝国全志》中的记载，参见 *Description géographique, historique, chronologique, politique, et physique de l'empire de la Chine et de la Tartarie chinoise* (1735), Vol. 2, p. 43; 这一描述是基于《耶稣会中国书简集》中的记载，参见 *LEC* (1729), Vol. 19, pp. 268–269。

4 Montesquieu, *Geographica* (2007), p. 214; It refers to *Description géographique, historique, chronologique, politique, et physique de l'empire de la Chine et de la Tartarie chinoise* (1735), Vol. 2.

5 Montesquieu, *Esprit des lois* (Paris: Firmin Didot frères, 1849), pp. 160–161 (Livre XII, Chapitre VII: Du crime de lèse-majesté); Montesquieu, *Complete Works, Vol.1 The Spirit of Laws*, London: T. Evans, 1777, Vol. 1., pp. 249–250.

6 Voltaire, "Gazette," in *Encyclopédie*, Vol. VII (1757), p. 534; *MCC*, Vol. 1, p. 11.

7 M. A. [François Quesnay], "Despotisme de la Chine," *Éphémérides du citoyen, ou Chronique de l'esprit national* (1767): Tome IV.1, pp. 20–21; 在线版参见 https://www.institutcoppet. org/despotisme-de-chine-francois-quesnay-1767/; François Quesnay, "Despotisme de la Chine," in *Oeuvres économiques et philosophiques : accompagnées des éloges et d'autres travaux biographiques sur Quesnay par différents auteurs*, ed., Auguste Oncken (Aalen : Scientia, 1965) (reprint of Francfort ed. 1888), p. 597。

la Chine）¹、"中国公报"（les gazettes de la Chine）²、"中国的公报"（la gazette Chinoise）³，与"欧洲公报"（Gazettes d'Europe）形成对比。鉴于欧洲术语使用的局限性，本文将使用"邸报（gazette）"或"中国邸报（Chinese gazette）"（对比欧洲的术语）。

龚当信对中国《邸报》的描述

有关雍正年间中国《邸报》的最重要的记载可以从耶稣会士龚当信（1670~1732）的几封书信中找到，这些信件被收录在两卷法文文集中出版。龚当信并非一位知名的传教士，他从未在宫廷任职，也未出版过任何一本中文专著。事实上，论及《邸报》的几封信件是他留下的为数不多的文字之一。龚当信于1701年来到中国，在浙江生活了几年后于1711年到北京，担任法国耶稣会北京住院会长（1716~1718）。后又在山西和江西生活了几年，于1725年被流放到了广州。再过了几年，他被派回法国向耶稣会汇报在中国传教的情况，于1731年回到法国，1732年11月死于再次来华的途中。⁴

在法国短暂停留期间，他参与修订了杜赫德（Jean-Baptiste Du Halde，1674-1743）主编的《中华帝国及中国属领鞑靼之地

1　*LEC* (1728), Vol. 18, pp. 434-435.

2　Voltaire, "Gazette," in *Encyclopédie*, Vol. VII (1757), p. 534.

3　*LEC* (1728), Vol. 18, pp. 440-441.

4　参见 Joseph Dehergne, *Répertoire des jésuites de Chine de 1552 à 1800* (Rome: Institutum Historicum S.I., 1973), No. 192; Louis Pfister, *Notices biographiques et bibliographiques sur les Jésuites de l'ancienne mission de Chine, 1552-1773*, 2 vols. (Shanghai: Imprimerie de la Mission, 1932-1934), No. 256。

理、历史、纪年、政治与自然界全志》（*Description géographique, historique, chronologique, politique, et physique de l'empire de la Chine et de la Tartarie chinoise*）[1]，该著作 1735 年首次于巴黎出版，是最早的一部向欧洲介绍中国的重要文集。全书共四卷，主要根据在中国传教的法国耶稣会传教士的书信编辑而成，其中一部分书信发表在《耶稣会士书简集》（*lettres édifiantes et curieuses*，1702－1776，共 34 卷）中。该文集最初由耶稣会士郭弼恩（1652~1708）主编，在他死后则由杜赫德继续完成。这些信件与耶稣会通信网络的传统一脉相承，凭借这一渠道，耶稣会士们不仅能互通书信沟通教会内部事务，与教会保持联络，还时常参与讨论那些同样引起公众兴趣的政治、社会和文化事件，因此这些书信常常被结集出版。《耶稣会士书简集》规模浩大、内容完备，是 18 世纪有关美洲、中东、印度和中国的重要信息来源。[2]

杜赫德在《耶稣会士书简集》中收录了三封龚当信的书信，1725 年 12 月 2 日的信件被编入 1728 年出版的文集中，1727 年 12 月 15 日的信件被编入 1729 出版的文集，而 1730 年 10 月 19 日的信件则在 1736 年出版。[3]他的前两封信是写给《特

1　关于龚当信在该书的审校和修订过程中发挥的作用，参见 Isabelle Landry-Deron, *La preuve par la Chine: La «Description» de J.-B. Du Halde, Jésuite, 1735* (Paris: Editions de l'Ecole des Hautes Études en Sciences Sociales, 2002), pp. 126ff，368.

2　关于它的介绍，参见 *Lettres édifiantes et curieuses de Chine par des missionnaires jésuites, 1702–1776*, eds., Isabelle and Jean-Louis Vissière (Paris: Garnier-Flammarion, 1979), p. 11ff。

3　"Lettre du Père Contancin, missionnaire de la Compagnie de Jésus, au Père Etienne Souciet, de la même Compagnie" (2 December 1725 in Canton): *LEC* (1728), Vol.18, pp. 428–463; "Lettre du Père Contancin, missionnaire de la Compagnie de Jésus, au Père Etienne Souciet, de la même Compagnie" (15 December 1727 in Canton): *LEC* (1729), Vol. 19, pp. 265–404; "Lettre du Père Contancin, missionnaire de la Compagnie de Jésus, au Père Duhalde, de la même Compagnie" (19 October 1730 in Canton): *LEC* (1736), Vol. 22, pp. 189–325; Landry-Deron, La preuve par la Chine (2002), p. 127。由于前几卷篇幅有限，第三封信出版的时间要晚得多；信的原件似乎并未保存下来。

莱武学刊》(*Journal de Trévoux*)的一位编辑爱梯埃尼·苏西埃神父(*Etienne Souciet*,1671-1744)的,最后一封信则写给杜赫德。该书信集初版共计 300 多页,其中明确地谈论并引述了中国《邸报》中的内容。[1]

第一封信

龚当信在第一封信中首次介绍了中国《邸报》,信中他对雍正皇帝大加称赞。尽管当时他被流放至广州,身陷"传教事业备受打击的悲惨处境",但为了以"登基仅三年"的新皇帝的故事来取悦收信人爱梯埃尼·苏西埃神父,龚当信刻意在信中回避了对传教团不幸遭遇的描述:

> 尽管他(雍正皇帝)似乎对基督教很疏远,但不得不称赞他是一位当之无愧的好皇帝,在如此短的时间内便赢得了百姓的尊敬和爱戴。[2]

在龚当信眼中:

> 这位皇帝励精图治,夜以继日地思索着如何治理好国

---

1 其德文、西班牙文、意大利文和中文译文参见中国基督教文本数据库(CCT-Database);日文译文由矢泽利彦翻译,他在译文中以注释的形式标注了《清实录》的部分文本,参见『イエズス会士中国书简集 4 社会编』1973;首次描述这些信件的中文文献参见吴伯娅《耶稣会士笔下的清代邸报》,《明清论丛》2015 年第 1 期,第 368~375 页。很遗憾这些信的原件似乎并未保存下来,据法国耶稣会档案的管理员告知,它们未保存在他们的档案馆中。

2 *LEC* (1728), Vol. 18, p. 429.

家，为百姓谋幸福。向他献殷勤的最好方式就是向他提出有益于公众、减轻百姓负担的建议，他总是欣然接受，并且不遗余力地实行。[1]

龚当信认为，这位皇帝是一位"关心百姓福祉"的"英明君主"。他列举了雍正皇帝为苏州、松江和南昌减免赋税、"造福百姓"的举措，以及北京、山东和河南暴雨时皇帝救济灾民的行为。[2] 皇帝为赈灾下的谕旨被登在了《邸报》上，这也是龚当信会在信中谈及《邸报》的特点和内容这类"题外话"[3]的原因。

同其他耶稣会士一样，龚当信先是将中国《邸报》与欧洲公报进行对比，指出中国的《邸报》是一种中央集权的通信系统，以皇帝作为最高统治者，有教导臣民的目的：

> 中国的《邸报》对于治理国家非常有用，它不像欧洲一些地方的公报，总是充斥着各种无稽之谈、恶言中伤和造谣诽谤，而是只刊登与皇帝有关的事情。因为中国实行了完善的君主制，全国各地大大小小的事情都要向皇帝汇报，这种报纸在指导各地官员履行各自职责、告诫文人和百姓方面大有帮助。[4]

1　*LEC* (1728), Vol. 18, pp. 429-430.

2　*LEC* (1728), Vol. 18, pp. 430-434; 龚当信在书信中记载的是"广东"，但更大的可能性应是"山东"。

3　*LEC* (1728), Vol. 18, p. 441.

4　*LEC* (1728), Vol. 18, pp. 434-435.

而后，龚当信对《邸报》中所涉及的话题做了详尽介绍（此处仅作简要概括），当前学界的阐述对这些描述都有准确的呈现。[1]

> 被降职或惩罚的官员名单和撤职缘由，以及被提拔的官员名单
>
> 判处死刑的案件
>
> 各省发生的灾害，当地官员的赈灾举措或依照圣旨赈灾的情况
>
> 军饷发放、为满足公众需要和公共事业的耗费以及赏赐给王爷们的账目
>
> 大臣们对皇帝的言行和决议作的谏言
>
> 皇帝举办的活动，如亲自耕田或指导官员研习宗法典籍
>
> 法律和新习俗
>
> 皇帝对官员的褒扬和斥责[2]

龚当信指出《邸报》具有教育和训示的作用，对指导官员行为具有实际意义：

> 最后，正如我已经说过的，《邸报》有助于指导官员们更好地治理百姓。官员们读得很仔细，甚至大部分官员还

1　Mittler, *A Newspaper for China?* (2004), p. 187ff.; Fang Hanqi, ed., *A History of Journalism in China: Volume 1* (2013), pp. 36–37; Mokros, "Communication, Empire, and Authority in the Qing Gazette," Ph.D.diss. Johns Hopkins Univ. 2016, p. 32 ff.

2　*LEC* (1728), Vol. 18, pp. 435–440.

会在对其行为具有指导意义的地方标注评论。[1]

接着，龚当信在信中列举了多个《邸报》上刊登的事例，这些事例无一不体现雍正皇帝英明治国的举措。例如，他提到皇帝是多么"心系百姓的苦难"，[2]以及他是如何"对所有的臣民都给予关怀和仁爱"[3]的事例：

减免苏州、松江以及南昌的赋税[4]

针对北京、山东、河南雨灾下达救济赈灾旨令[5]

因旱灾斋戒后发布诏书[6]

黄河水泛滥不应归咎于官员[7]

因北京天气酷热而体恤囚犯的举措[8]

1　*LEC* (1728), Vol. 18, pp. 440–441.

2　*LEC* (1728), Vol. 18, p. 441.

3　*LEC* (1728), Vol. 18, p. 446.

4　*LEC* (1728), Vol. 18, p. 430;《清实录》第7册第30卷，第460页（雍正三年三月，即1725年5月）;《世宗宪皇帝上谕内阁》第30卷，第20a~21b页,《四库全书》第414卷，第265页; *LEC* (1728), Vol. 18, p. 430，未在该著作中找到关于减免南昌赋税的记载，但其他参考文献中对上述内容皆有提及;《清实录》第7册第31卷，第478~479页（雍正三年四月戊子，即1725年6月1日）;《世宗宪皇帝圣训》第18卷，第5a~6b页,《四库全书》第412卷，第246~247页（YZ3/4/戊子[=21]) = 1 June 1725）。

5　*LEC* (1728), Vol. 18, pp. 431–434;《清实录》第7册第34卷，第522页（YZ3/7/辛酉[=26] = 30 August 1725）;《世宗宪皇帝上谕内阁》第34卷，第20a~21a页,《四库全书》第414卷，第309页（YZ3/7/26 = 30 August 1725）。

6　*LEC* (1728), Vol. 18, pp. 442–443;《清实录》第7册第32卷，第483~484页（YZ3/5/戊戌[=1]=11 June 1725）;《世宗宪皇帝朱批谕旨》第10卷（下），第55a~57a页,《四库全书》第416卷，第581~582页（YZ3/5/1 = 11 June 1725）。

7　*LEC* (1728), Vol. 18, p. 443，未见相关记载。

8　*LEC* (1728), Vol. 18, pp. 444–445;《清实录》第7册第32卷，第499~500页（YZ3/6/壬申[=6]; YZ3/6/癸酉[=7] = 15–16 July 1725）;《世宗宪皇帝上谕内阁》第33卷，第12a~12b页,《四库全书》第414卷，第290页（YZ3/6/7 = 16 July 1725）。

鼓励民众履行个人义务，批评臣民因松江、苏州赋税
减免一事在寺庙为皇帝做祈祷的行为[1]

皇帝重视对囚犯的公正对待和公平处决（执行死刑）[2]

龚当信还引述了雍正皇帝制定的几项新规定，以此表明他
"居安思危"，"励精图治"[3]：

激励农民努力劳作，并引导他们起居有常[4]

鼓励妇女守寡[5]

宣扬孝道[6]

更利于全面考察官员的规定（如对官员们进行三年一
次的考核）[7]

这些例子展现出皇帝同时作为百姓的守护者和教育者的

---

1 *LEC* (1728), Vol. 18, pp. 455~458;《清实录》第 7 册第 32 卷，第 487~488 页（YZ3/5/
癸丑 [=16] = 26 June 1725);《世宗宪皇帝上谕内阁》第 32 卷，第 3a~4a 页,《四库全书》
第 414 卷，第 279~280 页;《世宗宪皇帝朱批谕旨》第 32 卷，第 14a~16a 页,《四库全书》
第 418 卷，第 65~66 页（YZ3/5/16; YZ3/7/8 = 26 June 1725; 15 Aug. 1725)。

2 *LEC* (1728), Vol. 18, pp. 459~460;《清实录》，未见相关记载。

3 *LEC* (1728), Vol. 18, p. 446.

4 *LEC* (1728), Vol. 18, pp. 446~448;《清实录》第 7 册第 16 卷，第 277~278 页（YZ2/2/
甲子 [=20] = 14 March 1724);《世宗宪皇帝上谕内阁》第 16 卷，第 8a~b 页,《四库全书》
第 414 卷，第 143 页（YZ2/2/20 = 14 March 1724)。

5 *LEC* (1728), Vol. 18, pp. 448~449;《清实录》第 7 册第 12 卷，第 219~220 页（YZ1/10/
甲寅 [=8] = 5 Nov. 1723); 更多相关规定参见雍正朝《大清会典》第 68 卷，fol. 19ff.（ 官
民旌表); 易行编《大清五朝会典》（共 24 册）第 5 册，线装书局，2006，第 1079 页。

6 *LEC* (1728), Vol. 18, pp. 449~450;《清实录》，未见相关记载; *LEC* (1728), Vol. 18,
pp. 450~451, 为了更好地治理国家而设立的规定，为宣扬孝道允许官员将官衔让给已
故双亲;《清实录》第 7 册第 35 卷，第 528 页（YZ3/8/ 辛未 [=6] = 12 Sept. 1724)。

7 *LEC* (1728), Vol. 18, pp. 452~455;《清实录》，未见相关记载。

形象。

最后，龚当信认为这些事例表现了"皇帝的勤政"，"为了治理好国家，为百姓谋幸福，他孜孜不倦地学习"。[1] 龚当信用这一评论概括了他在信的开头提出的皇帝的模范形象。

第二封信

在第二封信中，龚当信的兴趣从皇帝转向了《邸报》本身。这封信是在上一封信寄出两年后写的。上封信似乎得到了苏西埃神父的肯定，他表示自己非常高兴读到摘自《邸报》的关于中国的治国之道的文章。[2]

龚当信在信的开头介绍了自己阅读《邸报》的经历，读起来像是一段个人回顾。他讲述了自己是如何在相关事件的触动下发现《邸报》的，而这一事件正是 1724 年皇帝禁绝基督教，并于同年 10 月将传教士逐至广州的导火索：

> 我坦诚自己从未想到读这种公报竟会对一个传教士有如此大的教益，并且后悔过去在中国待了二十多年却一直未曾读过它。1723 年，发生了一起与基督教会和传教士密切相关的事件，这一事件促使我第一次读了《邸报》。正如你已经知道的，一位两省总督上奏朝廷谴责基督教教规和欧洲传教士。皇帝命令将北京外的所有传教士都遣送到澳门，后来决定将他们逐至广州——我们现在身处之地。

1　*LEC* (1728), Vol. 18, p. 363.

2　*LEC* (1729), Vol. 19, pp. 265–266.

于我们而言如此重要的事件始末都被刊登在了《邸报》上，正是这样才激发了我想要读它的好奇心。[1]

这位居住在中国的传教士对《邸报》有着异常罕见的洞察力。在龚当信眼中，《邸报》具有更广泛的意义，对欧洲人来说亦是如此：

> 通过阅读我认识到这种报纸很有教益，不仅对中国人如此，对欧洲人也尤为适用。在《邸报》上可以学到许多有关中国的宗教信仰、各派学说、法律法规、风俗习惯和道德风尚等各方面的知识，从而习得与他们交流和相处的方式。此外，人们还可以从中学到最恰当的表述方式，提高各个领域的口语和书面表达能力。[2]

这一描述强调了《邸报》作为资讯来源的作用，并且它不仅适用于中国人。此外，龚当信将它与欧洲公报做了对比，并指出了欧洲术语使用的局限——欧洲读者读到"邸报"这一中国词语时，总会不自觉地将其与欧洲公报联系在一起。事实上，欧洲公报中常常混杂着真假难辨的新闻，而在中国，这些信息却是由朝廷发布的。

然而，欧洲传教士们常常忽视对《邸报》的阅读。其中部分是因为语言能力的限制，另一部分则是因为想把钱花在其他更要紧的事上。大部分传教士甚至都不知道这种报纸，他们仅

1　*LEC* (1729), Vol. 19, pp. 266-267. 这位控告基督教的两省总督即浙闽总督觉罗满保（1673~1725），雍正二年二月十七日（1724 年 1 月 12 日）礼部议复觉罗满保疏奏。

2　*LEC* (1729), Vol. 19, pp. 267-268.

凭听到的有关《邸报》的只言片语，想象它大概类似于欧洲的某些报纸，不过是刊登一些有失公允、混淆是非的信息。现在看来，他们对中国《邸报》的推断实在错得离谱。中国的《邸报》上只刊登皇帝谕旨或臣僚奏议。即使是管理它的人，也不敢添加自己的描述或解释，甚至是任何一个字，否则他们将受到刑罚。1726 年，一名书吏和一名提塘因在《邸报》上添加了不实信息而被处以死刑。刑部判定的罪名是他们对皇帝不敬。法律规定，任何对皇帝不敬的人都应该被处死。[1]

　　两名官吏的案件与《小抄》上发表的一则报道有关。《小抄》又称《小报》，是掌管《邸报》的提塘官们发行的一种报纸。除发行《邸报》以外，这些官员还会自行采录一些消息刊印在其他报上，为相关省份的官员们提供更多有关朝廷的消息。[2] 龚当信报告的这起案件与 1726 年 6 月 4 日（即雍正四年五月初五日）几位王爷和大臣在圆明园觐见皇帝一事有关。当时，两位品级不高的官吏何遇恩和邵南山将此事报道在了《小抄》上，其中记载道："王大臣等赴圆明园叩节毕，皇上出宫登龙舟，命王大臣等登舟，共数十只，俱作乐，上赐蒲酒，由东海至西海，驾于申时回宫。"雍正皇帝认为这一报道实属失实之言。他解释道，其时恰逢花开，遂与诸大臣"率同观览赐以家常食馔"，"为时不过二三刻"，这些报道在他看来，可谓"以无

1　*LEC* (1729), Vol. 19, pp. 267−269. 两名官吏在《邸报》上发布不实消息而被治罪。《清实录》第 7 册第 44 卷，第 646~647、660~661 页（YZ4/5/ 庚子 [=9]; YZ4/5/ 庚戌 [=19] = 8 June 1726; 18 June 1726）；《世宗宪皇帝上谕内阁》第 44 卷，第 10a~12a、20a~22a 页，《四库全书》第 414 卷，第 390~391、395~396 页（YZ4/5/9; YZ4/5/19 = 8 June 1726; 18 June 1726）。

2　方汉奇：《中国新闻事业通史》第 1 卷，第 202 页；Fang Hanqi, ed., *A History of Journalism in China: Volume 1*, pp. 34−35.

为有，甚属可恶"，甚至损其声誉，让百姓以为他"日日饮酒"，于是判处何遇恩、邵南山二人斩刑，后改为斩监候，于秋后处决。[1]

除了描述《邸报》中央集权式的信息传送功能，龚当信还就《邸报》内容发表了他的见解，尤其是在"公共事务"的方面：

> 《邸报》究竟包含哪些内容，使得它如此重要呢？在1725年12月13日的信中我已略有论述。不过，为了让您更清楚地了解它，我想进一步说明的是，中国《邸报》几乎涵盖了这个庞大帝国的所有公共事务，可以说它是一本集子，里面刊印了各种奏折、皇帝的批复、谕旨并记载了皇帝施予臣民们的恩惠。《邸报》每日发行一册，每册六七十页。[2]

龚当信在信中介绍了《邸报》的平均篇幅，迄今为止该信息尚未从其他文献中得到确证，或许这是雍正时期特有的。不过，他在描述《邸报》内容时再次强调了这点。据龚当信所

1　参见《清实录》第7册第44卷，第646~647页（YZ4/5/ 庚子 [=9] = 8 June 1726）；《清实录》第7册第44卷，第660~661页（YZ4/5/ 庚戌 [=19] = 18 June 1726）；《世宗宪皇帝上谕内阁》第44卷，第10a~12a、20a~22a页，《四库全书》第414卷，第390~391、395~396页（YZ4/5/9; YZ4/5/19 = 8 June 1726; 18 June 1726）；缺失该月份《起居注》。现代学者认为，这是中国新闻史上因办报获罪被判处死刑的有姓名可考的最早案例，参见方汉奇《中国新闻事业通史》第1卷，第203~204页；方汉奇编《中国新闻事业编年史》第1卷，福建人民出版社，2000，第15~16页。清代史料笔记中也报道了该案件，参见萧奭撰，朱南铣点校《永宪录》第4卷，中华书局，1997，第280页。这部非官方的杂史取材较广，记录了1722年（即康熙六十一年）至1728年（即雍正六年）发生的历史事件，原作序言记载其成书于1752年（即乾隆十七年）。

2　LEC (1729), Vol. 19, pp. 269~270.

述，《邸报》每年大概会印制三百期，每期会刊印二三十份官员呈交的奏折、皇帝的批复和旨令、各部的商议结果，甚至地方省份呈交的奏折。[1]"这一情况与《邸报》的印制地设在北京有关，因为地方省份的奏折更少，所以《邸报》的篇幅也更短。"[2]

这封信被分成十七个主题，每个主题下设有一个小标题，几乎涵盖了中国《邸报》各方面的内容。其中的人名、地名和相关表述都可从中文史料中找到：

> 三年守孝期满后皇后的册封仪式[3]
>
> 皇后对七十岁以上的高龄妇女施恩[4]
>
> 皇帝对常熟市一名叫曹清（Tçao-qin）的百姓法外开恩（其因夫妻不和而被处罪）[5]
>
> 江西黄宜县两名妇女发生冲突，其中一名妇女的儿子请求替母受刑[6]

1　*LEC* (1729), Vol. 19, pp. 270−272.

2　*LEC* (1729), Vol. 19, p. 270.

3　*LEC* (1729), Vol. 19, pp. 273−275: Complimens de toute la Cour sur le choix et la déclaration de l'Impératrice;《清实录》第 7 册第 34 卷，第 51 页（YZ3/7/ 己酉 [=14] = 21 Aug. 1725）;《世宗宪皇帝上谕内阁》第 34 卷，第 9b~10a 页,《四库全书》第 414 卷，第 303~304 页（YZ3/7/14 = 21 Aug. 1725）。*LEC* (1729), Vol. 19, pp. 275−281: Ceremony of installation（在中文史料中只简短提及）;《清实录》第 7 册第 37 卷，第 548 页（YZ3/10/ 庚午 [=6] = 10 Nov. 1725）;《雍正朝起居注册》第 1 卷，第 593 页（YZ3/10/6 = 10 Nov. 1725）。*LEC* (1729), Vol. 19, pp. 282−288: Ceremony with court women, concubines （贵妃）;《清实录》，未见相关记载。

4　*LEC* (1729), Vol. 19, pp. 288−296: Libéralité de l'Impératrice en faveur des femmes avancées en âge;《清实录》，未见相关记载。

5　*LEC* (1729), Vol. 19, pp. 297−304: Grâce accordée à un homme condamné à mort / Ordre de l'Empereur;《清实录》，未见相关记载。

6　*LEC* (1729), Vol. 19, pp. 304−307, Exemple d'un fils qui demande la grâce de mourir à la place de sa mère;《清实录》，未见相关记载。

　　从天津调运十三万石粮食分发至遭受雨灾的城镇[1]

　　两江总督查弼纳（1683~1731）控告年羹尧（1679~1726）[2]和隆科多（？~1728）[3]的奏折

　　北京提督关于乡饮酒礼（为表彰行为正派的表率而设）的奏折[4]

　　皇帝提倡颂扬死者（包括贞妇在内）的旨令[5]

　　礼部大臣请求旌表广东省新会县梁姓烈女的奏折[6]

　　礼部大臣请求旌表浙江省武义县徐文源妻邵氏的奏折[7]

1　*LEC* (1729), Vol. 19, pp. 307−315: Ordre qui prouve l'attention de l'Empereur à soulager son Peuple;《清实录》第 7 册 38 卷，第 554~555 页（YZ3/11/ 乙未 [=1] = 5 Dec. 1725）;《世宗宪皇帝上谕内阁》第 38 卷，第 1a~2a 页，《四库全书》414 卷，第 330~331 页（YZ3/11/1 = 5 Dec. 1725）;《雍正朝起居注册》第 1 卷，第 605~607 页（YZ3/11/1 = 5 Dec. 1725）。

2　Arthur W. Hummel, ed., *Eminent Chinese of the Ch'ing Period (1644−1912)*（以下简称 *ECCP*）, 2 vols., Washington: US Government Printing Office, 1943, Vol. 1, pp. 587−590.

3　*ECCP*, Vol. 1, pp. 552−554; *LEC* (1729), Vol. 19, pp. 315−324, Mémorial d'un Surintendant de deux Provinces, qui parle à l'Empereur avec une noble hardiesse / Réponse de ce Mandarin à l'Empereur;《清实录》第 7 册第 34 卷，第 514 页（YZ3/7/ 癸卯 [=8] = 15 Aug. 1725），未见完全对应的记载，但提到了该案件。

4　*LEC* (1729), Vol. 19, pp. 325−319, Festin pour honorer dans chaque Ville les personnes distinguées par leur probité et leur bon example;《清实录》，未在雍正三年的记载中找到相关内容。

5　*LEC* (1729), Vol. 19, pp. 319−331, Autre reglement pour honorer le mérite;《清实录》第 7 册第 30 卷，第 458 页（关于妇女的记载）（YZ3/3/ 乙卯 [=17] = 29 April 1725）;《世宗宪皇帝上谕内阁》第 30 卷，第 18a~19a 页（记载相对完整），《四库全书》414 卷，第 264~264 页（YZ3/3/17 = 29 April 1725）;《雍正朝起居注册》第 1 卷，第 459 页（记载相对完整）（YZ3/3/17 = 29 April 1725）。

6　*LEC* (1729), Vol. 19, pp. 331−334, Délibération du Souverain Tribunal des Rites en faveur d'une fille qui a estimé la chasteté plus que sa propre vie;《清实录》第 7 册第 39 卷，第 576 页（YZ3/12/ 壬午 [=19] = 21 Jan. 1726）。

7　*LEC* (1729), Vol. 19, pp. 334−337, Autre délibération du même Tribunal des Rites touchant une femme qui a donné des marques d'amour tendre pour son mari;《清实录》第 7 册第 44 卷，第 652 页（YZ4/5/ 丁未 [=16] = 15 June 1726）。

河南省总督田文镜（1662~1732）[1]对皇帝先前的旨意提
出异议并得到皇帝认可的奏折[2]

提督山西学政刘于义关于荒年赈灾的奏折[3]

采珍珠（摘自一份奏折）[4]

重申有关侍奉老弱双亲的旧令[5]

皇帝救济从山东及周边地区涌入北京的灾民的旨令[6]

初春祭典（皇帝亲耕耤田）和礼部大臣有关此次祭典的
奏折[7]

遇蝗蝻之害时皇帝的告诫[8]

1　*ECCP*, Vol. 2, pp. 719-721.

2　*LEC* (1729), Vol. 19, pp. 338-345: Mémorial présenté contre un ordre de l'Empereur;《世宗宪皇帝上谕内阁》第 58 卷，第 18b~20a 页，《四库全书》第 414 卷，第 636~637 页（YZ5/6/12 = 30 July 1727）;《雍正朝起居注册》第 2 卷，第 1304~1305 页（YZ5/6/12 = 30 July 1727）。

3　*LEC* (1729), Vol. 19, pp. 345-346: Mémorial dans lequel on propose a l'Empereur un moyen de secourir le Peuple dans les années stériles;《清实录》第 7 册第 39 卷，第 583 页（YZ3/12/ 辛卯 [=28] = 30 Jan. 1726）。

4　*LEC* (1729), Vol. 19, pp. 346-366: Péche des perles; tiré d'un Mémorial;《清实录》，未见相关记载。

5　*LEC* (1729), Vol. 19, pp. 366-379: Anciens ordres renouvelés en faveur des personnes infirmes ou fort âgés;《清实录》，未见相关记载。

6　*LEC* (1729), Vol. 19, pp. 379-384: Tendresse paternelle de l'Empereur pour les pauvres;《清实录》第 7 册第 39 卷，第 576 页（YZ3/12/ 壬午 [=19] = 21 Jan. 1726）;《世宗宪皇帝上谕内阁》第 39 卷，第 11a~12a 页，《四库全书》第 414 卷，第 341~342 页（YZ3/12/19 = 21 Jan. 1726）;《雍正朝起居注册》第 1 卷，第 632 页（YZ3/12/19 = 21 Jan. 1726）。

7　*LEC* (1729), Vol. 19, pp. 384-392: L'Empereur offre un sacrifice au commencement du printemps, et va labourer la terre, pour obtenir une année abondante;《清实录》第 7 册第 41 卷，第 613 页（YZ4/2/ 丁亥 [=24] = 27 March 1726），未见相关奏折。

8　*LEC* (1729), Vol. 19, pp. 393-402: Instruction par laquelle l'Empereur déclare quel est l'objet de son culte;《清实录》第 7 册第 34 卷，第 515~516 页（YZ3/7/ 丙午 [=11] = 18 Aug. 1725）;《世宗宪皇帝上谕内阁》第 34 卷，第 5b~7a 页，《四库全书》第 414 卷，第 301~302 页（YZ3/7/11 = 18 Aug. 1725）;《雍正朝起居注册》第 1 卷，第 530~531 页（YZ3/7/11 = 18 Aug. 1725）。

这十七个主题集中呈现了宫廷关乎官员以及普通民众的各项活动，涉及政治、司法、行政、慈善和礼制等各个方面。龚当信在信的最后再次强调了《邸报》是如何有助于人们更准确地了解中国的风俗习惯及其政府的组织形式的，并指出《邸报》以真实发生的事例来教导公众：

> 尊敬的神父，我想您和我的看法一样，《邸报》可以帮助我们了解中国的礼俗，以及政府对国家的治理，至少无须怀疑这些事件的真实性，它们都摘自奏折和上谕等公文。《邸报》发行至全国各地，公众通过它受到教化。[1]

第三封信

大约三年后，龚当信写下了他的第三封信。这时龚当信已经收到了收录其第二封信的《耶稣会士书简集》第 19 卷。杜赫德写信告知他，上封信的内容大家很感兴趣，希望他能够继续谈谈这些话题。"这封信将专门谈谈向全中国各地公布的旨令、指示、规章和道德典范。"[2]

龚当信在信中谈论了近十四封官方文书，这些文书的时间跨度很长，最早的作于雍正三年十月初九日（即 1725 年 11 月 13 日），最近的则发布于雍正六年七月初五日（即 1728 年 8 月 10 日），这表明他曾以各种方式对《邸报》进行了整理和收藏。

---

1   *LEC* (1729), Vol. 19, pp. 402-403.

2   *LEC* (1729), Vol. 19, p. 190.

这是一封很长的信（首次出版时超过了 135 页），话题涵盖了各个方面：

> 隆科多（？~1728）[1] 由死刑被改判为关押畅春园 [2]
>
> 皇帝解释其居住在圆明园是因郊外水土气味稍清，而非欲图安逸的公告 [3]
>
> 皇帝忧心遭受旱灾的百姓，并请求百官直言不讳地指出其过错的公告 [4]
>
> 有关提议开垦荒地以提高粮食产量的奏折以及皇帝的批复 [5]

1　*ECCP*, Vol. 1, pp. 552-554.

2　*LEC* (1736), Vol. 22, pp. 191-196;《清实录》第 7 册第 62 卷，第 949 页（YZ5/10/ 丁亥 [=5] = 17 Nov. 1727）;《世宗宪皇帝上谕内阁》第 62 卷，第 3a-b 页,《四库全书》第 414 卷，第 705~706 页（YZ5/10/5 = 17 Nov. 1727）;《雍正朝汉文谕旨汇编》第 1 卷，编号 401，第 282~283 页（YZ5/10/5 = 17 Nov. 1727）;《雍正朝起居注册》第 2 卷，第 1518 页（YZ5/10/5 = 17 Nov. 1727）。

3　*LEC* (1736), Vol. 22, pp. 196~202: L'Empereur déclare que lorsqu'il va passer quelque temps à sa maison de plaisance, c'est pour jouir d'un meilleur air, et non pas pour chercher du repos;《清实录》第 7 册第 40 卷，第 596~597 页（YZ4/1/ 癸丑 [=20] = 21 Febr. 1726）;《世宗宪皇帝上谕内阁》第 40 卷，第 20b~22a 页,《四库全书》第 414 卷，第 358~359 页（YZ4/1/20 = 21 Febr. 1726），未见相关记载;《雍正朝起居注册》第 1 卷，第 676 页（YZ4/1/20 = 21 Febr. 1726）。

4　*LEC* (1736), Vol. 22, pp. 202~209: L'Empereur voyant son Peuple menacé de la disette, en est si sensiblement touché , qu'il prie les principaux Officiers de lui déclarer ses fautes sans aucun déguisement;《清实录》第 7 册第 45 卷，第 666~668 页（YZ4/6/ 壬戌 [=1] = 30 June 1726）;《世宗宪皇帝上谕内阁》第 45 卷，第 1a~2b 页,《四库全书》第 414 卷，第 397~398 页（YZ4/6/1 = 30 June 1726）;《雍正朝汉文谕旨汇编》第 1 卷，编号 292，第 183~184 页（YZ4/6/1 = 30 June 1726）。

5　*LEC* (1736), Vol. 22, pp. 210~223: Expédiens pour faire défricher les terres incultes, et par-là procurer l'abondance;《世宗宪皇帝上谕内阁》第 58 卷，第 3b~25a 页,《四库全书》第 414 卷，第 638~639 页（YZ5/6/14 = 1 Aug. 1727）;《雍正朝汉文谕旨汇编》第 7 卷，第 107 页（YZ5/6/14 = 1 Aug. 1727）;《雍正朝起居注册》第 2 卷，第 1309~1310 页（YZ5/6/14 = 1 Aug. 1727）。

有关奖惩制度的说明（未附相关奏折或法令）[1]

山东总督奏报本省水灾情况的奏折[2]

皇帝对孔毓珣（？～1730）奏报江南水灾的态度[3]

皇帝对云贵总督鄂尔泰（1680～1745）[4]奏折的批复及对其"越职陈奏"的态度[5]

山东巡抚塞楞额疏奏，请准无地之民在堤旁盖屋居住，捕鱼为业[6]

进呈玉牒仪式（或许基于目击者的描述）[7]

1　*LEC* (1736), Vol. 22, pp. 223–239: Explications des notes honorables, et de quelques autres légères récompenses et punitions.

2　*LEC* (1736), Vol. 22, pp. 239–243: Mémorial du vice-roi de la province de Chang-tong, qui avertit l'Empereur d'une inondation et du secours qu'il a donné au Peuple. 此处所说的奏报水灾的山东总督，很可能为广东总督杨文干。《清实录》第 7 册第 50 卷，第 753 页（YZ4/11/ 己亥 [=11] = 4 Dec. 1726），未见相关记载；《世宗宪皇帝上谕内阁》第 50 卷，第 7b~8a 页，《四库全书》第 414 卷，第 489~490 页（YZ4/11/11 = 4 Dec 1726）；《雍正朝起居注册》第 1 卷，第 852~853 页（YZ4/11/11 = 4 Dec 1726）。

3　*LEC* (1736), Vol. 22, pp. 244–246；《清实录》第 7 册第 60 卷，第 917 页（YZ5/8/ 己亥 [=16] = 30 Sept. 1727)；《世宗宪皇帝上谕内阁》第 60 卷，第 11a~12a 页，《四库全书》第 414 卷，第 678~679 页（YZ5/8/16 = 30 Sept. 1727)；《雍正朝起居注册》第 2 卷，第 1419~1420 页（YZ5/8/16 = 30 Sept. 1727）。

4　*ECCP*, Vol. 1, pp. 601–603.

5　*LEC* (1736), Vol. 22, pp. 246–248；《清实录》第 7 册第 61 卷，第 936~937 页（YZ5/9/ 己巳 [=16] = 30 Oct. 1727)；《世宗宪皇帝上谕内阁》第 61 卷，第 21b~22a 页，《四库全书》第 414 卷，第 698~699 页（YZ5/9/16 = 30 Oct. 1727)；《雍正朝起居注册》第 2 卷，第 1480~1481 页（YZ5/9/16 = 30 Oct. 1727）。

6　*LEC* (1736), Vol. 22, pp. 248–249, 266；《清实录》第 7 册第 61 卷，第 938 页（YZ5/9/ 辛未 [=18] = 1 Nov. 1727)；《世宗宪皇帝上谕内阁》第 61 卷，第 22b~23a 页，《四库全书》第 414 卷，第 699 页（YZ5/9/18 = 1 Nov. 1727)；《雍正朝起居注册》第 2 卷，第 1483 页（YZ5/9/18 = 1 Nov. 1727）。

7　*LEC* (1736), Vol. 22, pp. 249–262: Cérémonie qui s'est observée l'année 1725, lorsqu'on a présenté à l'Empereur le livre de la Généalogie Impériale, ou l'histoire de la dynastie Tartare；《清实录》第 7 册第 37 卷，第 548 页（YZ3/10/ 癸酉 [=9] = 13 Nov. 1725)；《雍正朝起居注册》第 1 卷，第 596~597 页（YZ3/10/9 = 13 Nov. 1725）。

悼念前礼部尚书顾八代 [1]（？~1709） [2]

皇帝批准资送四万流民回籍 [3]

皇帝就"福"字做解释和教导 [4]

考核官员的新规 [5]

孟津县居民翟世有及其妻拾获陕西商人秦泰遗银，寻遇原主给还，河南总督田文镜奏报皇帝后，皇帝对此事做出批复 [6]

尽管相比前两封信，这封信的表述更为含蓄，但它描绘了一个多面的帝王形象，他同时承担着不同职能：审判案件、提

1　ECCP, Vol. 1, p. 271.

2　*LEC* (1736), Vol. 22, pp. 263–270: L'Empereur fait l'éloge de son Précepteur, et l'honore après sa mort；《清实录》第 7 册第 40 卷，第 597~598 页（YZ4/1/ 乙卯 [=22] = 23 Febr. 1726）；《世宗宪皇帝上谕内阁》第 40 卷，第 23a~25a 页，《四库全书》第 414 卷，第 359~360 页（YZ4/1/22 = 23 Febr. 1726）；《雍正朝起居注册》第 1 卷，第 679 页（YZ4/1/22 = 23 Feb. 1726）。

3　*LEC* (1736), Vol. 22, pp. 270–284: Ordre admirable qu'on garda à Pekin, lorsqu'il fallut renvoyer plus de quarante mille pauvres, chacun dans son Pays；《清实录》第 7 册第 41 卷，第 604~605 页（YZ4/2/ 庚午 [=7]=10 March 1726）；《世宗宪皇帝上谕内阁》第 41 卷，第 2a~2b 页，《四库全书》第 414 卷，第 363 页（YZ4/2/7=10 March 1726）。

4　*LEC* (1736), Vol. 22, pp. 284–287: Instruction de l'Empereur, donnée à l'occasion du caractère Chinois qui signifie bonheur；《清实录》，未见相关记载；相似内容见《清实录》第 7 册第 51 卷，第 773~774 页（YZ4/12/ 庚辰 [=23]=14 Jan. 1726）；《世宗宪皇帝上谕内阁》第 51 卷，第 41a~42a 页，《四库全书》第 414 卷，第 515~516 页（YZ4/12/23=14 Jan. 1726）。

5　*LEC* (1736), Vol. 22, pp. 288–299: Nouveau Règlement sur l'examen des Mandarins / Ordre de l'Empereur qui regarde le même examen général；《清实录》，未见相关记载。

6　*LEC* (1736), Vol. 22, pp. 299–324: Mémorial du vice-roi de la province de Ho-nan, par lequel il avertit l'Empereur d'un bel exemple de désintéressement, donne par un homme et une femme du Peuple；《清实录》第 7 册第 71 卷，第 1060~1061 页（YZ6/7/ 甲寅 [=5]=10 Aug. 1728）；《世宗宪皇帝上谕内阁》第 71 卷，第 6a~10a 页，《四库全书》第 415 卷，第 94~96 页（YZ6/7/5 = 10 Aug. 1728）；《雍正朝起居注册》第 3 卷，第 2107~2109 页（YZ6/7/5 = 10 Aug. 1728）。

供救济、考核官员、赐予奖赏等。这些内容丰富了龚当信试图描述的雍正的帝王形象。

《中华帝国全志》

龚当信还参与了另一部著作的编纂，它标志着欧洲人获悉中国《邸报》的相关情况及其所载信息的开端。《中华帝国及中国属领鞑靼之地理、历史、纪年、政治与自然界全志》——通常简称为《中华帝国全志》[1]——便是这样一部皇皇巨著（共四卷），它分类汇编了法国耶稣会士发回欧洲的报告。该书的编者杜赫德本人从未去过中国，但龚当信返回法国期间曾为他提供了非常重要的帮助。正如该书的预售简介中所述，该书编纂过程中最后环节的审读工作是由龚当信完成的，他"已在中国居留了 32 年"，1731 年才回到法国。杜赫德指出这是为该书增色良多的一个重要因素。[2] 依照蓝莉（Landry-Deron）的观点，龚当信对《中华帝国全志》编纂工作的参与程度可能远远超出一般的审读修订。[3]

《中华帝国全志》中有些片段参照了《邸报》的记载，尤其是距成书年份较近的记载。例如，在概述中国早期至清代历史的章节末尾，作者引述了 1708 年康熙皇帝废黜皇太子胤礽（1674~1725）一事："《邸报》上发布了多则公告，谴责太子自幼年以来的种种恶行。"[4] 另一描述皇帝权威的片段提到《邸报》

1　简称中省略了"et de la Tartarie chinoise"。

2　Landry-Deron, *La preuve par la Chine* (2002), pp. 126-131, 367-368.

3　参见 Landry-Deron, *La preuve par la Chine* (2002), p.128.

4　*Description géographique, historique, chronologique, politique, et physique de l'empire de la Chine et de la Tartarie chinoise* (1735), Vol. 1, p. 547 (under "Fastes de la monarchie chinoise").

即刻间刊满各种公告，皇帝通过它们告知臣民他取得如此辉煌成就的原因"。[1] 几年后，新登基不久的雍正皇帝将康熙皇帝的第九个儿子胤禟（1683~1726）发配到了偏远地区，胤禟到那里后不久便死了。据报道，"《邸报》上公布的消息称胤禟死于痢疾"。[2] 还有两次是在讨论基督教的章节中提到了《邸报》，康熙皇帝对传教士关于中国礼仪的满文奏折（刊于《简短的报告》，1700 年）表示赞同一事，[3] 以及雍正皇帝（1724 年 1 月）颁布禁教的圣谕都被刊登在了《邸报》上。[4] 其中一部分很可能引自龚当信的书信，另一部分则来自更早时期的记载，这反映出撰写这些报告的（佚名）传教士曾经阅读并查阅过《邸报》。

　　然而，最有趣的一处引用是"政治体制"一节中对《邸报》的一段描述，其中概述了清政府的制度结构（包括各部）以及官员的职能、权力和荣誉。在打击官员的不当行为的活动中，《邸报》的意义和功能被重新定义了。这位佚名作者举例介绍了六项措施来防止可能的"混乱"局面，"监督官员履行职责，庇护百姓免于忧患"。[5] 这些措施包括：

1　*Description géographique, historique, chronologique, politique, et physique de l'empire de la Chine et de la Tartarie chinoise* (1735), Vol. 2, p. 11 (under "De l'ancienneté & de l'étendue de la monarchie Chinoise: De l'autorité de l'empereur...").

2　*Description géographique, historique, chronologique, politique, et physique de l'empire de la Chine et de la Tartarie chinoise* (1735), Vol. 1, p. 550 (under "Fastes de la monarchie chinoise").

3　*Description géographique, historique, chronologique, politique, et physique de l'empire de la Chine et de la Tartarie chinoise* (1735), Vol. 3, p. 33 (under "De la religion des Chinois").

4　*Description géographique, historique, chronologique, politique, et physique de l'empire de la Chine et de la Tartarie chinoise* (1735), Vol. 3, p. 127 (under "De l'établissement & du progrés de la religion Chrètienne dans l'empire de la Chine").

5　*Description géographique, historique, chronologique, politique, et physique de l'empire de la Chine et de la Tartarie chinoise* (1735), Vol. 2, p. 38 (under "De la forme du gouvernement de la Chine...").

①如果官员们无力平息受压迫百姓的抗议，他们将被革职，因为这类暴动应归咎于他们；②规定官员不得在本省任职以及限制官员的任职期限；③全国所有官员都必须接受三年一次的考察；[1] ④皇帝经常秘密派遣监察官员巡行各省；⑤皇帝有时会巡幸一些省份，以听取百姓对统治者坦率的抱怨。[2]

最后的第六项措施是关于《邸报》的：

没有什么方式能比《邸报》更具指导意义，更能使官吏循规守法，从而避免可能的错误。《邸报》每天都在北京抄印，再从那里发往各省。

下文对《邸报》特点的描述，逐字摘于龚当信的前两封书信，其中明确提到了两名小官吏因报道皇帝圆明园会见大臣之事而被判处死刑的案例。[3]《中华帝国全志》中的这一章节非常重要，因为它反映了龚当信书信中《邸报》的相关信息如何更系统地被用于解释中国的治国特色，当然，这也可能是在龚当信本人的帮助下完成的。在这里，《邸报》被解释为一种训导官

1　龚当信在书信中提到了该内容，参见 *LEC* (1728), Vol. 18, pp. 454-455.

2　*Description géographique, historique, chronologique, politique, et physique de l'empire de la Chine et de la Tartarie chinoise* (1735), Vol. 2, pp. 38-42 (under "De la forme du gouvernement de la Chine...").

3　*Description géographique, historique, chronologique, politique, et physique de l'empire de la Chine et de la Tartarie chinoise* (1735), Vol. 2, pp. 42-43 (under "De la forme du gouvernement de la Chine..."); *LEC* (1728), Vol. 18, pp. 434-441; *LEC* (1729), Vol. 19, pp. 268-269.

员的手段。《中华帝国全志》成为介绍中国的重要资料来源，18世纪下半叶对世界历史感兴趣的学者都将其视为必读之作。马尔西（François-Marie de Marsy，1714–1763）就是其中一例，他原是一位耶稣会士，写过几本历史方面的著作。其代表作《中国、日本、印度、波斯、土耳其和俄罗斯人的现代史》（*Histoire moderne des Chinois, des Japonnois, des Indiens, des Persans, des Turcs, des Russiens, &c*；1755–1771）——共 30 卷，前 11 卷由马尔西编著，其余的由安德里安·里歇尔（Adrien Richer，1720–1798）编著——第一卷便是关于中国的，其中就提到了《邸报》。这部分似乎是基于《中华帝国全志》的内容写成的，并且作者对中国政府持续地通过《邸报》来指导官员的举措持有与《中华帝国全志》同样的态度。[1]

　　龚当信的三封信为欧洲读者提供了最早的关于中国《邸报》的系统描述。他介绍了《邸报》通常的规格和内容，但某些方面（例如长度）可能只是雍正时期的特点。《邸报》的内容往往被重新阐释并置于某些特定观点中。龚当信的第一封信借助《邸报》来强调皇帝所扮演的重要角色，以及他参与公益事务的一系列举措，第二封则转向解释《邸报》多方面的作用，第三封信主要聚焦于不同的案例。在写作的过程中，龚当信不仅对《邸报》进行了清晰的描述，还不时地将它与欧洲公报进行对比，发表自己的见解。他强调《邸报》的公共性质、皇

1　François-Marie de Marsy, *Histoire moderne des Chinois, des Japonois, des Indiens, des Persans, des Turcs, des Russiens, &c.*, 30 vols., Paris : Chez Desaint & Saillant, 1755–1771, Vol. 1, pp. 201–202; 他对部分内容进行了重新阐释，相应内容可参见 *Description géographique, historique, chronologique, politique, et physique de l'empire de la Chine et de la Tartarie chinoise* (1735), Vol. 2, pp. 42–43.

帝与中枢机构的关联，以及《邸报》传播信息和训示官员的作用。同样地，《中华帝国全志》中也强调了《邸报》训诫和教育臣民的特性。

这些书信还告知了读者传教士的阅读情况。龚当信指出，许多传教士都忽视了对《邸报》的阅读，有的是因为语言障碍，有的则认为它太贵了，不过最直接的原因是他们并不知晓《邸报》的存在。尽管龚当信在相当一段时间里同样忽视了它，但最后他终于发现阅读《邸报》对了解中国的治国之道是多么有用。他主动地向欧洲报告这一点，让更多人知悉并了解它。那么，这些信息在多大程度上被欧洲人接受呢？

启蒙思想家对《邸报》的接受

龚当信的书信是研究中国《邸报》的欧洲接受史的绝佳资料来源。通过研究我们不难发现，这些书信对伏尔泰（Voltaire）、魁奈（Quesnay）和孟德斯鸠（Montesquieu）等启蒙思想家都产生了重要影响。

伏尔泰

众所周知，伏尔泰（François-Marie Arouet，1694-1778）将中国视作发展其历史观和政治思想的楷模。但鲜为人知的是，他的这些思想观念部分是直接来源于龚当信对中国《邸报》的翻译和描述。伏尔泰的藏书至今仍保存完好，而他阅读时在文本上做的旁注也被收进了特藏，关于他个人阅读情况的资料是较为充足的。我们很容易证实伏尔泰读过龚当信的信，这一点从他留下的旁注中可以看出——如龚当信 1727 年 12 月

15 日[1]和 1730 年 10 月 19 日[2]的两封信，上面都留有他的文字。此外，他还读过杜赫德编的《中华帝国全志》。[3]

伏尔泰不仅阅读了这些著作，还将它们应用在自己的写作中。他的代表作《风俗论》(*Essai sur les mœurs et l'esprit des nations*, 1756)的第一章便是关于中国的，其中就提到了《邸报》。此外，《邸报》还见于他的其他作品中。它们有的以《邸报》作为探讨的话题，有的则讨论了龚当信从《邸报》上翻译的内容。

首先，伏尔泰对《邸报》在中国发行这点已有充分的了解，并且他将这方面的认识应用在了对报纸这一概念的解释中。他碰巧成了《百科全书即科学、艺术、技艺详解辞典》(*Encyclopédie, ou dictionnaire raisonné des sciences, des arts et des métiers*)——通常被称作《百科全书》(*Encyclopédie*)，由狄德罗(Denis Diderot)和达朗贝尔(Jean le Rond d'Alembert)主编，出版于 1751 年至 1772 年——"公报"(Gazette)这一条目的编纂者。在这一条目中，中国《邸报》为欧洲"公报"的概念补充了新的视角，并且伏尔泰指出中国《邸报》的历史要远远早于欧洲公报：

> 公报即对公共事务的描述。这种有效的信息传播方式最早出现在 17 世纪初的威尼斯，当时意大利仍是欧洲交

1　Voltaire, *Corpus des notes marginales de Voltaire: Tome V: La Barre – Muyart de Vouglans* (OCV 140A) (Oxford : Voltaire Foundation, 2012), pp. 345-346.

2　Voltaire, *Corpus des notes marginales de Voltaire: Tome V* (OCV 140A) (2012), pp. 348-349.

3　Voltaire, *Corpus des notes marginales de Voltaire: Tome III: Dale-Frisi, OCV* 138) (Oxford: Voltaire Foundation, 2010), p. 263.

涉的中心，威尼斯是自由的避难所。人们把这种每周发行的报纸叫作"*gazettes*"。这一名字源于"*gazetta*"，即一种小面额硬币，相当于我们的半个苏，在当时的威尼斯很常见。这种形式随后被欧洲各个主要城市仿效。

中国自古就有这样的公报，中国《邸报》遵从朝廷的旨令每天发行。如果《邸报》上所刊载的内容是真实的，那么我们必须相信，并不是所有的真相都被囊括其中。而且，它们也不应该完全被囊括。

…………

中国《邸报》只着眼于本国，欧洲公报则放眼整个世界。尽管它经常充斥着虚假消息，但它可以为历史提供绝佳的素材，因为通常公报上的这些错误都被后人一一修正了，而那些几乎完全真实的报纸中，却充斥着统治者刻意宣扬的内容。[1]

伏尔泰为《百科全书》编纂的"历史编纂者"（Historiographe）这一条目也涉及了中国《邸报》，虽然这些文字最终并没有发表在《百科全书》上，但之后和其他文章一道被收录进了《新杂纂》（*Nouveaux mélanges*，1765），并在作者的

---

[1] 该文被收录在《百科全书》中，参见 *Encyclopédie*, Vol. VII (1757), pp.534-535；在线版（带有注释的）参见 Édition Numérique Collaborative et CRitique de l'Encyclopédie，http://enccre.academie-sciences.fr/, 19 Jan. 2019；还可参见 Voltaire, *Œuvres alphabétiques I (OCV 33)* (1987), pp.113-114；另一稍有不同的英文译本，可参见 Voltaire, [François-Marie Arouet] de, "Gazette," *The Encyclopedia of Diderot & d'Alembert Collaborative Translation Project*, Translated by Kenneth Garner, Ann Arbor: Michigan Publishing, University of Michigan Library, 2016. Web. 19 Jan. 2019. <http://hdl.handle.net/2027/spo.did2222.0001.107>. Trans. of "Gazette," *Supplément à l'Encyclopédie ou Dictionnaire raisonné des sciences, des arts et des métiers*, Vol. 7 (Amsterdam, 1776-1777), pp. 534-535.

支持下出版发行。[1] 伏尔泰在文中表达了"中国《邸报》优于欧洲公报"的看法：

> 中国一般的公报同样形塑了历史的主体。它优于我们的公报，因为它是在各省官员的监管下，由最高决策机关审核的，每一篇都具有绝对的真实性，在一些有争议的问题上具有决定性的权威地位。[2]

伏尔泰在《风俗论》中，对中国《邸报》重视"公共需求"的方面给了了同样积极的评价：

> 中国的报纸是世界上最可信、最有用的报纸，因为它刊载了所有关于公共需求、国家财力物力分配决议的详细说明。[3]

伏尔泰不仅描述了中国《邸报》，而且采纳了龚当信从《邸报》上翻译的信息，以中国政体和皇权制度作为其发表议论的思想来源。例如，在《风俗论》（其第一章即是关于中国的）中他列举了中国新册封的皇后向高龄妇女施恩[4]，以及一个贫穷

---

1 *Nouveaux mélanges* (1765), Vol. 2, pp. 381–384. See on this issue Voltaire, *Œuvres alphabétiques I* (OCV 33) (1987), pp.215–216.

2 Voltaire, *Œuvres alphabétiques I* (OCV 33) (1987), p. 217.

3 Voltaire, *Essai sur les mœurs et l'esprit des nations: Tome 2*，Avant-propos et chapitres 1–37(OCV 22) (Oxford: Voltaire Foundation, 2009), p. 31.

4 Voltaire, *Essai sur les mœurs et l'esprit des nations: Tome 2* (OCV 22) (2009), p. 31 = Voltaire, *Corpus des notes marginales de Voltaire: Tome V* (OCV 140A) (2012), p. 345 = *LEC* (1729), Vol. 19, pp. 292–293; *LEC* (1811), Vol. 21, p. 89.

的农民成为官员 [1] 的例子。在《路易十四时代》（*Siècle de Louis XIV*）（其中一章是关于中国礼仪之争的）中，他又提到了其他相关事例，这些事例有的便是直接摘自龚当信的书信，如一位农民被封为八品官员，[2] 规定死刑的判决必须呈交皇帝御览，[3] 以及皇帝批评民众为感恩他减免赋税而在寺庙为他祈祷。[4]

伏尔泰非常重视皇帝的作用，并且他从龚当信的书信中汲取了思想灵感，这些信件主要描述了雍正皇帝呈现在《邸报》上的形象。伏尔泰在《风俗论》的"17 世纪和 18 世纪初的中国"一章中引用了耶稣会士对这位皇帝的描述：

> 耶稣会士和其他教士们都承认这位皇帝是历代帝王中最贤明、最宽厚的一位。[5]

从这些翻译自《邸报》的对中国的描述中，伏尔泰看到了他心中理想的政府。君主依靠次级的官署（administrative boards or courts，龚当信原文为 tribunaux）来治理国家，官员必须经

---

1 Voltaire, *Essai sur les mœurs et l'esprit des nations: Tome 2 (OCV 22)* (2009), pp. 48-49; Voltaire, *Corpus des notes marginales de Voltaire: Tome V (OCV 140A)* (2012), p. 349 = LEC (1736), Vol. 22, p. 303ff; LEC (1811), Vol. 21, p. 294ff.

2 Voltaire, *Siècle de Louis XIV: Tome 6*, chapitres 31-39, *(OCV 13D)* (Oxford: Voltaire Foundation, 2016), p. 158 = Voltaire, *Corpus des notes marginales de Voltaire: Tome V (OCV 140A)* (2012), p. 349; = LEC (1728), Vol. 18, pp. 446-447; LEC (1811), Vol. 20, p. 308.

3 Voltaire, *Siècle de Louis XIV: Tome 6, chapitres 31-39 (OCV 13D)* (2016), p. 158 = LEC (1728), Vol. 18, p. 459; LEC (1811), Vol. 20, p. 314.

4 Voltaire, *Siècle de Louis XIV: Tome 6, chapitres 31-39 (OCV 13D)* (2016), pp. 158-159 = LEC (1728), Vol. 18, pp. 455-458; LEC (1811), Vol. 20, pp. 312-314.

5 Voltaire, *Essai sur les mœurs et l'esprit des nations: Tome 8*，chapitres 177-197, *(OCV 26C)* (Oxford: Voltaire Foundation, 2015), p. 298.

过考试才能被录用。[1] 在伏尔泰看来，这种方式既可以保留君主制，又能抑制法国滥用自由导致的制度衰弱。[2] 伏尔泰将雍正皇帝视为楷模，并在《路易十四时代》中高度赞扬他，这种情感态度部分便是源自龚当信对"公共事务"的描述：

> 新皇帝雍正在热爱法律和公益事业方面超过了他的父皇。[3]

谈到雍正时期的政治制度，微席叶夫妇（Isabelle et Jean-Louis Vissière）指出了从龚当信到伏尔泰，文本的意义是如何发生转变的。龚当信将中国视为一个有待基督教化的前基督教国家（pre-Christian state），伏尔泰却从中看到了他所向往的那个以正义和功绩为基础的国家：在那个国家中，道德独立于宗教，个人价值重于世袭特权，普通农民可以享有与官员同等的尊严。[4] 伏尔泰在《巴比伦公主》（La Princesse de Babylone）中再次提到了雍正皇帝。这部哲理性小说讲述了一位默默无闻的牧羊人和巴比伦公主相爱并游历欧亚的故事。当故事中的公主出现在中国皇帝面前时，伏尔泰塑造了下文中（理想化）的帝王形象，其中部分情节来自龚当信摘自《邸报》的内容：

1　还可参见 Vissière, eds. , *Lettres édifiantes et curieuses de Chine par des missionnaires jésuites, 1702−1776* (Garnier Flammarion, 1979) , p. 34.

2　参见 Arnold H. Rowbotham, "Voltaire, Sinophile," *PMLA (Publication of the Modern Language Association)*, 47:4 (Dec. 1932), p. 1053.

3　Voltaire, *Siècle de Louis XIV : Tome 6*, chapitres 31−39 (OCV 13D) (2016), p. 158.

4　Vissière, eds., *Lettres édifiantes et curieuses de Chine par des missionnaires jésuites, 1702−1776*, p. 302.

> 他是世界上最正义、最文雅、最英明的君主。是他最
> 先用尊贵的手耕种下一小块土地，使农事生产获得百姓的
> 尊重。他是第一个设置奖励表彰德行的人。[1]

这段引文解释了许多学者称伏尔泰为"亲华派"或"中国迷"的缘由，[2]而伏尔泰的这种理想化认识便是基于中国《邸报》的报道。

魁奈

第二位同样亲华的作者是重农学派创始人弗朗索瓦·魁奈（François Quesnay，1694—1774）。他通过描述中国皇权制度，详细阐述了自己的政治思想，并主张在法国进行一系列的改革。他的长文《中华帝国的专制制度》（Despotisme de la Chine）最初分四期匿名发表在《公民日志》（Éphémérides du citoyen, ou Chronique de l'esprit national，1767）上。魁奈赞同中国举贤任能的官员选拔制度，反对法国的贵族世袭制度，并且强调农业对增进国民福祉的重要意义。这篇文章第二章"中国的基本法"中，有一节是关于教育的，涉及的范围从儿童启蒙教育到皇帝亲自训示高品官员。该章节以一段描述《邸报》的文字结尾，其中将《邸报》的教育和训示功能置于首位：

1　Voltaire, *Œuvres de 1768 (II) (OCV 66)* (Oxford: Voltaire Foundation, 1999), p. 129；关于皇帝亲耕籍田的描述，参见 Voltaire, *Corpus des notes marginales de Voltaire: Tome V (OCV 140A)* (2012), p. 346 = LEC (1729), Vol. 19, pp. 384–492 ; LEC (1811), Vol. 21, pp. 135–139；还可参见 Voltaire, *La Philosophie de l'histoire (OCV 59)* (Oxford: Voltaire Foundation, 1969), p. 155. 关于表彰德行的记载，参见上文所述农民被封为官员的案例。

2　例如早期的一篇附有大量参考文献的论文，参见 Rowbotham, "Voltaire, Sinophile," *PMLA* (1932).

　　帝国官方发行的《邸报》每日报道各种激发民众尊崇美德、热爱君主以及厌恶恶习的事例来教导民众。它向民众传达各种旨令、判决和政府的警示。[1]

　　接着，魁奈罗列了《邸报》上讨论的话题，这与龚当信信件中所提到的几乎完全一致，[2]如官员的升迁或降职、衙门的判决、各省的灾害等：

　　总之，中国《邸报》忠实、具体而详尽地报道了帝国内的一切事务。[3]

　　此外，魁奈还逐字照搬了龚当信的报告中与《邸报》相关的其他信息，例如"《邸报》有 70 页"[4]的记载。他在文中指出，负责抄印《邸报》的官员在发行《邸报》前必须将其送呈皇帝御览，并被严令禁止在《邸报》上添加任何哪怕是具有些微疑问或可能引起点滴责难的内容。此外，他引用了前文提到的两名官吏被判处死刑的事件作为例证：

1　Quesnay, "Despotisme de la Chine," *Éphémérides du citoyen, ou Chronique de l'esprit national* (1767): Tome IV .1, pp. 20-21; 在线版参见 https://www.institutcoppet.org/despotisme-de-chine-francois-quesnay-1767/; Quesnay, "Despotisme de la Chine，" *Oeuvres économiques et philosophiques : accompagnées des éloges et d'autres travaux biographiques sur Quesnay par différents auteurs* (1965), p. 597。

2　魁奈在段末提到了"(*Mélanges intéressants et curieux.*)"；还可参见 LEC (1728), Vol. 18, pp. 435-440。

3　Quesnay, "Despotisme de la Chine," *Éphémérides du citoyen, ou Chronique de l'esprit national* (1767): Tome IV .1, pp. 20-21, 21-22; "Despotisme de la Chine，" *Oeuvres économiques et philosophiques : accompagnées des éloges et d'autres travaux biographiques sur Quesnay par différents auteurs* (1965), p. 597。

4　LEC (1729), Vol. 19, p. 270。

1726 年，两名官吏因在《邸报》上添加了不实消息而被处死。[1]

魁奈还从龚当信的书信中摘录了几则《邸报》上刊载的事例，其中对中国政府的运行机制发表了深刻见解。例如，他在第三章中讨论了实在法（positive legislation）：

> 中国的法律完全建立在道德原则的基础上，正如前文所述，道德和政治在中国合为一门科学。在这个帝国内部，所有实在法都是以维持其政体形式作为唯一目的。（《杂录与奇谈》）[2]

在这一背景下，他着重强调了中国法律允许官吏对皇帝提出劝谏的规定：

> 世界上恐怕没有哪个国家比中国更能容许官吏对君主提出劝谏。[3]

1　Quesnay, "Despotisme de la Chine," *Éphémérides du citoyen, ou Chronique de l'esprit national* (1767): Tome Ⅳ .1, p. 22; "Despotisme de la Chine," *Oeuvres économiques et philosophiques : accompagnées des éloges et d'autres travaux biographiques sur Quesnay par différents auteurs* (1965), p. 598; *LEC* (1729), Vol. 19, pp. 268-269.

2　Quesnay, "Despotisme de la Chine," *Éphémérides du citoyen, ou Chronique de l'esprit national* (1767): Tome Ⅳ .1, pp. 43-44; "Despotisme de la Chine," *Oeuvres économiques et philosophiques: accompagnées des éloges et d'autres travaux biographiques sur Quesnay par différents auteurs* (1965), p. 605.

3　Quesnay, "Despotisme de la Chine," *Éphémérides du citoyen, ou Chronique de l'esprit national* (1767): Tome Ⅳ .1, pp. 51-52; "Despotisme de la Chine," *Oeuvres économiques et philosophiques: accompagnées des éloges et d'autres travaux biographiques sur Quesnay par différents auteurs* (1965), p. 608.

魁奈引述了一名官员执意要指控另一位曾为国家立下功劳的大臣的事件作为例证。他直接引用了龚当信的第二封信里从《邸报》上翻译的内容。（"两江总督大胆向皇帝奏报；该官员呈交皇帝的回奏"）[1]

孟德斯鸠

第三位著名的启蒙思想家是孟德斯鸠（Charles de Secondat, baron de Montesquieu，1689-1755）。较之伏尔泰，孟德斯鸠对中国往往持批判的态度，甚至相比魁奈来说也是如此。关于孟德斯鸠阅读情况的资料也被完好地保存了下来，如他的手稿《地理》（*Geographica*）中收录了大量他在阅读时留下的摘录和笔记，最近学者们也已对它进行了编辑和整理。尽管孟德斯鸠读过《耶稣会士书简集》中介绍中国的几卷文字，但他并未在龚当信的书信上做任何笔记。相反，在杜赫德主编的《中华帝国全志》中，一段与《邸报》有关的记载被保留了下来。其中再次提到了两名官吏在《小报》上撰文报道圆明园宴席，因皇帝认定报道为不实消息而判处两人死刑的案件。

作者赞扬《京报》（*gazette of Peking*）逐日印发，并且他指出这种报纸非常适用于指导官员的行为。一切未经皇帝审阅的内容都不得发布。两位官吏因编造虚假情节而被处

1　Quesnay, "Despotisme de la Chine," *Éphémérides du citoyen, ou Chronique de l'esprit national* (1767): Tome Ⅳ.1, pp. 52–54; "Despotisme de la Chine," *Oeuvres économiques et philosophiques: accompagnées des éloges et d'autres travaux biographiques sur Quesnay par différents auteurs* (1965), pp. 608–609. 两江总督查弼纳控告和谴责年羹尧以及隆科多的奏折，参见 *LEC* (1729), Vol. 19, pp. 315–324。

以死刑，衙门给他们定的罪名是其对皇帝不敬，这是一种死罪。没有什么比这种含糊不清的法律更危险的了，"不敬"是一种过于随意的表述。[1]

这段文字在《论法的精神》涉及"亵渎君主罪"的一节中也有提及，孟德斯鸠在其中表达了他对含糊不清的法律的批判：

> 中国法律规定，任何人对皇帝有任何无礼的行为都要判处死刑。然而，因为法律没有明确规定哪些行为可以被视为无礼，所以随便什么事都可以作为剥夺他人性命、灭绝整个家族的借口。两名编写《邸报》（la gazette de la court）的中国官吏，由于在报纸上添加了一些不实消息，就被认定其在《邸报》上造谣的行为是对朝廷的不敬，因此被处以死刑……
>
> 若亵渎君主罪界定模糊，仅凭这一点就足以使政府沦为专制政府。关于这一问题，在讨论法律的制定时我会进一步予以详述。[2]

1　Montesquieu, *Geographica* (2007), p.214。其中提到了《中华帝国全志》中的内容，参见 *Description géographique, historique, chronologique, politique, et physique de l'empire de la Chine et de la Tartarie chinoise,* (1735), Vol. 2, p.43。该内容是基于《耶稣会士中国书简集》中的记载，参见 LEC (1729), Vol. 19, pp.268–269。关于孟德斯鸠阅读杜赫德的《中华帝国全志》的情况，参见 Jacques Pereira, *Montesquieu et la Chine* (Paris: L'Harmattan, 2008), p. 317ff。

2　Montesquieu, *Esprit des lois* (1849), pp. 160–161 (Livre XII, Chapitre VII: Du crime de lèse-majesté); Montesquieu, *The Spirit of Laws* (1777), Vol. 1, pp. 249–250。

此处引述的案例再次表明了龚当信翻译自《邸报》的内容是如何被用以讨论治国理想的，在此处它成了凸显法律局限性的论据。从信息传播途径的层面来看，有一点值得我们关注，即这一案例引起了启蒙思想家们的注意，尽管他们只引述了龚当信书信中的一句话。

我们已经对龚当信的信件在欧洲是如何被接受的，尤其是如何被启蒙思想家接受的历史有了一定的了解。不过，本文的重点并不在于论述伏尔泰、孟德斯鸠和魁奈对中国政府和国家制度的看法，以及他们的看法在多大程度上构建和推动其思想观念发展的诸多细节。此处讨论的话题是中国《邸报》的传播和使用。三位启蒙思想家的案例表明，他们把龚当信翻译自《邸报》的信息作为其理念的思想来源之一。出人意料的是，龚当信相对而言只是一位默默无闻的传教士，但他在中国居住的三十多年间阅读了《邸报》，并决定翻译其中的部分章节，使《邸报》得以进入一个更为全球化的公众领域。伏尔泰曾将公报简短地定义为"对公共事务的描述"，并指出"中国《邸报》只着眼于本国，欧洲公报则放眼整个世界"。龚当信对《邸报》的翻译（不只是他的描述）使《邸报》的内容及其所承载的观念在欧洲参与"整个宇宙的"讨论成为可能。

结　语

本文对龚当信谈论中国《邸报》的书信及其被欧洲人采用的情况进行了概述，表明雍正时期中国和欧洲间存在着较为明显的基于《邸报》的文化交流。《邸报》在中国的发行及其内容向欧洲的传播扩充了已有的信息网，对进一步打开信息增长的全球视角起到了推动作用。[1]欧洲人生产关于亚洲的知识时，一个重要的方面便是他们往往会尽可能地大量翻译原始资料，[2]这使《邸报》在很大程度上能够保留其原始的信息。

此外，这类考察对研究中国《邸报》具有更广泛的意义。王鸿泰认为，《邸报》从一种朝廷向官僚内部传达公务的信息传播系统发展成了一种更开放、更普遍的资讯传播形式，进入了更多人的日常生活中，这点在晚明时期表现得尤为明显。《邸报》转变成一种信息传播媒介，并成为每个关心朝政的人必读的刊物。此外，《邸报》还建构了一个可以被简称为"公共领域"的虚拟空间，个体可以通过它参与并洞悉朝廷事务。空间上各自分散的读者透过对同一份公报的阅读形成了共同的视野。王鸿泰认为，在这个"公共领域"中，读者不只扮演着观看者的角色，他们也可以更进一步地成为真正的参与者。[3]

本文从两个不同层面将这一阐释延伸到了清代初期：第一个层面涉及生活在中国的耶稣会士对《邸报》的使用，第二个层面则是《邸报》的相关情况及其所载内容向欧洲的传播。欧洲资料显示，《邸报》不仅发行至官僚机构内部，清初它便已突

1　关于该话题的讨论可参见 Ann Blair & Devin Fitzgerald, "A Revolution in Information?" in Hamish Scott, ed., *The Oxford Handbook of Early Modern European History, 1350-1750: Volume I : Peoples and Place*(Oxford: Oxford Univ. Press, 2015), pp. 244-265。

2　参见 Jürgen Osterhammel, *Unfabling the East: The Enlightenment's Encounter with Asia*, trans. Robert Savage (Princeton: Princeton Univ. Press, 2018), pp. 203-204, 215, 232。

3　Wang Hung-tai, "Information Media, Social Imagination, and Public Society during the Ming and Qing Dynasties," *Frontiers of History in China*, Vol. 5, No. 2 (2010), pp. 169, 172, 177, 187, 210-211. 还可参见王鸿泰《明清的资讯传播、社会想象与公众社会》，汉布雷顿（Luke Hambleton）译，《明代研究》2009 年第 12 期，第 41~92 页；关于公共空间的发展，王汎森曾表达了类似的观点，参见王汎森《明清以来的舆论社会》，《汉学研究通讯》第 37 卷第 3 期，2018 年，第 5~6 页。

破文人圈层，进入了公众的视野。其中就包括生活在中国的欧洲人，他们中的一些人主动阅读了《邸报》。和其他读者一样，个别耶稣会士通过阅读《邸报》得以接触到他们个人生活领域之外的人和事，进入他们所生活的这个国家的更广阔的公共领域中。对《邸报》的阅读使他们和他们的中国教友能够获悉同样的新闻资讯，从而共同"参与"其中。他们自由地表达着自己对朝廷事务的看法。然而，这种参与并未局限于中国，还扩展到了欧洲。在那里，他们的译文和报告影响了规模更大的群体，包括个别阅读他们信件的读者，以及更广大的能够接触到各种印刷文集的民众。尽管接触的历史仍然有限，但我们可以看到的是，启蒙运动关于中国政治制度和治国之道的重要观点正是建立在与《邸报》直接相关的文本的基础之上的。这些都证实了中国《邸报》及其所承载的思想观念进入全球公共领域的时间远比我们所认为的更早。

（胡涵菡 译）

温故知新：重审十七、十八世纪欧洲人所理解的中国

张隆溪 *

斯宾诺莎（Benedict de Spinoza）的一句名言说道："规定即是否定。"[1] 事物并不由其自身所定义，相反，事物唯有在比较和差异中才变得确定和可以被理解。正是某一事物被他者否定、与他者区分，才使得我们能够确定正在思考的事物究竟为何。换言之，比较的方法在本体论和认知论层面是至关重要的，而且它在我们理解和诠释的过程中，也具有方法论层面的有效性。我曾在别的文章中说过："不像'生存还是毁灭，这是一个问题'，比较或不

---

* 张隆溪，香港城市大学中文及历史学系。

1 Benedict de Spinoza, "Correspondence," in Benedict de Spinoza, *The Chief Works of Benedict de Spinoza*, trans. by R. A. M. Elwes, 2 vols., New York, 1951, 2:370.

比较，这根本不构成一个问题"，"在最根本的层面而言，我们在生存中总是不能不比较，而且我们无时无刻不在进行比较，为的是区分、认知、理解和做决定或判断，并在我们所做决定的基础上行动。我们在认知和身体方面的所有行为都依赖于比较，我们别无选择，必须进行比较"。[1] 一与多、统一与多样、阴与阳，或阴柔与阳刚，这样的基本概念在东方与西方的智慧中均有清晰的表达。诚如老子在《道德经》中所言："天下皆知美之为美，斯恶矣；皆知善之为善，斯不善矣。"万事万物都有别于它们的对立面，同时也产生它们的对立面。老子还指出："有无相生，难易相成，长短相形，高下相盈，音声相和，前后相随。"[2] 就像上述处于二元对立的基本概念与术语一样，"东方"与"西方"也构成一组基本的概念，使我们在比较中定位自身，并获取方向感（a sense of direction）。然而，当我们在全球的视野下谈及作为地理区域和文化系统的东方与西方时，那种方向感会被异常放大，此时的"东方"与"西方"大致表示的是亚洲与欧洲，以及它们不同的历史、文化和传统。只有当旅行和贸易路线（例如古代丝绸之路）将来自世界各地的人们联系在一起时，东方与西方才在这个意义上可能被概念化。同时，东方与西方的比较，也自然而然地显现出它们的差异性和亲缘性。然而，丝绸之路在时间上太过遥远，以至于我们几乎无法将它与可以彰显生动性和可信度的某个特定名字或某个有故事的鲜活的人联系起来。

正因为如此，马可·波罗（Marco Polo，1254-1324）的

1　Zhang Longxi, *From Comparison to World Literature,* Albany，2015.

2　*Laozi daodejing* (Laozi's Classic of the Dao with Annotations).

意义才得以体现。马可·波罗是第一位以游历东方而闻名的欧洲人，他在某种程度上为我们呈现了许多细节的论述，这些记述可以给我们一种鲜活的体验感。无敌的蒙古军队在成吉思汗的带领下，以强大的军事力量征服大片土地，并开辟了从西伯利亚到东欧的横跨欧亚大陆的路线，横穿曾经构成东亚与基督教欧洲屏障的中亚和西亚。在此背景下，威尼斯人马可·波罗得以前往中国游历。经过了艰难的陆路和长时间的海路，马可·波罗随同他的父亲和叔父到达中国。当时的中国正处于成吉思汗的孙子忽必烈所建立的元朝。约翰·拉纳尔指出，马可·波罗的重要贡献在于他扩展了欧洲的地理知识。他认为："在从索里努斯（Solinus）到伊西多尔（Isidore）再到戈苏因（Gossuin）的中世纪地理文化中，找不到和《马可·波罗游记》相似的著作"，[1] "马可·波罗为西方提供大量全新的地理知识，这是前无古人、后无来者的"。[2]这种新知识影响欧洲的一个体现是：欧洲人最初了解广阔外部世界的《加泰罗尼亚地图集》中的许多亚洲地名，明显取自《马可·波罗游记》。

　　然而，马可·波罗并不是有知识修养的那类人，他去中国时，中国正处于忽必烈统治的元朝，因此，他并没有很多机会与人口占大多数的汉族士人交流，也没有多少机会探寻传统的中国文化。这也是长期以来《马可·波罗游记》的真实性被质疑的部分原因。[3]不管怎么说，我认为主要是《马可·波罗游记》

1　John Larner, *Marco Polo and the Discovery of the World*, New Haven, 2001, p. 77.

2　John Larner, *Marco Polo and the Discovery of the World*, p.77.

3　只有为数不多的人对马可·波罗游历的真实性提出过质疑，其中或许吴芳思的论著最为知名。她的著作有一个反问式的标题——《马可·波罗到过中国吗？》（*Did Marco Polo Go to China?*, London, 1995）。

中对皇帝的高度赞扬，而不是其他内容，使得马可·波罗的欧洲同胞们感到不适和质疑。谈及财富、权力和繁荣，马可·波罗将欧洲与亚洲进行比较，并呈现出大多数欧洲人难以想象的中国图景。例如，马可·波罗对忽必烈评论道："即使世界上的所有帝王、全部的基督教和撒拉逊国王合在一起，也无法像大汗忽必烈那样拥有如此大的权力并取得如此非凡的成就。"[1] 这样的评论在当时甚至之后的欧洲读者听来，都会觉得难以置信，但是马可·波罗的叙述无疑给欧洲人留下了深刻的印象，并刺激了他们对富裕东方的想象。许多装帧华丽的《马可·波罗游记》手稿被翻译成多种欧洲语言，并被保存于众多图书馆和博物馆中。诚如拉纳尔的评价：马可·波罗"在当时极负盛名"，"一部著作在作者在世时就有如此众多、影响巨大的译本，这在中世纪是一项前无古人的纪录"。[2]

　　从历史的角度来看，尤其是从带有后殖民主义敏感性的今天反观过去，我们就可以明白马可·波罗作为东西方相遇的先驱者之重要性。同时，我们可以理解马可·波罗旅行与冒险的意义在于，他为我们提供了另一种构想东西方的方式，这一方式与在讨论东方的语境中长期占据主导地位的东方主义（Orientalism）截然不同。相比于东方主义和后殖民主义这些影响巨大的理论模型，在 19 世纪欧洲殖民扩张之前的马可·波罗中世纪旅行见闻，提供了一种不同的东西方相遇的模式。正如我在别处说过的那样，这种模式的基础不是"征服或占有"的欲望，而是"认识与理解"。这一模式对于今天的世界是有价

1　Marco Polo, *The Travels of Marco Polo*, trans. by Ronald Latham, London, 1968, p.78.

2　Larner, *Marco Polo and the Discovery of the World*, p.97.

值的。[1]

在 15 至 16 世纪文艺复兴时期，《马可·波罗游记》变得日益流行，并且与但丁的《神曲》和托马斯·阿奎那的《神学大全》一道，广泛地被人文主义者阅读。该书的名气也超出了学术圈，当哥伦布远航试图到达亚洲时，他便带了《马可·波罗游记》的复印本，拉纳尔认为该书发挥了"有用的参考书"的作用。[2] 现代史家将中国视为令人向往的目标，不仅是因为哥伦布，还因为当时其他有抱负的冒险家与开拓者。卜正民（Timothy Brook）指出，正是因为马可·波罗的著作，"中国已是大众心中极尽幻想之地。欧洲人认为那是个无比富强的国度"，对前往中国之路的探寻，也"大大影响了 17 世纪的历史进程——不仅影响了中国与欧洲，也影响了欧洲与中国之间的大部分地方"。[3]

中国的陶瓷、丝绸、茶叶、墙纸和其他物质商品刺激了 17 至 18 世纪的欧洲艺术家去创造具有原创性和装饰性的中国风与洛可可风格的作品，同时中国的青花瓷和其他有关东方的主题也经常出现在荷兰静物画和维尔米尔（Vermeer）以室内装饰为背景的绘画中。华多（Antoine Watteau）和布歇（François Boucher）等伟大的法国画家也经常绘制想象中的中国人物，并推动了中国风的流行。我在讨论西方人观念中的中国形象时曾指出："出现在布歇油画、素描和壁毯设计中的场景是他对中国

1　Zhang Longxi, "Marco Polo, Chinese Cultural Identity, and an Alternative Model of East-West Encounter," Suzanne Conklin Akbari, Amilcare A. Lannucci, eds., *Marco Polo and the Encounter of East and West*, Toronto，2008,p. 295.

2　Larner, *Marco Polo and the Discovery of the World*, p.140.

3　Timothy Brook, *Vermeer's Hat: The Seventeenth Century and the Dawn of the Global World*, London, 2008, p.19.

人生活的想象"，"布歇艺术的特点就在于，用快乐与文雅的基调描绘出愉悦、平静、和谐同时略显奇怪的场景，勾勒出一片充满明亮色调和奇幻细节的乐土"。[1] 17 至 18 世纪欧洲人眼中的中国形象，迥异于近 200 年来欧洲人对中国的认知。

17 世纪是奇幻和虚构的中国形象开始出现在诗歌和普通大众想象中的一个时期。那个时期最博学的英国诗人弥尔顿（John Milton）曾写道：

> 途中，它降落在赛利卡南（Sericana），那是
> 一片荒原，那里的中国人推着
> 轻便的竹车，靠帆和风力前行。[2]

这样有帆的中国车辆还可以在一些欧洲的古世界地图中找到，中国也开始与 17 至 18 世纪的美感转变发生联系。由风驱动带有帆的"轻便竹车"十分契合中国事物轻便、精致、灵巧和易碎的特质。例如，在蒲柏（Alexander Pope）的模拟英雄诗《卷发劫》（*The Rape of the Lock*）中，"易碎的中国瓶子"的破裂标志着不祥的征兆，预示着喜剧与夸张情节的推动。[3] 在柯尔律治（Samuel Taylor Coleridge）的一首优美诗歌中，诗人梦到忽必烈和他"富丽堂皇的逍遥宫"，这一事例有力地证明了马可·波罗有关蒙古帝王的描述依旧可以唤起 19 世纪浪漫主义诗

1　Zhang Longxi, "The Myth of the Other," Zhang Longxi, *Mighty Opposites: From Dichotomies to Differences in the Comparative Study of China*, Stanford, 1998, p.32.

2　John Milton, "Paradise Lost, Ⅲ, 437–39," Scott Elledge, ed., John Milton, *Paradise Lost: An Authoritative Text, Backgrounds and Sources, Criticism*, 2nd ed., New York, 1993, p.76.

3　Alexander Pope, "The Rape of the Lock," Alexander Pope, Selected Poetry and Prose, eds., *William K. Wimsatt*, 2nd ed., New York, 1972, p.110.

人的想象。[1] 卡尔维诺（Italo Calvino）的小说《看不见的城市》（*Invisible Cities*），首次出版于 1972 年的意大利，此后被翻译成了多种语言。在这部小说中，作者描绘和记叙了马可·波罗在旅途中与忽必烈交谈的场景，以及他所拜访的诸多城市。这部小说提供了一个如何把 20 世纪和马可·波罗的旅行联系在一起的绝佳例证，帮助人们思考在 20 世纪这个全球人和城市联系在一起的时期，人们是如何想象世界的。

　　然而，在塑造 17 至 18 世纪欧洲人对中国或亚洲想象方面扮演重要角色的不是马可·波罗，而是耶稣会教士。如果说 13 世纪的马可·波罗代表了东西方相遇的早期阶段，那一阶段的特征主要体现于贸易和欧洲地理知识的扩展方面，那么对于重要的文化相遇和互动，我们不得不再等几百年，直到 16 世纪末和 17 世纪初的耶稣会传教士诸如范礼安（Alessandro Valignano，1539–1606）、罗明坚（Michele Ruggieri，1543–1607）和利玛窦（Matteo Ricci，1552–1610）等到达东方后，欧洲与中国和整个东亚才进行了第一次实质性的知识和文化接触。正是这波东西方之间的文化与宗教相遇，才使得跨文化的比较成为热点。当利玛窦在万历皇帝（在位时间 1572~1620）的特许下于 1601 年到达北京时，他观察到的中国社会与文化是完全不同于欧洲的。他发现中国十分富裕，社会秩序井井有条，且拥有可以追溯到耶稣诞生之前的悠久历史。当时的中国给利玛窦和其他耶稣会传教士留下了深刻的印象。利玛窦采取了耶稣会入乡随俗的适应策略，他学习汉语，并用中文写作有关基督教义的

1　Samuel Taylor Coleridge, "Kubla Khan: Or, a Vision in a Dream, a Fragment," Samuel Taylor Coleridge, *The Complete Poems*, William Keach, ed., London,1997, p.250.

论著，在 1604 年出版了《天主实义》。耶稣会士认为，中国人已经发展出了深邃的文明，因此他们希望找到中国传统与基督教传统之间的相似之处，从而实现让中国人皈依基督教的最终目的。

传教士们必然都是比较研究者。利玛窦在将中欧文化进行比较后指出，在中国文化和习俗中有"基督教的痕迹"，包括"中国人中有十字架的证据"。[1] 同时，利玛窦也充分利用自己阅读过的中文典籍，用其中诸如"天"、"主"和"上帝"等观念术语作为合适的词汇，来对译天主和其他的一些基督教概念。当用"天主"来翻译 God 一词时，利玛窦在日记中写道，除了"天主"一词，传教士们"很难再找到更合适的表述了"。[2] 对利玛窦来说，虽然中国与欧洲文明在语言、文化和历史方面存在差异，但是二者是有可比性和兼容性的。他通过运用古代汉语中的概念与术语以及用汉语写作这些合适的方式，来讨论基督教教义。正如利玛窦所说，他的著作《天主实义》"所包含的全是从理性的自然之光而引出的观点，倒不是根据圣书的权威"，同时"这本书里还包含摘自古代中国作家的一些合适的引语，这些段落并非仅仅作为装饰，而是用以促使对其他中文书籍有兴趣的读者更易接受这部作品"。[3] 当许多启蒙思想家试图通过树立理性来组织社会生活并摆脱教会的阴影时，利玛窦和其他耶稣会士描述的中国"理性的自然之光"，在 17 至 18 世纪的欧洲思想界产生了强烈的共鸣。利玛窦对通过比较来

---

1 Matteo Ricci, *China in the Sixteenth Century: The Journal of Matthew Ricci: 1583−1610*, trans. by Louis J. Gallagher, New York, 1953, pp.110, 111.

2 Ricci, *China in the Sixteenth Century*, p.154.

3 Ricci, *China in the Sixteenth Century*, p.448.

理解异质文化与传统的方式充满自信，因此，利玛窦是东西方跨文化理解的另一位先驱，他对亚洲与欧洲的跨文化关系贡献卓著。

利玛窦与其他耶稣会士在中国的传教任务取得了巨大的成功，因为他们让许多高官和贵族家庭的成员皈依了基督教。一个典型的例子便是徐光启（1562~1633）。徐光启是一位当时受洗礼的重要官员，他与利玛窦合作翻译了欧几里得《几何原本》的前六卷。另外两位特出人物是李之藻（1565~1630）和杨廷筠（1557~1627），他们与徐光启一起被视为中国天主教的三大柱石。他们将各自的家乡上海与杭州打造成为晚明传教活动的中心。当时中国已经到了明代末期，不久在17世纪末发生了动荡的明清易代，但是清朝的皇帝顺治（在位时间1643~1661）和康熙（在位时间1662~1722）继续对耶稣会传教士保持友好的态度，并对他们传入中国的欧洲知识也很感兴趣。由于康熙帝对数学特别是几何学的兴趣以及他与当时一些耶稣会教士的友好关系，一些耶稣会传教士和他们在欧洲的通信者们便幻想将中国转变为基督教国家，并认为康熙帝很有可能成为另一个君士坦丁大帝。

莱布尼茨（Gottfried Wilhelm Leibniz，1646-1716）对康熙帝的描述饱含深情，他说："对这样一位帝国的君主，谁会不感到惊叹呢？"他同时指出："然而，他接受的教育源自习俗中的美德和智慧。他尊重法律和智者的建议，以此来统治他的臣民。拥有如此卓越的地位，他似乎确实适合做出决断。"[1] 莱布

1　Gottfried Wilhelm Leibniz, "Preface to the Novissima Sinica (1697 /1699)," Gottfried Wilhelm Leibniz, *Writings on China*, trans. by Daniel J. Cook, Henry Rosemond, Jr., Chicago, 1994, p.48.

尼茨的追随者沃尔夫（Christian Wolff, 1679-1754）则表现得更加热情，他认为康熙帝和一般的中国统治者都是实现了柏拉图"哲人王"理想的典范君主。沃尔夫认为，为了用自然的理性之光来实现统治，君主必须具备哲人的头脑，"这就是中国人的情况，在中国，国王是哲学家，而哲学家也正是国王"。[1] 这一观点源自更早的欧洲旅行者和传教士们很有影响的著作，包括胡安·门多萨（Juan González de Mendoza, 1545-1618）、路易·勒·孔德（Louis Daniel Le Comte, 1655-1728）和杜赫德（Jean-Baptiste Du Halde, 1674-1743）等人。对 17 和 18 世纪的欧洲学者而言，这些作品促使他们将中国描绘成一种理想的政体。亚瑟·洛夫乔伊（Arthur O. Lovejoy）在一篇旁征博引的重要论文中指出："中国是柏拉图以哲人王治国的理想的实现。"他援引克希尔（Athanasius Kircher）的《中华图志》（China Illustrate, 1670），在这本书中，克希尔将中国帝王描述为"能进行哲学思辨，或至少容忍由一位哲学家来治理国家的君主"。[2] 欧洲学者将中国统治者视作"哲人王"这一积极正面形象的一个重要原因，是耶稣会士对传统中国科举制的报告显示，中国帝王根据科举考试的成绩，从士人中选拔统治精英。不考虑家庭背景、财富或社会地位，发端于 7 世纪隋朝并在 9 世纪唐朝制度化的科举制，确实为士人提供了改变自己命运并通过所学的知识在官僚系统中发挥作用的机会。因此，中国的

1　Christian Wolff, "On the Philosopher King and the Ruling Philosopher (1730)," Julia Ching, Willard G. Oxtoby, eds. and trans., *Moral Enlightenment: Leibniz and Wolff on China*, Nettetal, 1992, p.193.

2　Arthur O. Lovejoy, "The Chinese Origin of a Romanticism," Arthur O. Lovejoy, *Essays in the History of Ideas*, Baltimore, 1948, p.104; quoting from a French translation of Kircher's work.

科举制唤起了两个对欧洲现代性至关重要的概念：精英政治（meritocracy）与社会流动性（social mobility）。

　　莱布尼茨将欧洲与中国进行比较，发现两者是互补的。在致耶稣会中国传教区会长格利玛蒂（Claude Philip Grimaldi）神父的信中，他提议："在遥远的民族之间应该有一次新的知识交流产生。"当耶稣会士将"欧洲知识纲要"带到中国时，他认为"我们也应该知道中国人有关世界的一些秘密知识——这些知识保存和发扬于繁荣了多个世纪的中华民族的传统之中。"因此，莱布尼茨呼吁一种互相的启蒙："交流我们各自的才能，共同点燃我们智慧之灯！"[1] 在《中国近事》（*Novissima Sinica*，1697/1699）一书的序言中，他重申了这个观点："当然，现状是，我们正陷入愈加严重的堕落之中，我们似乎需要从中国来的传教士，教会我们如何运用与实践那些自然宗教，如同我们派我们的传教士，教给他们启示的神学一样。"[2] 如卜正民所言，17 世纪的欧洲是充满敬意与向往地看待中国的，这一点清晰地体现于欧洲人生活的诸多方面。洛夫乔伊指出："因此，在 17 世纪初，中国人在欧洲人眼里首先的印象，就是实用艺术领域的大师，并且这一印象在欧洲持续了将近两百年。"[3] 不久，中国人又因其道德的完善性而受到赞扬。洛夫乔伊继续写道："到这个世纪末，中国人——仅仅通过自然的启示——在治国之术和伦理方面超过了基督教欧洲的说法，已被广泛接受。"[4] 我们

1　Gottfried Wilhelm Leibniz, "Letter to Father Grimaldi (1692)," Julia Ching, Willard G. Oxtoby, eds. and trans., *Moral Enlightenment: Leibniz and Wolff on China*, p.64.

2　Leibniz, "Preface to the Novissima Sinica (1697/1699)," *Writings on China*, p.51.

3　Lovejoy, *The Chinese Origin of a Romanticism*, pp.103-04.

4　Lovejoy, *The Chinese Origin of a Romanticism*, p.105.

看到，这是 17 和 18 世纪欧洲人对中国的主要看法。

然而，洛夫乔伊的主要目的是考察中国对 17 世纪后半叶和 18 世纪欧洲人在美感和艺术实践方面的影响。在那个年代，初期的浪漫主义伴随着几件事件开始萌芽，其中包括"对中国园林艺术的赞赏，具体言之，对中国的建筑风格或者其他艺术成就的赞赏"。[1] 他评价威廉·坦普尔爵士（Sir William Temple）是英国"最早和最热情的中国爱好者"。坦普尔认为，中国的政治学理论及实践都优于"欧洲人的智慧所能想象的所有形式，如色诺芬的政制、柏拉图的理想国、我们当代作家的乌托邦和大洋国"。[2] 坦普尔在《伊壁鸠鲁的花园》（*Upon the Gardens of Epicurus*，1685）一书中，赞美中国人观念中的美是自然之美，没有人为的秩序与约束，他也许没有意识到，按洛夫乔伊的话说，他其实是在"确立未来英国园林艺术的原则"。[3] 经过18 世纪的英国作家和诗人威廉·麦生（William Mason）、约瑟夫·艾迪生（Joseph Addison）和蒲柏等人之手，这种自然美的概念，尤其是"入画"的概念，组成了"浪漫主义的序曲"。[4] 坦普尔所用的这个据说是来自中文的奇怪词语"Sharawadgi"，应该可以被理解为一种传达对美的中国式理解的术语，是一种"自然的野性"。贺拉斯·瓦尔珀（Horace Walpole）在1750 年致友人的信中写道，他"几乎喜欢上了'洒落瑰奇'（Sharawadgi），或曰中国人那种不完全对称，在建筑和园林中

1　Lovejoy, *The Chinese Origin of a Romanticism*, p.10.

2　Lovejoy, *The Chinese Origin of a Romanticism*, p.110，引自 William Temple, "Upon Heroick Virtue"（1683）。

3　Lovejoy, *The Chinese Origin of a Romanticism*, p.111.

4　Lovejoy, *The Chinese Origin of a Romanticism*, p.114.

都是如此"。[1] 洛夫乔伊援引了很多其他作家，包括 "18 世纪下半叶中国园林的主要激赏者和宣传家"[2] 威廉·钱伯斯爵士（Sir William Chambers）。凡此我们可以看到一种品味的变化，一种对新古典主义审美标准的反叛，因此谱写了 18 世纪末和 19 世纪的浪漫主义序曲。洛夫乔伊认为："当规律性、简朴、齐整和丰富的逻辑能力这诸种观念首次受到公开诘难时，当真正的'美'总与'几何学'相符这种假说不再是'普遍赞同的自然法则'时，现代趣味的历史就迎来了它的转折点"，"总之，在英国，在整个 18 世纪的大部分时间里，最初因为中国艺术的影响和示范对这一假说的拒斥，至此似乎得到了普遍的承认"。[3] 尽管对中国园艺的理想化终止于 18 世纪下半叶的英国，作为思想史上的一个重要插曲，洛夫乔伊强调，浪漫主义的这种"中国起源"，在我们所处的这个时代，或许仍然是值得认可和欣赏的。

在法国，伏尔泰（Voltaire）对孔子和中国文化的倾慕之情众人皆知。他不仅基于中国 13 世纪的戏剧创作了《中国孤儿》（1753），也写了非常著名的《风俗论》，在该书中伏尔泰称赞中国是 "世界上最有理智的国家"。[4] 伏尔泰认为中国人虽然在机械或物理学方面不及欧洲人先进，但是 "中国人完善了道德伦理，而道德伦理是首要的科学"。[5] 伏尔泰非常钦佩孔子

1　引自 Lovejoy, *The Chinese Origin of a Romanticism*, p.120。

2　Lovejoy, *The Chinese Origin of a Romanticism*, p.122.

3　Lovejoy, *The Chinese Origin of a Romanticism*, p.135.

4　François Marie Arouet de Voltaire, *Essai sur les moeurs et l'esprit des nations et sur les principaux faits de l'histoire depuis Charlemagne jusqu'à Louis XIII*, René Pomeau, ed., vol. 1, Paris, 1963, p.224.

5　Voltaire, *Essai sur les moeurs*, p.68.

对"善"十分清晰的教诲，孔子的言论是"纯粹的格言体，其中找不到任何粗鄙的词汇和可笑的讽寓"。[1] 对于伏尔泰和百科全书派学者而言，中国不仅是马可·波罗所描绘的那种财富的象征，同时也是建立在理性思维上的政治国家的典范。阿道夫·莱希维因（Adolf Reichwein）有关中欧知识与艺术相遇的开创性研究指出："伴随着伏尔泰 1760 年的《风俗论》，欧洲对中国的仰慕之情达到了顶点。"[2] 他甚至认为孔子是"18 世纪启蒙运动的守护神，唯有通过孔子，才能找到启蒙运动与中国的联系"。[3]

　　也正因为如此，中国和孔子在启蒙运动的道德哲学与政治哲学中拥有极其积极正面的形象与影响。在物质生活方面，欧洲早已因从中国进口丝绸、瓷器、墙纸、漆器和其他商品而闻名。这些商品影响了欧洲人的品味，并开创了中国风的时尚。诚如休·昂纳（Hugh Honour）所说："这些现象可以被理解为表现出欧洲人想象之中的中国。"[4] 莱希维因也评论道："在易碎的瓷器那种淡淡的色晕中，在轻柔的丝绸飘逸的色彩中，好像升华出一种意象，在 18 世纪优雅的欧洲社会，使欧洲人看到了幸福生活的愿景，就像他们自己的乐观主义已经梦想过的那样。"[5]

　　伏尔泰和其他启蒙哲学家对中国与孔子正面形象的塑造，部分源于耶稣会士从中国寄来的报告，也部分基于他们对自身

1　Voltaire, *Essai sur les moeurs*, p.70.

2　Adolf Reichwein, *China and Europe: Intellectual and Artistic Contacts in the Eighteenth Century*, trans. by J. C. Powell, New York, 1925, p.79.

3　Reichwein, *China and Europe*, p.77.

4　Hugh Honour, *Chinoiserie: The Vision of Cathay*, New York, 1961, pp.7–8.

5　Reichwein, *China and Europe*, pp.25–26.

所处社会的想象。中国没有在社会生活中占有统治地位的教会，并拥有不考虑家庭背景和社会阶层、从饱学之士中选拔官员与统治精英的科举制度，这样的中国，似乎是兼具世俗与理性生活，以及基于学习与知识具有社会流动性的典范国家。这样的生活正是当时身处教会和严格的贵族等级制阶层统治下的欧洲启蒙哲学家们所向往的。因此，作为一种方法论，许多 17 和 18 世纪作家的作品中涉及与中国比较的内容，似乎更多地用于对欧洲生活进行社会批判，而不是用于理解不同且遥远的文化和社会。这就像蒙田（Michel de Montaigne）用巴西的食人族来批判看似文明实则腐败的欧洲人；孟德斯鸠（Montesquieu）用两个波斯贵族当作代言人来评论法国社会；以及哥德史密斯（Oliver Goldsmith）在《世界公民》（*The Citizens of the World*）一书中，以一位作为局外人的假想中国哲学家来揶揄英国人。

　　将中国当作工具用于自我批判，最有趣的例证是约翰·韦布（John Webb）于 1669 年出版的一本奇书，题为《论中华帝国之语言可能即为原初语言之历史论文》。正如翁贝托·艾柯（Umberto Eco）所说，许多欧洲神学家、哲学家、作家和学者都沉迷于"关于语言混乱的故事，以及试图通过重新发现或发明一种全人类通用的语言来拯救人类堕落的故事"。[1] 寻找完美语言的背景是《圣经》中关于巴别塔（Babel）语言混乱的故事。所有的欧洲语言都被排除在候选名单之外，因为它们都被上帝诅咒，无法相互理解。而寻找完美语言则源于这样的想法：如果人类可以重新发现由上帝创造并由亚当在伊甸园堕落之前

1　Umberto Eco, *The Search for the Perfect Language*, trans. by James Fentress, Oxford, 1994, p.1.

使用的原初语言，那么人类就可以找到重返纯真与天堂的途径。17世纪耶稣会传教士有关中国历史可以追溯至《圣经》历史之前的报告，使得欧洲人认为可能在希伯来、古埃及和古希腊之外的文明中，去寻找亚当使用的语言。韦布于1668年5月29日向查理二世（Charles Ⅱ）呈上书信，他提出自己的论文是为了"促进发现那自古以来掩埋在原初语言里的学识的金矿"。[1] 韦布的三段论建立在完全相信《圣经》权威和"信史"的基础上。当他的同时代人看到下述观点时，韦布简单有力的逻辑论证，一定会使他们印象深刻：

> 《圣经》教导说，在巴别塔阴谋之前，全世界都使用一种语言。历史告诉我们，在那场阴谋之前，世界上还只有一种语言的时候，中国就已经人口众多了。《圣经》亦教导说，语言混乱的审判只会降临在巴别塔地区。历史表明，在此之前就已经定居下来的中国人并不在那里。而且，无论查阅希伯来或希腊文年表都可以证明，现在的中国人仍旧在使用这些形成远早于那场混乱的语言和汉字。[2]

韦布并不懂中文，但是通过耶稣会传教士的报告和其他当时可以获取的材料，以及凭借《圣经》的权威，他能够论证"中国是由诺亚（Noah）或塞姆（Sem）的一些儿子在迁移至希纳尔（Shinaar）之前建立的"，而且"很有可能中国的语言就

1　John Webb, *An Historical Essay Endeavoringa Probability That the Language of the Empire of China is the Primitive Language*, London, 1669, pp.ii, iii.

2　Webb, *An Historical Essay*, pp.iii–iv.

是原初语言，汉语在大洪水之前的世界中非常普及"。[1] 韦布和沃尔夫及当时的其他作家一样，宣称中国人"来自上帝之城"，同时"他们的国王便是哲人，他们的哲人也恰好便是国王"。[2] 在现代，所有这些说法听起来可能很奇怪和荒谬，只不过是一个不知情的喜欢中国的人的幻想。但是，正如瑞琪尔·兰塞（Rachel Ramsey）指出的那样，韦布本是一位贵族和建筑师，因为未能得到梦寐以求的测量师职位而深感失望。他认为这一职位是自己在复辟之后应得的。因此，如果将韦布的言论置于斯图亚特王朝复辟的政治现实和他个人际遇的背景中来看，他的奇怪论点便可以理解，那是他对英国社会和他那个时代任免制度的变相批评，以及他个人恩怨的表达。不仅如此，作为 17 世纪思想史中的有趣插曲，兰塞认为韦布的论文"展示了当政治保守派对君主复辟的希望破灭时，他们如何将中国用作一种温和批判的有效手段"，"也许更重要的是，像《历史论文》这样看似另类的论文表明，中国对 17 世纪欧洲历史、政府和任免权的影响，远比大多数汉学家所认识到的复杂和微妙"。[3] 事实上，当今西方对中国负面的看法，其实是受到晚近欧洲殖民主义和帝国主义时代历史的形塑与影响的。因此，我们需要通过历史考古学来重新发现在 17 和 18 世纪欧洲人头脑中所构想的中国和东方形象。

当然，和任何复杂的现象一样，不同民族或文化之间的交流、东西方之间的相遇都是多面的。欧洲历史上没有哪个时期

1　Webb, *An Historical Essay*, pp.31–32, 44.

2　Webb, *An Historical Essay*, pp.32, 93.

3　Rachel Ramsey, "China and the Ideal of Order," *Journal of the History of Ideas* 62 (3/2001), pp.483–503, see p.503.

对中国形象的认知是单一或统一的。17 世纪和 18 世纪，在莱布尼茨和伏尔泰对中国和儒家思想表达出积极热情的态度时，也有另外一批哲学家，包括卢梭（Jean-Jacques Rousseau）、孟德斯鸠、弗朗索瓦·费讷隆（François Fénelon）等，他们仍然对中国的政治制度及文化影响持批评和怀疑的态度。18 世纪，像笛福（Daniel Defoe）这样的英国作家已经开始从军事帝国主义者的角度来抨击中国人。但是，总的来说，我们仍可以得出这样的结论：17 和 18 世纪的中国为欧洲在很大程度上带来了积极的影响。它提供了一种契合启蒙哲学家们所要找寻的、伦理和政治方面的思想模型——一个建立在理性而不是宗教信仰基础上的社会，以及拥有并非通过贵族血统的权力继承，而是学者能够凭借知识与学习入仕参政的社会流动性。与欧洲相比，正是由于这些差异，中国更具吸引力。当那些无论是真实还是在理想化之中被扭曲的不同的中国形象，与启蒙运动中有关社会和政治的构想相契合时，它们便产生非常积极的效果。

作为一个在过去 200 年内处于漫长的沉睡与麻木之中的古老文明，中国在当今世界正在重新崛起。尤其是在改革开放后的 40 多年中，中国已经完全改变了自己。中国经济高速增长，人们的生活质量也日益提高，这些举世瞩目的成就震惊了所有人，包括中国人自己。我们回溯东西方早期的相遇，远不止是为了满足对历史的兴趣，或者是满足于探讨欧洲在帝国主义时代与殖民主义时代之前对中国不同于近代柔弱、愚昧或暮气沉沉形象的认知。历史不就是一面用于审视当下的明镜吗？以平等的态度和同理心，用开放包容的世界主义去审视这段不同于今天的时期，难道不是我们理解当今世界的一种有效方式吗？

在未来，我们世界的发展将在很大程度上取决于这种跨文化的理解交流以及东西方之间更加紧密友善的关系。因此，比较，尤其是东西方比较研究，与我们当下或者未来的世界在社会和政治方面都密切相关。

（谢晓东 译，张隆溪 校）

思想史中的中国与东亚

东亚文明论述的使用方法

白永瑞[*]

一 文明论述的再发现

突如其来的新冠肺炎疫情促使我们重新思考何谓文明。在应对疫情的过程中,"近视眼式"的东西区分法(myopic east-west thinking)的影响力在日渐衰弱。[1]而与应对过程中显现出的有关文明(或文化)的争论相比,更为根本性的影响则是经历了新冠肺炎疫情后的人们对气候与生态危机变得更加敏感,(继一百年前)文明大转型再次来临的感受

* 白永瑞,韩国延世大学历史学系名誉教授。

1 Andrew Liu, "'Chinese Virus', World Market," n+1,(20 March, 2020). https: //nplusonemag.com/online-only/online-only/chinese-virus-world-market(2020 年 8 月 1 日检索)。

比任何时候都更为真切。

　　然而，韩国与中国此前就已经开始进行有关文明的新讨论，尝试重新解读过去文明的价值。本文将探讨两国的三种文明论述。既然是有关文明的论述，所涉及内容的范围自然比较广，但本文将着重分析个人修养与社会改革的关系。

　　对于这两者的关系，在 18 世纪欧洲的思想流派中，保守派认为人类社会的根本变化是不可能的，或者只有在实现个人的自我成就之后才有可能带来社会的变化，而进步派则认为保守派的观点只不过是拥护不公正旧体制的意识形态罢了，进而主张可以通过社会改革来实现个人的变化。这两种观点至今仍影响着我们。然而历经百年变革的东亚则形成了个人修养与社会改革并进的文明论述，而且或多或少产生了影响力。

二　"新时期"中国的"文明型国家"论

　　笔者首先要探讨的文明论述是张维为提出的"文明型国家"。[1]

　　有很长一段时间，我们在说明中国国民国家的形成时，给出的主要根据是现代主义的历史认识，即"从文明（或天下）到国民国家"的转型是历史发展的阶段。然而，近年来，由中国向外扩散的视角成为一种后现代的观点，认为中国"既是帝国又是国民国家"。因为中国是唯一成功转型

1　张维为：《文明型国家》，香港：开明书店，2018。以下内容仅在直接引用原文时才标注页数。

国民国家的"文明国家"，所以这类主张听起来有一定的说服力。

其中之一就是"文明型国家"（civilizational state）的概念。所谓"文明型国家"，指的是民族国家（nation-state）与文明国家（civilization-state）的融合体，"一个把'民族国家'与'文明国家'的长处结合起来的国家"（第9页）。过去欧洲学者提出的"文明国家"是指民族国家形成之前的"文明形态的国家"，其中的文明与国家常常是一个矛盾体（第4、9页）。相比之下，唯有延绵五千年的古老文明与超大型现代国家相结合的中国才能发展出"文明型国家"的独特概念，"它解构了西方话语关于中国的主流叙述，它有利于增进国人的道路自信和文化自信"（第Ⅸ页）。

"文明型国家"的特征不难猜测，包括超大型的人口规模、超广阔的疆域国土、超悠久的历史传统以及超深厚的文化积淀。这些内容与甘阳、马丁·扎克（Martin Jacques）等人所主张的"文明国家论"没有什么区别，[1] 不过张维为对制度上的表现给出了更具系统性的说明：在政党制度方面是"国家型政党"或"整体利益政党"；在组织制度方面是"选贤任能"（meritocracy）；在经济制度方面是"混合经济"。因篇幅限制，本文不再深入分析，在此只想强调他提出这个概念的重要目的，就是强调中国模式的高度竞争力。

那么中国模式的核心特征是什么？就是组织化（"组织起来"）。一个国家的组织化包括组织能力、综合能力、规

---

[1]　白永瑞：《中华帝国论在东亚的意义：探索批判性的中国研究》，《开放时代》2014年第1期，第86~88页。

划能力，而"从过去三十多年的情况来看，中国模式在整合国内外不同利益方面，明显比西方模式更胜一筹"（第155页）。

这种中国模式论以"天命观"为媒介，与文明论述密切相关。"天命"可以说是一种中国式契约论。它既是民心向背，也是对皇帝的警训，与民本思想相联系，并延伸到选贤任能的科举制度。一言以蔽之，中国模式的核心竞争力就是结合"选贤任能"与"民心向背"的治国理念。

张维为主张拥护中国"实质民主"而非西方"程序民主"的依据就是"实质民主"关注"如何最大限度地反映和满足人民的愿望和要求，真正实现'良政善治'"（第109页）。从思想继承来看，它"继承了中华文明中从长计议的政治智慧和传统"（第111页）。

张维为主张中国模式应通过兼顾法治与德治来取长补短。"德治"呼唤人们从内心出发，规范自己的外部行为，从这点来看，"德治"是社会治理的最高境界，因此从社会治理层面来看，"德治"是"上策"，"法治"是"下策"，两者需要有机地结合起来。"上下策结合"的社会才是"一种治理成本更低、社会更公道、社会生活更自然也更人性化的社会"（第159页）。

这样梳理下来，就会发现"文明型国家"论述很明显是以国家为主的发展战略，而个人的作用则偏重于功能方面。这是因为为实现个人价值而选择的是分轻重缓急的发展战略，先从整体出发，然后再扩散到个人。张维为"'组织起来'不是说不要个人的积极性，恰恰相反，通过'组织起来'，即首先确立秩序，个人生活才可能出彩"（155页）的描述就充分体现了这一特点。

那么一百年变革期中，中国就没有出现过有关个人与革命这两者间张力的细致论述吗？在此我们有必要关注另一个文明论述，即革命修养论谱系的三阶段。

三　中国革命修养论的谱系

1. 20 世纪 20 年代中国青年学生的革命人生观

"五四运动"退潮期，北京大学马克思学说研究会围绕是否参与工人运动展开的辩论，就很好地体现出当时革命人生观抬头的情况。[1]一个学生献身工人革命运动就要放弃学业成为"职业革命家"，而这既是革命实践问题，也是建立"革命人生观"的问题。中国共产党在研究会里对此反复进行讨论，希望学生接受马克思主义理论提出的革命性展望。然而这个问题不是只针对这个研究会的成员，而是所有社会主义青年团员都需要面对的课题。新文化运动时期小团体（组织）中的个人修养强调的（在无政府主义影响下）如何培养和提高个人的人格与能力，此时已转变为动员个人献身国家和革命的革命性修养。[2]

在后来被称为"主义的时代"或"组织的时代"所诞生的这些"职业革命家"与（笔者强调的）一般学生的"社会变革性认同"相遇时，革命运动得以向具有活动力的主体扩展。这

1　这部分内容参考了《罗章龙谈中国劳动组合书记部北方分部》，中国革命博物馆编《北方地区工人运动资料选编（1921~1923）》，北京出版社，1981，第 6~8 页。

2　森川裕贯：《从日本的现状和中国近现代的修身问题来看〈道路〉一书的定位》（未刊稿）。

就为"五四运动"转变、发展为国民革命提供了契机。[1]

那些选择参与国民革命且走上职业革命家这条"值得一走的人生道路"（革命人生观）的青年的一个共同点是，他们不再留恋学生的身份，而是努力让自己融入劳动人民。下面的报告内容就很好地体现出了这一点。

> 我们多数的同志，平日享惯了学生生活，一旦去同劳动者过寒苦生活，苦是的确苦；但是学到的经验很多，肉体纵劳苦，精神却很愉快！平时在书本上求的学问，时时感枯燥与乏味；参加运动，就是书本上的学问与事实相映证。还有平日心上想的，口上说的劳动状况如何如何，都不实在，若要真切知道，除了参加这样的运动是不有其他方法。[2]

2. 新中国成立初期中国共产党的革命修养论与群众路线

1949 年中国共产党成功接管城市的秘诀就是拥有许多能够管理基层的资源，而这些资源是治理庞大国家所必不可少的。尤其在实现公共目标方面，"能够动员大众的意识形态与政治文化，低成本却极具奉献精神的干部们"显得尤为重要。[3]

1　白永瑞：《中国现代大学文化研究：认同危机与社会变革》，首尔：一潮阁，1994，参考第 2 部。

2　《团上海地委农工部给团中央农工部的报告》，《档案与历史》1986 年第 4 期，第 9 页。

3　尹炯振：《从历史角度看中国的城市基层组织：以居委会为中心》，《历史批评》2016 年冬季号，第 352 页。

但新中国成立初期，中共内部也曾对干部个人与革命之间的伦理问题提出过质疑。在获得军事上的胜利后，中国共产党在进入北京接管"战利品"的过程中，面临许多问题，因此胜利者应该如何通过改造社会来改造自己成为重要的议题。有人曾提出通过干部的主体性改造与工作态度的调整，就可以获得组织机制的支持，并由此再矫正干部的主体意识，简言之，就是领导人如何能与群众融为一体的问题。其实这正反映出即使遵守了"为人民服务"的原则，在城市变革的过程中，仍然会遇到现实的问题，因此有必要探讨个人与革命之间的伦理问题。常见的方式是在"严格组织生活、全体党员大会、调查、民主"等组织机制方面加以调整、矫正以及引导。通过反复的尝试，新中国成立初期的革命氛围在一定程度上得以维持。[1]

其实早在延安时期，刘少奇的《论共产党员的修养》（1939）就已看出这一问题的重要性。[2]众所周知，从中国共产主义运动早期开始，严格的道德标准就是知识分子入党的重要条件。然而刘少奇却呼吁知识分子要批判性地吸收日常生活中所熟悉的传统文明（尤其是儒学）的修养论，提高党员个人的道德反思意识，以人民的利益作为标准来加强个人的党性修养。当时党内的主流认识认为个人改造（乃至修养）

1　何浩：《接管天下：北京市城市接管的历史实践及其思想意涵》，《人间思想》第3辑，台北：人间出版社，2015，第9、11、12页。

2　该文有四个版本，分别是1939年版、1949年版、1962年版以及1980年版。关于不同版本，请参考任晓伟《〈论共产党员的修养〉：历史生成、版本演变和现实意义》，《学习月刊》2017年第2期。本文以下内容参考吴增礼、李亚芹《儒家思想与刘少奇马克思主义中国化的文化进路：以〈论共产党员的修养〉为讨论中心》，《湖南大学学报》（社会科学版）2019年第3期。

隶属于社会改造，而刘少奇则强调个人改造，并将社会改造与个人改造的并进作为党员修养的理论根据，这是他的独创之处。

在这里，我们将关注的焦点转移至与革命修养论密不可分的群众情感动员问题和群众路线上，这也与群众个人的修养相关。

国共两党在政治论述与组织结构方面具有一定的共性，但是在唤起中国人民的感情方面两党具有明显的不同。农村的土地改革或城市的群众运动中经常出现的"提高情绪"（emotion raising）对中国共产党的革命与新中国成立起到了核心作用，[1]不过"情感工作"的内在危险性也是不容忽视的。从理论角度而言，要严格控制情绪，但是现实中却引发了不少纷扰，这也是常常被人批评无视法治与人权的原因。

然而，如果我们摆脱这种批评，从另一个角度进行思考，就能更深入理解其复杂性。我们就从近期受到普遍关注的"情动"（affect）的视角来考虑一下这个问题。情动指的是与情绪（emotion）或感情（feeling）相关的身体（存在）的状态，它横跨身体与精神、感性与理性、意识与无意识，是能够不断改变世界的力量。而这种改变的力量并非只起到积极的作用，而是一把双刃剑。尽管如此，也无须将"思维"与"情动"完全对立起来，或许能通过"已内含情动的思维"找到一条"不拘泥于任何老套"却又能克服"情动的无政府主义"之路。[2]

1　裴宜理：《重访中国革命：以情感的模式》，《中国学术》2001 年第 4 期，第 5 页。

2　韩基旭：《思维、情动、现实主义》，《创作与批评》2019 年冬季号，第 34 页。

那么革命与新中国成立过程中的"提高情绪"是否到达了这个水平？对此，贺照田强调的有别于"群众运动"的"群众路线"很有启发性。在中国共产党的官方解释中，"群众路线"指的是一切"从群众中来，到群众中去"的根本性政治路线和组织路线。然而他却认为群众路线关注的是在具体实践过程中，怎样培养参与者的"共和意愿与共和能力"，以及怎样养成"更好的精神身心状态、更饱满的生活状态"。他进一步积极评价道："群众路线所联通的便不只是领导者、组织者、精英和群众，它联通的还是工作与身心、个人与公共以及现在与人民共和真正实现的中国未来。"[1]

他提出"共和"的部分具有重要意义。众所周知，共和主义认为国家事务和政治是公共事务而非君主个人或特定集团的问题，并重视国民参与政治时的道德（公德）。所谓"国民参与政治时的道德"指的是"作为真理之路的道以及作为由道而来的力量的德"。[2]检验群众运动是否符合这一标准是很重要的。贺照田之所以强调有别于群众运动的群众路线，想必也是出于这个原因。换言之，我们有必要从中国人民群众是否在尚未完全修炼好内心的情况下，只想通过制度改革达到革命目的的视角来重新思考群众运动的历史。

此外，认识到共和主义同样需要个人的独立生计这一道德的物质基础也很重要。[3]关于这一点，我们举一个中国人亲身经历的事例。新中国成立初期，东北地区的刘斌接管工厂

1 贺照田：《群众路线的浮沉》，《革命－后革命：中国崛起的历史思想文化省思》，新竹：交通大学出版社，2020，第164页。
2 白乐晴著，朴允哲编《文明的大转型与后天开辟》，首尔：事奉的人，2016，第215页。
3 柳镛泰：《见识东亚》，首尔：首尔大学出版文化院，2017，第284页。

之后，在日常生活中根据延安时期的群众路线等革命经验，与工人一同生活，建立传统伦理观念的同甘共苦之感，以此作为情感与伦理基础，逐渐在接管干部与普通工人之间形成了共和理念认同。还有一个例子。抗美援朝的全民动员，不仅依赖于全面宣传，而且在更纵深层面潜入日常实践中对工人走访、座谈，更细致地嘘寒问暖，解决工人的住房、子女就学、家庭负担等问题。何浩从中找到了对财产与权力再分配有切身之感的群众想要守住自己所得的动机与爱国的公共动机相结合的例子。换言之，就是着眼于孟子强调的"恒产"与"恒心"相互作用的社会结构。[1] 总之，这些例子生动地展现了个人伦理（或修养）问题并非抽象的概念，而是日常生活中的切身问题。

虽然这不是本文的主要议题，但笔者想由此强调，关于个人的革命人生观或革命修养论内含的自发性与等级性之间的紧张关系问题早在创党初期就已经存在，而且一直存续于群众运动与群众路线之中。

3. 新革命史，革命文明史含义的再发现

在当前的中国，"新革命史"正悄然地受到关注，这样的动向似乎是在期待一种政治效果——从历史的角度论证中国成为全球第二大经济体（G2）的主体的必然性。

正如上面提到的"文明型国家"论述，中国学界正盛行着一种高举"文明"为中国成功基础的论述，并加以有关文

1　何浩：《"马恒昌小组"：以工人阶级建国的历史实践及其思想意涵》，贺照田、高士明主编《人间思想》第 1 辑，金城出版社，2014，第 81~82 页。

明的阐述。例如，有观点认为一党制起源于儒家士大夫的一元政治，而且可从宋明理学的"理一分殊"——普遍原理与个别原理相互关联——的角度进行简明扼要的解释。[1] 简而言之，就是关注革命的文明史含义。

其中关于本文主题，引发笔者兴趣的是重视"个人内在本性"的主张。吴重庆受到韩国学者提出的"社会性灵性"(social spirituality) [2] 概念的启发，试图重新解释儒家传统与革命传统的关系。他发现儒学"内圣外王"的概念蕴含着"社会性灵性"的趋向，并且将其视为推动中国社会变革的力量。然而他还强调，个人超越性的确立，除个体努力之外，还有党在发挥作用，如此方能成就整体性的社会变革。[3] 另外，他还期待通过以人民这一充分被组织起来的群众作为政治主体的"人民社会"，去同时实现"强国家"与"强社会"。他虽然想以"社会性灵性"为媒介来重新解释个人与社会的关系，但似乎仍然停留在既有革命修养论的框架里，这样一来，就很难有创意地解决革命修养论所内含的自发性与等级性之间的紧张这一难题，更加难以激发个人的政治效能感（efficacy）。在提升修养过程中，全新的自我需要集体恢

1　谢茂松：《从文明的视野理解中国共产党一党执政》，《开放时代》2018 年第 1 期；李放春：《毛泽东"理一分殊"思想发微》，《开放时代》2018 年第 3 期。

2　笔者认为所谓的灵性是指让人发现个人内在全人的潜力，走向超越自我的内在道路（inner path）的生活方式和修行。灵性在某种意义上，也可以称为"作为经验的宗教性"，之所以加上"社会性"这个修饰语，理由在于内含"关系的"且"结构的"这两种意义。因此，所谓社会性灵性是指不仅借由在宗教性里面解释个人的经验，同时改变个人的生活和社会的品质，还借由解释社会的经验，使全社会产生改变，同时也改善个人的生活品质，是一种互相作用的过程。韩国在经历"世越号事件"（2014）等事的同时，从其中找出并证明"社会性灵性"的痕迹，并且尝试赋予名称。

3　吴重庆：《迈向社会革命视野下的革命史研究》，《中共党史研究》2019 年第 11 期。

复社会性灵性，即兼具能够看清不平等社会结构的能力，如此，"个人才能成为有力量的主体"，才能迈向"赋权的民主主义"，即更加激进的"强化的民主主义"（empowered democracy）之路。[1]换言之，需要一个更能表达民主性集体的主体性与连带机制的新构想。如今世界各地正在推进各类有关"真正的民主主义"的实践。积极参与这种全球性的潮流，进行政治理念与制度性的实践，是值得果敢一试的。

四　朝鲜半岛的"开辟思想"与运动

韩国近代新宗教的"开辟论述"始于朝鲜王朝末期。近来这种论述正作为另类文明的可能性，缓慢地传播开来。尤其在"三一运动"迎来一百周年之际（2019），"开辟思想"对"三一运动"的影响受到人们的关注。

在汉字文化圈里，"开辟"通常被理解为"开天辟地"之意，而作为（东学与其后身）天道教、曾山教、圆佛教等新宗教共同打出的标语，"开辟"却是"民众为主，基于个人修养，实现救济他人，'共同开创新文明'"[2]的思想和运动。这一概念同时反映出宇宙论的转型意识与国际秩序发生变化的历史转型意识。不同于旧韩末时期的"开化"或"卫正斥邪"，"开辟"被重新解读为"本土性现代"或"韩国性现代"的

1　empowered democracy 是 Roberto Unger 的概念。详细内容可参考罗伯托·曼加贝拉·昂格尔《政治：反抗命运的理论》，崔之元、金正梧译，首尔：创批，2015。

2　圆光大学圆佛教思想研究院编《实践近代韩国开辟思想》，首尔：事奉的人，2019，第5页。

路线。[1]

如果再进一步思考，就会发现"开辟"可分为"先天开辟"和"后天开辟"，东学（与天道教）的"后天开辟"意指非常彻底且根本的变革，骨子里具有珍爱全宇宙所有生命体的敬物精神。因此可以说东学的"后天开辟"是"生命的开辟"（第29页），是"民众自发地为了持续不断的精神修养与社会改革而努力，同时主动开启崭新世界的大变革过程"，也就是"指向具有创造力的现代"（第33页）。此外，这还是儒家伦理秩序的道德观念大转型为生命和平的道德概念，并且因为追求与天共生的人生，所以（用第一代教主崔济愚的话来说）是"开辟的人生"，（用今天的话来说）是"注重生态的人生，生命和平的人生"（第64页）。至少和中国的情况相比，韩国近现代思想史的一个特点是强调宗教的变革作用，因此这种解读对重新书写历史也有一定的贡献。

也许人们很容易认为这种想法属于大家比较熟悉的"多元现代性"范式，而这种视角的确是一种基本共识。但是在笔者看来，比起"本土性现代"或"韩国性现代"，同时完成"适应现代与超克现代的双重课题"似乎更为贴切。[2]也许有人觉得这种想法有些不好理解，但其实这就是我们日常生活中的一种常识性经验，如果对照历史经验就很容易理解。韩国的近现代新宗教并非单纯地追求文明开化，而是在各自所处的环境中做出了接受或抵抗的策略，采取了积极主动的应对，试图构建开启新世界的"开辟宗教"，仅从这一点，我们也不难理解这一

---

1 圆光大学圆佛教思想研究院编《重读近代韩国开辟运动》，首尔：事奉的人，2020。以下内容中仅在直接引用原文时才标出页数。

2 对于双重课题论，请参考李南周编《双重课题论》，首尔：创批，2009。

"双重课题"。此外，圆佛教的"开教宣言"——不但重视物质上的开辟，还同样重视精神上的开辟——更是精简地概括出了"双重课题"。

这样重新解读"开辟"后，我们应该就能从另一个角度看待作为新宗教的圆佛教与其他宗教的对话。正是通过圆佛教，（后天）开辟思想与佛教相遇，对近现代科学文明与基督教文明的吸收也进入新的阶段。

在此有必要重新探讨朝鲜半岛获得解放的那一年（1945）圆佛教所倡导的建国论。其实政教合一的文明观是多个开辟性宗教的共同特点，不过圆佛教将政治与宗教喻作两个车轮（不是政教合一或政教分离），这种对"政教同心"的认识是比较新颖的。从这个角度来看，三种治教（治理与教化）的并进思想——在德治、政治的基础上，要兼顾道治，才能成为圆满的世界——的深度与对当前的意义也将更加凸显。

此类将新宗教（即开辟性宗教）重新解读为生态、和平思想的实践，或重新思考政教合一的问题，都能够激发人们对另类文明论的根本性思考。

"多元且本土的现代性范式"作为这一解释的基础，尽管韩国内外的学者经常使用这个论述，但对此也有不少批判之声，其中最切中要害的意见就是：过于简单地以为构思另类现代性就是超克欧洲中心主义的解决方案，因此超克现代最核心的难关——资本主义问题——被留下了"巨大的空白"。[1]我们需要铭记的一点是，之所以将现代性作为我们重要的研究课

1　黄静雅：《"开辟"这个大胆的名称》，《创作与批评》2019 年春季号。

题，主要是为了正确认识并且超克历史上的近现代资本主义时代向我们的生活所施加的巨大力量。

五 结语

在新一次文明大转型来临之际，笔者怀着东亚人能够创造性地提出符合时代要求的文明之条件的期待，从个人修养与社会改革的关系角度，探讨了过去一百年变革中，中国和韩国所提出的文明论述。通过这一分析，我们了解到这些文明论述没有只从功能的角度看待个人的作用，有一些文明论述主张应基于日常生活的真实感去兼顾个人修养与社会变革，而且此类文明论述在社会变革（革命）的过程中也起到了一定的作用。

笔者怀着对两国正在摸索的特殊性文明能够成为普遍性文明论述的期待，想再次强调我们在这条路上值得借鉴的标准，那就是上面提到的三种治教并进的方式，即德治、政治与道治必须并行。

> 基于"政"的治理就相当于东西方的各种现实政治以及法治，基于"德"的治理相当于儒家式礼道政治的主要手段即领袖的德治，而"道治"则是每一个民众都达到道人的境地，以此自然完成圆满世界的新概念。[1]

众所周知，儒家的现实主义充分体现了政治与德治并行的

---

[1] 引自白乐晴《西方的开辟思想家 D.H. 劳伦斯》，首尔：创批，2020，第 484~485 页。

必要性（本文第二节的内容也提到当今更注重法治与德治的并行）。不过儒家的礼治终究是通过君主或牧民者的德治来体现的，因此与民主的对等观念是明显不同的。

这就凸显了佛教的重要性。张志强分析了阳明学的现代形态——现代性唯识学，指出在通过个人的转依完成彻底的个人革命的同时亦借此达成社会革命，最后在所谓净佛国土的意义上，达成完全的社会改造，对于这个长期过程的认识潮流，构成了中国文明的鲜明色彩。[1] 而白乐晴进一步解释了圆佛教的教义，强调道治是通过每一个个人达到"道人"的境界来实现圆满世界的新概念。上述引文就蕴含着一种犀利的现实认知，那就是现代社会如果没有三种治教的结合，不论是从未以国家单位施行过的道治，还是政治或德治，都难以真正实现。当然，要让"三种道"能圆满并行，也必须果敢冒险地去寻求符合各个社会具体历史脉络的具体方法。[2]

为了肩负开启新世界的文明论的转型这一价值导向的课题，需要有特别的姿态。因为这不是单纯的研究素材，虽然很具魅力，尽管共享对其含义的认识并且合作进行研究，但若没有下定决心同时进行（符合开辟意义的）个人修养及社会改革，则不仅会变得空虚，也很难在日常生活中获得真实感。当然这是一件很吃力的工作，然而不是有句话说"以小成大"吗？胸怀大事而有条不紊地处理小事，是更需要执行力的。

1　张志强：《革命与佛学》，《开放时代》2018 年第 1 期，第 37 页。
2　引自白乐晴《西方的开辟思想家 D.H. 劳伦斯》，第 484~485 页。该文是对圆佛教第二代宗法师鼎山宋奎（1900~1962）提出的三种治教的新解释。

本文是笔者在第六届"韩中人文学论坛"（2020 年 9 月
25 日由韩国研究财团和中国社会科学院共同主办）上发表的
主旨演讲内容的修改稿。感谢主办单位同意将文章收录到本
书中。

从"文明"论述到"文化"论述

——清末民初中国思想界的一个重要转折

黄克武 *

引 言

在当代汉语中,"文明"与"文化"两词常常被视为是同义词而彼此混用,但两者有不同的含义。一个较常见的区别是:"文明"是人类为应付环境所创造比较具体的、物质性方面的成就;"文化"则是某一地区或某一群体比较精神性的全面生活之总称。因此文明"可以向外传播,向外接受";文化则"必由其群体内部精神积业而产生"。[1]例如在中国从 20 世纪 50 年代开始推行"五好文明家庭",宣传"爱国守法,热心公益好;学

---

* 黄克武,中研院近代史研究所研究员。

1 钱穆:《中国文化史导论》,台北:正中书局,1974,第 1 页。

习进取，爱岗敬业好；男女平等，尊老爱幼好；移风易俗，少生优育好；勤俭持家，保护环境好"，以创建文明家庭；[1]如今许多公厕中也有"向前一小步，文明一大步"的标贴。上述两个例子并不用"文化"一词，因为它们所树立的是一个普遍性进步的标准。

　　"文化"一词在汉语中有比"文明"一词更为丰富的含义。在中国近代思想史上所谓"东西文化论战"至少有两次高峰，一为1915~1927年以《新青年》与《东方杂志》等刊物为中心的论战，一为20世纪60~70年代在台湾以《文星杂志》为中心的论战。[2] 1950年12月，钱穆（1895~1990）为了替新亚书院筹款自香港来台访问，12月6日蒙蒋介石召见，[3]其后在台湾师范大学做了四次计八小时的演讲，名为"文化学大义"。这一次演讲之内容反映了一个人文主义者对文化的看法。钱穆指出，"文化指的是时空凝合的某一大群的生活之各部门各方面的整一全体"；"一切问题，由文化问题产生。一切问题，由文化问题解决"。他由此来讨论"东西文化比较"，认为"近代的西洋文化，实在已出了许多毛病"。[4]这一种对文化的看法与西方文化人类学家所采取的"文化相对论"，认为文化是人自己编织出来并居于其中的"意义之网"，不完全相同，钱穆的文化观念也注意到不同文化的差异，然较强调文

1　http://baike.baidu.com/view/2194156.htm，最后访问时间：2013年10月18日。

2　《文星杂志》中的东西文化论战可参见黄克武《一位"保守的自由主义者"：胡适与〈文星杂志〉》，潘光哲编《胡适与现代中国的理想追寻：纪念胡适先生一二〇岁诞辰国际学术研讨会论文集》，台北：秀威信息科技，2013，第332~359页。

3　《蒋中正日记》1950年12月6日，美国斯坦福大学胡佛研究所藏。

4　钱穆：《文化学大义》，台北：正中书局，1974，第1、2~4、54~64页。

化的价值面，而不以文化相对论为预设。[1] 钱穆的观点在 20 世纪中国居于主流地位，20 世纪 60 年代海峡两岸的"文化大革命"与"中华文化复兴运动"即是在此观念之下，以"文化"为名所做的一场斗争。

文明与文化两词虽然在中国古典用语之中已经存在，不过现代的用法与古代的用法有异，乃自西方移译而来，而与英文的 civilization 和 culture 相对应。[2] 一百多年之前国人才开始使用现代意义下的此二词语。通过近代英华辞典的数据库，大致可以看出其产生、演变、得到共识，再进而收录进辞典之中为大家所遵循使用的一个过程。[3] Civilization 一词从 1866 年德国传教士罗存德（1822~1893）的《英华字典》到 1884 年井上哲次郎（1856~1944）增订的《增订英华字典》均翻译为"教化者""开明者""礼文者"。[4] 至 1908 年颜惠庆（1877~1950）

1　Clifford Geertz, *The Interpretation of Cultures*, New York:Basic Books, 1973. 钱穆"文化观"与克利福德·格尔茨"文化观"之差异涉及双方认识论。钱穆的文化观以"乐观主义的认识论"为基础，他不但相信可掌握某一文化之"特性"与"精神"，而且相信可评估该文化之"意义与价值"，并与他种文化相比较而评定其高下。格尔茨的文化观则奠基于"悲观主义的认识论"，主张文化的相对性。他对于比较各种不同文化、推论人类本质或探索文化发展过程的法则不感兴趣；而是注重从这些文化本身的角度，来了解这些特定的文化脉络。有关"乐观主义的认识论"与"悲观主义的认识论"，可参见 Thomas Metzger, *A Cloud across the Pacific:Essays on the Clash between Chinese and Western Political Theories Today*, Hong Kong: The Chinese University of Hong Kong, 2005, pp.21-31。

2　有关英文之中此二词的意义与相互关系，可参考 Raymond Williams, *Keywords*, Glasgow: Fontana, 1976, pp.48-50, 76-82。作者认为文明是随着启蒙运动而出现的对"世俗的、进步的人类自我发展之强调"，并与现代性有关；文化则源自浪漫主义对此一宣称之反动，强调其他种类的人类发展与人类福祉之标准。

3　以下的分析依赖中研院近代史研究所的"英华字典数据库"，http://www.mh.sinica.edu.tw/PGDgitalDB_Detail.aspx?htmContentID=417。

4　罗存德（Wilhelm Lobscheid）编《英华字典》(*English and Chinese Dictionary,with the Punti and Mandarin Pronunciation*, Hong Kong: Daily Press, 1866-1869）。罗存德原著、井上哲次郎增订《增订英华字典》，东京：藤本氏藏版，1884。

的《英华大辞典》开始有新的翻译词："文明、开化、有教化"。这是"文明"一词在近代英华辞典之中首度出现。该辞典在对 civility 一词的解释中说得更清楚："The quality of being civilized，文明，开化，都雅；as，from barbarism to civility，自野蛮进至文明。"[1]明确地将"文明"与"野蛮"相对应。[2]至 1916 年德籍中国海关官员赫美玲（1878~1925）的《官话》中，该词之翻译确定为"教化、文明、文明程度（部定）"；savage 则被解释为"草昧（部定）、野蛮、未开化的、不文明的"。上文中之"部定"指中华民国教育部所规定的、统一的翻译词汇。[3]

Culture 一词的翻译过程亦颇为类似，从 1866 年罗存德的《英华字典》到 1884 年井上哲次郎的《增订英华字典》都将之翻译为"修文者"[4]；1908 年颜惠庆的《英华大辞典》则释为"Intellectual or moral discipline and training，智德，文化，礼文，教育；as，a man of culture，文化之人；the culture of the Romans，罗马人之文化"。可见"文化"一词的翻译亦自此开始出现。1916 年赫美玲的《官话》中，该词的翻译确定为"教化、文化、教育"。由此可见，1908~1916 年，亦即清

1　"都雅"指美好闲雅，语出《三国志·吴志·孙韶传》："身长八尺，仪貌都雅。"

2　颜惠庆：《英华大辞典》（English and Chinese Standard Dictionary，Shanghai: Commercial Press, Limited, 1908）。有关"野蛮"这一观念，请参考沈国威《"野蛮"考源》，《东亚观念史集刊》2012 年第 3 期。根据该文，此词最早出现于 19 世纪 30 年代新教传教士的著作之中，后传入日本由福泽谕吉确定，并于 20 世纪初期传回中国。

3　K.Hemeling（赫美玲），English-Chinese Dictionary of the Standard Chinese Spoken Language（官话）and Handbook for Translators (including Scientific, Technical, Modern, and Documentary Terms)，Shanghai: Statistical Department of the Inspectorate General of Customs, 1916.

4　"修文"指修治典章制度，提倡礼乐教化，语出《国语·周语上》："有不祀则修言，有不享则修文。"

末至民初的一段时间是现代汉语中"文明""文化"二词之滥觞阶段。

文明与文化等新词汇的出现，产生了哪些新的观念与影响呢？本文拟就此二词在近代中国思想史上发生之经过与影响做一梳理。中国近代思想曾围绕此二词而产生了一个重要转折，亦即从一个线性发展的"文明"史观到一种多元性的、肯定自身文化价值的"文化"史观，而两者在不同场域彼此较劲。晚清的历史教科书多改写自日本"文明史"的著作，[1] 1922年民国时期的"壬戌学制"则规定高中历史课程中"文化史"为共同必修课，此后以文化史为名之教科书大量出现；[2] 1923年，中国思想界的"科玄论战"则代表了"文化史观"向"文明史观"发出的挑战。此一争议涉及中国近代思想史上的五四与反五四之争，亦与晚近"全球化"和"地方化"或世界文化之"合流"（convergence）和"分流"（divergence）之讨论有关，直至目前双方仍在争论之中。[3]

"文明"与"文明史"

"文明"一词为传统词汇，在《易经》与《尚书》中即

1　参见李孝迁《西方史学在中国的传播（1882~1949）》，华东师范大学出版社，2007。

2　见杨文海《壬戌学制研究》，博士学位论文，南京大学，2011，第103页，"文化史强调中外文化并重，促进学生了解中外文化发展态势与基本面貌"；施昱承《"本史迹以导政术"：柳诒徵的文化史书写》，硕士学位论文，台湾大学，2013，第11页。

3　Alex Inkeles, *One World Emerging:Convergence and Divergence in Industrial Society*, Boulder: Westview Press, A Division of Harper Collins Inc., 1998.

有。[1] 近代之后，该词成为英文 civilization 之翻译。[2] 此一翻译
早在 19 世纪 30 年代传教士所编的《东西洋考每月统记传》
（1833~1838）中即已出现，然并未普及，此一用法后来可能辗
转影响到日本学界。[3] 日本在 19 世纪 60 年代末期（明治初年）
已将 civilization 翻译为"文明"。最早的例子可能是福泽谕吉
（1835~1901）在《西洋事情》（1866~1870）中所提出的"文明
开化"观念："人人修德畏法，必可有助于世间之文明开化。"
（人々德を修め法を畏て世の文明開化を助けざる可んや。）[4] 其
后 1875 年福泽谕吉写成《文明论之概略》，是为在东亚世界深
具影响力的一本书。他认为文明有广义和狭义之分，狭义即人
类物质需要的增长，广义则指人类物质和精神两方面的进步，
而文明与野蛮相对。他认为，归根结底，文明可以说是人类智
德的进步，西洋各国有朝向文明方面发展的趋势，而绝不可认
为目前已达到尽善尽美了，对他而言文明的发展是无止境的，
人们不应满足于目前的西洋文明。福泽谕吉的所谓文明即是对
英文 civilization 的翻译。[5]

　　日人所翻译的"文明"一词，在清末传入中国，19 世纪 90

1　《易经》有"见龙在田，天下文明"；《尚书·舜典》有"浚哲文明，温恭允塞"。Lydia
　　Liu, *Translingual Practice: Literature, National Culture,and Translated Modernity-China, 1900-
　　1937*, Stanford: Stanford University Press, 1995, pp.308-309.

2　英文中的 civilization 一词源于拉丁文 civilis，有"城市化"和"公民化"的含义，引
　　申为"分工""合作"，即人们和睦地生活于"社会集团"中的状态，也就是一种
　　先进的社会和文化发展状态，以及到达这一状态的过程（http://zh.wikipedia.org/
　　wiki/%E6%96%87%E6%98%8E，最后访问时间：2013 年 10 月 9 日）。

3　方维规：《近现代中国"文明"、"文化"观——论价值转换及概念嬗变》，http://www.
　　wsc.uni-erlangen.de/wenming.htm，最后访问时间：2013 年 10 月 21 日。

4　见日本大辞典刊行会编《日本国语大辞典》，东京：小学馆，1972~1976，"文明"条。

5　福泽谕吉：《论文明的涵义》，《文明论概略》，北京编译社译，商务印书馆，1995，第
　　30~41 页。

年代后使用日趋普遍。根据统计，在 1896~1898 年出版的《时务报》中"文明"共出现了 107 次，其中 6 次为传统语汇，101 次为 civilization 之翻译；而且 101 次中几乎都是从日文的文章中翻译而来，大多出现在"东报译编"中，还有少数出现在专论栏内。[1] 1898 年戊戌政变之后，梁启超流亡日本，更为积极地依赖日本报刊译介新思想。他将福泽谕吉的许多观点写成短篇文章在《清议报》上发表，如《文野三界之别》（1899）、《传播文明三利器》（1899），以及《国民十大元气论》（一名《文明之精神》，1899）等文，都是摘译自《文明论之概略》等书。[2] 上述文章特别强调"文明"一词与"野蛮"是相对的，而且背后是以社会达尔文主义为理论基础的线性进化史观。如《文野三界之别》谈道："泰西学者，分世界人类为三级，一曰蛮野之人，二曰半开之人，三曰文明之人……此进化之公理，而世界人民所公认也。"[3]

　　晚清文明观念之所以盛行，不但因为梁启超的译介，也与严复（1854~1921）的译介工作有关。在《天演论》中，严复也将 civilization 译为"文明"，意指"文者言其条理也，明者异于草昧也"，并说明在有文字之后，开始了异于"草昧"时期的

1　戴银凤：《Civilization 与"文明"：以〈时务报〉为例分析"文明"一词的使用》，《贵州师范大学学报》（社会科学版）2002 年第 3 期。

2　Ishikawa Yoshihiro, "Discussions about 'Culture' and 'Civilization' in Modern China," paper presented in the Conference on European thought in Chinese Literati Culture in the Early 20th Century, Garchy, France, 1995.9.12-16. 黄克武：《欧洲思想与二十世纪初期中国精英文化研讨会》，《近代中国史研究通讯》第 21 期，1996 年，第 44 页。

3　梁启超：《自由书》，台北：中华书局，1979，第 8 页。原文刊于《清议报》第 27 期，1899 年，第 1 页。值得注意的是，梁启超用的是"蛮野"，此一用法与福泽谕吉早期著作相同，至 1875 年《文明论之概略》，他才第一次用"野蛮"来表达（见沈国威《"野蛮"考源》，《东亚观念史集刊》2012 年第 3 期，第 394~395 页）。

"文明"阶段:

> 大抵未有文字之先，草昧敦庞，多为游猎之世。游故
> 散而无大群，猎则戕杀而鲜食，凡此皆无化之民也。迨文
> 字既兴，斯为文明之世，文者言其条理也，明者异于草昧
> 也。出草昧，入条理，非有化者不能。然化有久暂之分，
> 而治亦有偏赅之异。[1]

严复又翻译了甄克思（Edward Jenks）的《社会通诠》（*A History of Politics*），使进化论与线性历史观结合在一起，影响了历史书写，学者因而借用西方历史的线性架构来诠释中国历史。[2]

在社会达尔文主义与文明观念影响之下，西方学界出现了"文明史"的著作，这些书先被翻译为日文，再转译为中文。明治初期的日本，翻译西书蔚为风气，如巴克尔（Henry Thomas Buckle，1821-1862）的《英国文明史》和基佐（Francois Guizot，1787-1874）的《欧洲文明史》，都在欧洲出版不久之后即被译为日文。清末旅日的中国学者再将之介绍到中文世界。譬如梁启超在《新民丛报》上即译介了《英国文明史》，以及日人白河次郎、国府种德的《支那文明史》（该书于1903年被译为中文，章炳麟、蒋智由、刘师培皆服膺其"中国文化西来说"）。《英国文明史》一书在清末（1903~1907）即有四种

1　赫胥黎:《天演论》，严复译，王道还导读、编辑校注，台北:文景书局，2012，第64页。
2　王汎森:《近代中国的线性历史观——以社会进化论为中心的讨论》，《近代中国的史家与史学》，香港三联书店，2008，第49~108页。

中译本。此外被译为中文的还有《地球文明开化史》《世界文明史》《支那文明史论》（中西牛郎著）《中国文明小史》（田口卯吉著）等。[1] 大致上来说，清末民初是"文明论述"与"文明史"书写十分兴盛的时期。根据王晴佳的研究，梁启超从1902 年开始所标举的"新史学"即依赖日本的"文明史学"为其理论根基。[2] 一直到今日"文明史"仍是台湾某些大学的一门必修或必选科目。[3]

民国以后，文明论述与五四新文化运动对民主与科学的提倡亦相互配合。胡适（1891~1962）所标举的理想即为"再造文明"，并视此为"新思潮的唯一目的"。对他来说，"文明是一个民族应付他的环境的总成绩"。1926 年，他反驳当时有些人所谓"讥贬西洋文明为唯物的（Materialistic），而尊崇东方文明为精神的（Spiritual）"之说法；胡适强调文明同时包括精神的与物质的面向，"凡文明都是人的心思智力运用自然界的质与力的作品；没有一种文明是精神的，也没有一种文明单是物质的"。[4] 胡适也谈到"文化"，认为"文化（Culture）是一种文明所形成的生活的方式"，并以此述说"东西文化"之差异，然而他却认为"东方文化"有许多的缺点："这里正是东西文化的一个

1　参见"近代史全文数据库：晚清西学书目"收录之《增版东西学书录》卷1《史志》，http://dbj.sinica.edu.tw:8080/handy/index，最后访问时间：2013 年10 月20 日；李孝迁、林旦旦《清季日本文明史作品的译介及回应》，《福建论坛》（人文社会科学版）2005 年第3 期；李孝迁《巴克尔及其〈英国文明史〉在中国的传播和影响》，《史学月刊》2004 年第8 期。

2　王晴佳：《中国近代"新史学"的日本背景：清末的"史界革命"和日本的"文明史学"》，《台大历史学报》第32 期，2003 年。

3　如台湾逢甲大学的通识教育课程即有"文明史"课程。

4　《新思潮的意义》，《胡适全集》第1 卷，安徽教育出版社，2003，第699 页；《我们对于西洋近代文明的态度》，《胡适全集》第3 卷，第2 页。

根本不同之点。一边是自暴自弃的不思不虑，一边是继续不断的寻求真理。"[1] 对胡适来说，"文化"因素足以解释缺乏理性精神的中国为何落后于西方。胡适这一番言论有很强的针对性，这牵涉到20世纪20年代欧战之后"文化论述"的兴起以及"科玄论战"，下文将会做较深入之分析。

"文化"与"文化史"

在"文明"一词逐渐普及之时，现代意义的"文化"一词也在汉语中出现，开始时两者可以通用。[2] 文化是 culture 一词的汉译，最早应该也源自日本。中村正直（1832~1891）所译英国斯迈尔斯（Samuel Smiles，1812-1904）的《西国立志编》（*Self Help*，1870-1871）中有"逐步积累努力，便可共同开创盛大的文化"（次第に工夫を積めるもの、合湊して盛大の文化を開けるなり）。西周（1829~1897）的《百学连环》（约1870~1871）中有"讨论每个国家的边境及政体，也悉数讨论如其他风俗、人种、教法、文化、人口、（略）财政等"（其国々の経界及び政体を論し、其他風俗、人種、教法、文化、人口、（略）財政等の如きを悉く論し）。[3] 此后，"文化"一词逐渐传入中国。据黄兴涛的研究，1882~1883年，传教士颜永京（1838~1898，颜惠庆之父）和美国在华传教士丁韪良（William Alexander

---

1 《我们对于西洋近代文明的态度》，《胡适全集》第3卷，第6页。
2 中国传统语汇之"文化"指文治教化。刘向的《说苑》有"凡武之兴，为不服也，文化不改，然后加诛"。Lydia Liu, *Translingual Practice: Literature, National Culture, and Translated Modernity-China, 1900-1937*, pp.312-313. 又《易经》贲卦象辞之中有"观乎天文，以察时变，观乎人文，以化成天下"。
3 见《日本国语大辞典》，"文化"条。

Parsons Martin，1827-1916），都曾分别使用过此一词，如"希腊文化""西国文化"等，该词泛指物质与精神成就之总和。[1]这时文明与文化可以互通、并用。例如 1898 年严复在《保教余义》一文中即同时使用"文明"与"文化"："自非禽兽，即土番苗民，其形象既完全为人，则莫不奉教，其文化之深浅不同，则其教之精粗亦不同"；"问其何以为土教？则曰：遍地球不文明之国所行土教，有二大例：一曰多鬼神，二曰不平等"。[2]在上述的例子中，文化（指教化之过程）与文明（指开化之状态）并无太大的差异。

清末民初"文化"一词的使用虽渐多，然"中国文化"一词很可能要在 1911 年之后才开始使用，较早的例子是 1911 年《协和报》上的一篇文章《西人崇尚中国文化之见端》，谈到德国一位学者"知中国之文化为全球冠，特于中国之诗歌深为注意"。[3]稍晚是 1914 年历史学家王桐龄（1878~1953）在《庸言》中所写的《中国文化之发源地》一文。[4]

所以，大致到 1911 年以后，"文化"，特别是跟"中国"一词结合在一起的"中国文化"这一概念，才在中国变得较为普遍。这段时间，中国思想界从文明论述到文化论述的发展与演变，牵涉三个因素：第一是 1908 年颜惠庆为商务印书馆所编的《英华大辞典》。颜惠庆后来是北洋时期的一个外交官，在外交方面成就很大，并曾担任内阁总理。1908 年他以 *Nuttasll's Dictionary* 为底本，参考 *Webster's International Dictionary* 与数本

1　黄兴涛：《晚清民初现代文明和文化概念的形成及其历史实践》，《近代史研究》2006 年第 6 期，第 9~10 页。

2　《严复集》，中华书局，1986，第 83~84 页。

3　《西人崇尚中国文化之见端》，《协和报》1911 年第 30 期，第 11 页。

4　王桐龄：《中国文化之发源地》，《庸言》第 2 卷第 3 号，1914 年，第 1~3 页。

日人的《英和字典》(如三省堂于 1902 年出版的《新译英和辞典》),编了一本《英华大辞典》。[1] 在华人所编辑的英华字典中,最早的是 1868 年邝其照的《字典集成》,后来又有几本问世;颜惠庆从 1903 年即开始为商务印书馆修订《重订商务书馆英华字典》(1903),在此基础之上,他在 1908 年编辑出版了《英华大辞典》,1920 年又出版一个小的版本(小字本),流通更广。此书在清末民初同类字典中,乃篇幅最长、分量最重的一本,全书计本文 2706 页,附录 205 页。[2] 严复为他写了一个序言:

> 十稔以还,吾国之民,习西文者日益众,而又以英文为独多。……商务印书馆营业将十年矣,前者有《英文辞典》之编,尝属不佞序之矣。此在当日,固已首出冠时。乃近者以吾国西学之日进,旧有不足以餍学者之求,以与时偕进也,则益展阄规,广延名硕,而译科颜进士惠庆实总其成,凡再易寒暑,而《英华大辞典》出焉。搜辑侈富,无美不收,持较旧作,犹海视河,至其图画精详,迻译审慎,则用是书者,将自得之。[3]

1　根据陈力卫教授所做的研究,神田乃武、横井时敬、高楠顺次郎、藤冈市助、有贺长雄、平山信编《新译英和辞典》(东京:三省堂,1902)所收的汉译词大量地为颜惠庆的辞典所采纳,是一本重要的参考书。

2　蔡祝青:《文学观念流通的现代化进程:以近代英华 / 华英辞典编纂"literature"词条为中心》,《东亚观念史集刊》2012 年第 3 期。有关商务印书馆历年出版英华字典,可参见内田庆市《中国人的手になる最初的英和字典》,内田庆市、沈国威编《邝其照〈字典集成〉影印与解题:初版・第二版》,大阪:东亚文化交涉学会,2013,第 16~18 页。

3　《严复集》,第 254 页。《英文辞典》为吴治检编《袖珍华英字典》,商务印书馆,1903。严复的序文见《严复集》,第 143~144 页。

　　过去我们对此一辞典在中国近代思想史上的重要性注意得不够。如果我们将近代以来的英华辞典做一个简单排列，就可以看出 1908 年颜惠庆这本辞典所具有的重要意义。在这个辞典之中，出现了我们现在所通用的重要词汇，包括哲学、科学、宗教、迷信、文明、文化等。换言之，颜惠庆的辞典把当代思想中最基本的一些概念在辞典中确定下来。文明与文化二词也在此确定的过程之中普遍地为人们所接受。

　　第二个因素是从 1912 年前后开始有人类学的书刊被引介到中国来。严复特别在 1912 年一次有关《进化天演》的演讲之中提到佛拉哲（James G.Frazer）的《金枝》（*The Golden Bough*，1890）一书，该书是研究民俗、神话与比较宗教学的经典作品。严复的演化观念即受到此书的影响。他以佛拉哲的思想为基础批评卢梭的"民约论"以及中国传统"圣王制作"的观念。此书也影响到严复对科学、宗教的看法，提出异于科学、宗教二元划分的观念。严复认为："学术日隆，所必日消者特迷信耳，而真宗教则俨然不动。真宗教必与人道相终始者也。"[1] 上述严复对于不同地方宗教传统之价值的肯定也丰富了他对"文化"独特性的认识。后来周作人（1885~1967）、江绍原（1898~1983）等有关民俗学、宗教学、迷信学的研究，都受到《金枝》一书的影响。[2]

　　第三个因素是 1916 年前后杜亚泉（1873~1933）开始谈"静的文明与动的文明""东方文明和西方文明"（《东方杂志》）；

1　严复：《进化天演》，《天演论》，第 109~124 页。
2　周作人：《金枝上的叶子》，《青年界》第 5 卷第 4 期，1934 年，第 99~102 页；江绍原：《〈中国古代旅行之研究〉序》，王文宝、江小蕙编《江绍原民俗学论集》，上海文艺出版社，1998，第 230 页。

李大钊（1889~1927）也有类似的说法，他在《东西文明根本之异点》（1918）中主张"东西文明有根本不同之点，即东方文明主静，西方文明主动是也"。[1]杜亚泉与李大钊用的虽然是"文明"，实际上他们强调的是东西方在"文化"上的不同。对杜亚泉来说，这种不同不是"程度"的差异，而是"性质"之不同，他明确指出：

> 盖吾人意见，以为西洋文明与吾国固有之文明，乃性质之异，而非程度之差；而吾国固有之文明，正足以救西洋文明之弊，济西洋文明之穷者。西洋文明，浓郁如酒，吾国文明，淡薄如水；西洋文明，腴美如肉，吾国文明，粗粝如蔬，而中酒与肉毒者，则当以水及蔬疗之也。[2]

在上述三个因素的影响之下，"文化"的观念慢慢普及并开始与"文明"有较明显的区隔。不过，如上所述，此时人们所说的"文化"和"文明"并无太大的不同，并习惯彼此混用。杜亚泉在1916年发表《静的文明与动的文明》之后，在1917年4月又发表了《战后东西文明之调和》，文中指出："此次大战，使西洋文明，露显著之破绽。"因而开始强调"平情而论，则东西洋之现代生活，皆不能认为圆满的生活……故战后之新文明，自必就现代文明，取其所长，弃其所短，而以适于人类

---

1 《东西文明根本之异点》，李守常（李大钊）：《史学要论》，河北教育出版社，2002，第104~118页。

2 杜亚泉：《静的文明与动的文明》，许纪霖、田建业编《杜亚泉文存》，上海教育出版社，2003，第338页。

生活者为归"。[1]杜亚泉因而开始讨论东西文明之"调和"与新旧思想之"折中"等议题。

杜亚泉所关心的战后文明重建的问题，到1918年战争结束之后变得更引人注目。欧战之后，因为世界性认同的崩解，近代中国由反省西方文明而引发的"文化论述"才比较系统地出现，许多学人关注的不再是西方文明所代表的价值，而是自身国家与民族在文化上所具有的特性方面。1918年12月，梁启超与六位友人赴欧洲观察欧战之后的局势，这六位友人是蒋百里、刘子楷、丁文江（1887~1936）、张君劢（1887~1969）、徐振飞、杨鼎甫（丁、张两人后来成为"科玄论战"之主角）。在旅途中，梁任公写了《欧游心影录》，1920年3月在《时事新报》上发表。在文中，他批判西方"科学万能之梦"，"崇拜物质文明"，提出"中国人对于世界文明之大责任"，即是"拿西洋的文明来扩充我的文明，又拿我的文明去补助西洋的文明，叫他化合起来成一种新文明"。[2]在文中，梁任公不但用"文明"来讨论问题，也开始使用"文化"。对他来说，"文化"一词具有正面的意义。诚如唐小兵所述，欧游之后，梁启超此时所谓的"文化"强调在全球脉络之下"空间性"（spatiality）的差异，而非普遍性的、面向未来的"时间性"（universalist future-oriented temporality）。[3]梁任公引用法国哲学家蒲陀罗（émile Boutroux，1845-1921）的话，"一个国民，最要紧的是把本国文化发挥光大"，因此他

1　杜亚泉：《战后东西文明之调和》，许纪霖、田建业编《杜亚泉文存》，第345~350页。
2　梁启超：《欧游心影录节录》，《饮冰室专集》，台北：中华书局，1987，第35页。
3　Xiaobing Tang, *Global Space and the Nationalist Discourse of Modernity: The Historical Thinking of Liang Qichao*, Stanford: Stanford University Press, 1996, pp.193-195.

呼吁：

> 我希望我们可爱的青年，第一步，要人人存一个尊重
> 爱护本国文化的诚意。第二步，要用那西洋人研究学问的
> 方法去研究他，得他真相。第三步，把自己的文化综合起
> 来，还拿别人的补助他，叫他起一种化合作用，成了一个
> 新文化系统。第四步把这新系统往外扩充，叫人类全体都
> 得着他好处。[1]

　　梁启超对西方文明的批判和对中国建立新文化的期许对
思想界造成很大冲击。这一转变也带动了史学的转向，掀起了
"文化史"书写的热潮。[2]

　　梁启超所提倡的文化史书写和张君劢有密切的关系。梁
启超在 20 世纪 20 年代初期从欧洲回来后写了大量的文章，其
中比较重要的是：《什么是文化》（1922）、《研究文化史的几个
重要问题》（1922）、《治国学的两条大路》（1923）等文章。在
这些文章中"文化史"变成基本概念。在有关文化史的文章里
出现了德国学者冯特（Wilhelm Wundt，1832-1920）、李凯尔
特（Heinrich Rickert，1863-1936）等人的名字，这很可能是梁
启超在张君劢引介之下认识德国学界有关文化问题的讨论（也
有可能同时受到李大钊透过日本翻译介绍德国思想所产生的影

1　梁启超：《欧游心影录节录》，《饮冰室专集》，第 37 页。
2　梁启超从"文明史观"的"新史学"转向"文化史"之分析，请见黄克武《梁启超
　　与中国现代史学之追寻》，《中央研究院近代史研究所集刊》第 41 期，2004 年，第
　　181~213 页。

响）。[1] 诚如拙著所指出的：李凯尔特所代表的是新康德主义与德国历史主义的历史书写。梁启超从新史学转向文化史主要就是受到这一种欧洲思想的影响。但是，梁启超对文化史的书写也受到中国传统的影响，他在研究中国文化史的问题时反复谈到佛教的观念，也跟谭嗣同（1865~1898）一样，谈到了"心力"[2]和"心能"的想法，尤其重要的是梁任公谈到历史因果关系的"共业""别业""互缘"等，把佛教与社会达尔文主义、新康德主义和历史德国主义等相结合，形成文化史的论述。[3]

在"文化"观念影响之下，1920年至20世纪40年代中叶，至少有二十种"中国文化史"方面的著作。[4]其中梁任公本身不但大力鼓吹文化史，也撰写了《中国文化史：社会组织篇》（1925）等作品。梁任公将文化内容分门别类，观察每个主题在不同时期之发展。此外，柳诒徵（1880~1956）的《中国文化史》与钱穆的《国史大纲》《中国文化史导论》等，都具有类似的旨趣。钱穆希望"确切晓了其国家民族文化发展个性之所在，而后能把握其特殊之环境与事业，而写出其特殊之

---

1 《马克思的历史哲学与理恺尔的历史哲学》，李守常（李大钊）：《史学要论》，第341~354页。

2 "心力"一词源于亨利·乌特（Henry Wood）的《治心免病法》（*Ideal Suggestion through Mental Photography*），谭嗣同将此一词套到中国固有的心性之学上，加以改变、扩充，而在中国思想界变得十分流行。参见王汎森《"心力"与"破对待"：谭嗣同〈仁学〉的两个关键词——〈仁学〉导论》，谭嗣同：《仁学》，王汎森导读，台北：文景书局，2013，第xii~xix页。

3 黄克武：《梁启超与中国现代史学之追寻》，《中央研究院近代史研究所集刊》第41期，2004年。

4 有关20世纪中国文化史之书写可参考邱仲麟《导言——从文化史、社会风俗到生活》，《中国史新论：生活与文化分册》，台北：联经出版公司，2013，第1~8页。至于1945年以前有关中国文化史、西洋文化史之书目，可参考施昱承《"本史迹以导政术"：柳诒徵的文化史书写》，第7~9页。

精神与面相"。[1]柳诒徵的著作初稿作于 1919 年，先在《学衡》
（第 46~72 期，1925~1929）上连载，再结集成书。此书透过文
化史彰显中国文化、制度之中有其"精神"价值，"吾往史之宗
主……固积若干圣哲贤智创垂赓续，以迄今兹。吾人继往开来，
所宜择精语详，以诏来学，以贡世界"。[2]他借此来批判新文化
运动、疑古思潮与马克思主义史观等。[3]

　　除了梁任公所带起的文化史书写热潮之外，梁漱溟
（1893~1988）的作品也反映了同一趋向，在梁启超 1920 年 3 月
初版《欧游心影录》之后，该年 9 月梁漱溟在北大讲"东西文
化及其哲学"，1921 年 8 月又在山东省教育会讲述。他认为"文
化是民族生活之样法"，而东西文化根本相异。他的《东西文
化及其哲学》一书于 1922 年出版。此书受到柳诒徵《中国文化
史》之启迪，力主中国文化与西方文化及印度文化根本不同，
并反对梁任公所提出的"将东西文化调和融通"的观点。[4]《东
西文化及其哲学》一书力主落实在"德先生"与"赛先生"之
上的全盘西化，然后再复兴中国文化，以实现中国文化之"翻
身"，有学者指出这是一种"曲线救文化"的想法。[5]梁漱溟指
出，"世界最近未来将是中国文化的复兴"，而最后在人生思想
上归结到儒家的人生观。[6]梁启超与梁漱溟的作品代表了欧战之
后对于新文化运动所主张的"文明"论述之抨击，两者之碰撞
则是 1923 年"科玄论战"出现的一个重要背景。

1　钱穆：《引论》，《国史大纲》，台北：商务印书馆，1975，第 9 页。

2　柳诒徵：《中国文化史》上册，台北：正中书局，1973，第 3 页。

3　施昱承：《"本史迹以导政术"：柳诒徵的文化史书写》，第 6~11 页。

4　梁漱溟：《东西文化及其哲学》，商务印书馆，1922，第 13 页。

5　罗志田：《曲线救文化——梁漱溟代中国"旧化"出头辨析》，未刊稿。

6　梁漱溟：《我的自学小史》，《忆往谈旧录》，台北：李敖出版社，1990，第 38 页。

文明、文化与"科玄论战"

　　"科玄论战"起于 1923 年 2 月张君劢在清华大学以"人生观"为题所做的演讲，他列出人生观与科学的五大差异（人生观为"主观的""直觉的""综合的""自由意志的""单一性的"）。张君劢指出：科学的结果使得"物质文明"的蓬勃发展在欧战之后"已成大疑问"；而且"人生观问题之解决，绝非科学所能为力"，青年人应回到"侧重内心生活之修养"，其基础为"孔孟以至宋元明之理学家"所创造之"精神文明"。[1] 此文发表后受到丁文江等人的批驳。丁文江主张"存疑的唯心论"，以"觉官感触为我们知道物体唯一的方法"，"不可知的，存而不论"；他也认为张君劢要回到理学是"真正该打……其愚不可及"。[2] 梁启超与张东荪等人则反对丁文江，支持张君劢，学界接着展开了一场激辩。1923 年底，亚东图书馆的汪孟邹将这些文章辑为约 25 万字的《科学与人生观：科学与玄学论战集》，由胡适、陈独秀作序。[3] 同时郭梦良也以几乎相同的内容编辑了一本论战集《人生观之论战》，由张君劢写序、上海泰东图书局出版。[4] 前者按论战时间之先后编排，后者则以立场来做区隔，三个序言则显示出科学派、玄学派与马克思主义者对于诠释主导权之争夺。这一场论战涉及近代中国思想史上的许

1　张君劢：《人生观》，本店编辑部：《科学玄学论战集》，台北：帕米尔书店，1980，据1923 年亚东图书馆排印版《科学与人生观：科学与玄学论战集》影印，第 1~13 页。

2　《丁文江致胡适函》（1928 年 3 月 20 日），中研院近代史研究所胡适纪念馆档案，档案号：HS-JDSHSC-0706-008。

3　汪孟邹《科学与人生观：科学与玄学论战集》，亚东图书馆，1923。

4　郭梦良编《人生观之论战》，泰东图书局，1923。

多核心论题，并影响了 20 世纪中国思想的走向。

"科玄论"战显示出 20 世纪 20 年代中国知识界中两军对垒的情况，而此一对峙一方面源于上述"文明论述"与"文化论述"之角力，科学派支持前者，而玄学派支持后者；另一方面它也与其后的"五四启蒙论述"和"新儒家思想"之对抗有思想上的连续性。张君劢曾留学欧洲，主要依赖法国思想家柏格森（"拿直觉来抵制知识"）[1]，德国思想家康德、倭伊铿（1908 年诺贝尔文学奖得主），以及宋明理学中的阳明学的思想资源，又得到梁启超的支持。丁文江则曾留学英国格拉斯哥大学，主修动物学与地质学。他依靠英美经验论为基础的"科学的知识论"，如赫胥黎、达尔文、斯宾塞、皮尔森（Karl Pearson，1857—1936）、耶方斯（William S.Jevons）、杜威等人之理论，并得到胡适的支持。最早系统地陈述双方理论之对照的可能是罗家伦，他在 1924 年就指出丁文江倾向"洛克经验论""马哈—皮耳生知识论""赫胥黎存疑论"；张君劢则倾向"康德二元论""杜里舒生机论""倭［伊］铿精神论"。[2]

这一场论战究竟谁胜谁败？胡适说张君劢是一个逃不出科学与逻辑之掌心的"孙行者"。他在该书序言之中揭櫫具有十项特点的"无神论的""自然主义的人生观"。胡适的观点及其所代表的"五四启蒙论述"受到许多人的赞赏，难怪有人认为："科玄论战是以科学派以及其后加入唯物史观派的大获全胜而收场，张君劢本人更是毕生蒙上了'玄学鬼'的污

1　吴先伍：《现代性的追求与批评——柏格森与中国近代哲学》，安徽人民出版社，2005。
2　《罗家伦先生文存》第 3 册，"国史馆"、中国国民党中央委员会党史委员会，1976，第 216 页。

名。"[1] 然而，批判五四运动的新儒家唐君毅（1909~1978）对此论战则有不同的评估，他在 1976 年指出："今天就算是一个十分崇拜科学的人，也不会承认人生的问题完全可以用科学来解决……君劢先生当年的主张，可说完全胜利。"[2]

那么究竟是科学派"大获全胜"，还是玄学派"完全胜利"？在论战之时，双方均无法说服对手，而时至今日，这一问题也没有一个定论。再者，"科玄论战"之后的五四的科学主义与新儒家的人文精神之争也仍然是当代的一个核心议题。如果追溯其起源，清末民初从"文明"论述到"文化"论述之变迁为此论战奠定了重要的基础。五四运动的支持者与"科玄论战"中的科学派是以线性演化史观为基础的"文明"论述为理论根基，而反五四运动的玄学派与新儒家则基于"文化"论述。这样一来，"科玄论战"可以说是由文化论述对文明论述的抨击而展开的一场激战。胡适在为论战所写的序文中将此一论战的缘起追溯到"科学"一词，以及欧战之后梁启超所发表的《欧游心影录》对科学"破产"的宣言。的确，梁启超《欧游心影录》中对近代科学文明的反省是"文化"论述出现的重要标志。上述 1926 年胡适在《我们对于西洋近代文明的态度》中认为"崇拜东方的精神文明的议论"是"今日最没有根据又最有毒害的妖言"，[3] 他所针对的正是杜亚泉、梁启超、梁漱溟、张君劢等"文化"论述的支持者。

1　翁贺凯：《现代中国的自由民族主义：张君劢民族建国思想评传》，法律出版社，2010，第 215 页。
2　唐君毅：《从科学与玄学论战谈君劢先生的思想》，《传记文学》第 28 卷第 3 期，1976 年，第 17 页。
3　《我们对于西洋近代文明的态度》，《胡适全集》第 3 卷，第 1 页。

　　清末，新词汇的引介带来了许多新的观念，促成近代中国知识与文化的转型。本文所探讨的"文明"与"文化"均为传统词汇，然经由日本汉译词汇接引西方 civilization 与 culture 之概念，而赋予了新义。以近代英华辞典所收录的词条来做分析，从 1908 年颜惠庆的《英华大辞典》到 1916 年赫美玲的《官话》正式将两词收入辞典之中，奠定了两者在词汇史上的地位。

　　"文明"与"文化"代表两种思路，其影响有先后之别，大致上"文明"一词的流行要早于"文化"。20 世纪 20 年代之前以"文明"观念为基础的"新史学""新民说""国民性改造"等均居于优势地位；其后"文化"论述起而竞逐。"文明"一观念具有西方中心、线性发展的历史视野，在此论述之下，西方以外所有的"不文明"之地区只反映了不同程度的野蛮状态；而如胡适所述，中国人的使命是"再造"一个以科学与民主为基础的新"文明"，而"文明史"则述说此一普遍性线性发展之过程。

　　"文化"论述则摆脱了西方中心论，将焦点返回到自身之特质，而催生了近代中国的文化民族主义、文化保守主义。20 世纪 20 年代开始，"文化"与"文化史"概念日益兴盛，并与"文明"论述有所区隔。此一现象与第一次世界大战有直接关系，战争之惨状与战后西方之残破让一些学者认识到东西文化差异为性质的而非程度的。以梁启超《欧游心影录》为转折点，近代中国思想经历了一个以普遍的、西方中心、线性进化论为基础的"文明"论述到强调中国文化具有精神价值、民族个性，并表现出空间差异之"文化"论述的转变。杜亚泉、梁启超与梁漱溟等人为促成此一转变的关键人物，其言论对思想界有很大的冲击。此后，在中国史学上有文化史书写的出现，柳诒徵、钱穆等人的著作作为其代表，借此彰显中国文化之"个性"与"特质"。在哲学上"科玄论战"之后，"大多数哲学家肯定了形上学的合法性"，这一种中国现代哲学界主流观点之共识包括能掌握"形上智慧"，亦即了解"天道"，并能将"科学、历史、伦理和政治的知识会通为一"，而实现"天人合一"的目标。[1] 上述 20 世纪 20 年代之后中国历史与哲学的走向促成文化民族主义的兴起。当代新儒家如熊十力、唐君毅、牟宗三、徐复观等人，以及反对五四运动的史学家如钱穆、柳诒徵等人，均依赖"文化"论述肯定"中国文化的精神价值"（唐君毅语），并对抗五四新文化运动支持者所提倡之"再造文明"。从"文明"到"文化"之消长与变迁反映出 20 世纪中国思想的一段曲折历程。

1　郁振华：《形上的智慧如何可能？——中国现代哲学的沉思》，华东师范大学出版社，2000；墨子刻：《形上思维与历史性的思想规矩——论郁振华的〈形上的智慧如何可能？——中国现代哲学的沉思〉》，《清华大学学报》（哲学社会科学版）2001 年第 6 期，第 60 页。

后 记

　　本书汇集的是 2019 年 12 月举办的第一届复旦大学"思想史高端论坛"的论文。"论坛"的缘起，文史研究院创院院长葛兆光教授已有说明。思想史研究在复旦算得上有悠久的传统，文史研究院举办这样的系列论坛，正是希望能够继续推动思想史的研究。

　　第一届"思想史论坛"以"化身万千：开放的思想史"为主旨，是希望回应思想史研究遭遇的诸多曲折，并会聚各领域的学者共同关心思想史研究的问题。与会的专家学者，除了多年从事思想史研究的学者，也不乏其他领域的研究者。而从各位学者提交的论文亦可看出，思想史研究确实在走出新路。会议分为思想与历史、思想史中的文学与社会、思想史中的人物与派别、思想史中的东方与西方、思想史中的中国与东亚几个板块，大致映射出与会者所关注的话题，纷繁多元。原本从事思想史研究的学者，往往致力于追踪思想史研究的历史线索，探索思想史该如何"重读"与"重写"，倡导在"重写"已经成为话题之际，虚心"重读"也应成为题中应有之义；而原本或许并不归属于思想史研究的学者，则体现出"跨学科"的维度，尤其是提供了研究"国际思想史"的案例，表明在中国的思想史研究领域，跨地域、跨文化的思想史研究值得期待。

复旦大学"思想史高端论坛"既标明为第一届，显然是期望以此为系列活动，每年能举办一次。相应的，除了在《复旦大学学报》开设了专栏——"思想史论坛"，刊登部分会议论文之外，还计划能够陆续出版会议论文集。这一设想，得到社会科学文献出版社的大力支持，在此要表达真挚的谢意。而会议的组织、论文的编辑，主要是院里两位年轻教师段志强、张佳在负责。这一专辑的编就，自然包含他们付出的辛劳。

复旦大学文史研究院

2021 年 10 月 20 日

图书在版编目 (CIP) 数据

化身万千：开放的思想史 / 复旦大学文史研究院编
. -- 北京：社会科学文献出版社，2023.2
（复旦大学思想史论坛）
ISBN 978-7-5228-0571-9

Ⅰ. ①化…　Ⅱ. ①复…　Ⅲ. ①思想史 – 研究 – 中国
Ⅳ. ①B2

中国版本图书馆CIP数据核字（2022）第147693号

·复旦大学思想史论坛·

化身万千：开放的思想史

编　　者 / 复旦大学文史研究院

出 版 人 / 王利民
责任编辑 / 陈肖寒
责任印制 / 王京美

出　　版 / 社会科学文献出版社·历史学分社（010）59367256
　　　　　　地址：北京市北三环中路甲29号院华龙大厦　邮编：100029
　　　　　　网址：www.ssap.com.cn
发　　行 / 社会科学文献出版社（010）59367028
印　　装 / 南京爱德印刷有限公司

规　　格 / 开　本：889mm×1194mm　1/32
　　　　　　印　张：11.625　字　数：266千字
版　　次 / 2023年2月第1版　2023年2月第1次印刷
书　　号 / ISBN 978-7-5228-0571-9
定　　价 / 69.00元

读者服务电话：4008918866